「グリーン・ハウス」があった街

メディア文化の街はどこへ向かうのか

仲川秀樹 著

学文社

目次

「グリーン・ハウス」があった街―メディア文化の街はどこへ向かうのか―

第1章　シンボリックな洋画専門館「グリーン・ハウス」

第6章　メディア文化の街の検証開始

第9章　メディア文化の街と中町モールを軸とした中心市街地再生……231

第10章　メディア文化の街と中心市街地のゆくえ

結び　メディア文化の街はどこへ向かうのか …… 269

序章

「メディア文化の街」理論的前提としてのメディア文化とポピュラーカルチャー

プロローグ　「メディア文化の街」と「メディア文化」

「メディア文化の街」における「メディア文化」の意味について説明する。本書で用いるメディア文化は、大衆文化、ポピュラーな文化、ポピュラーカルチャーそれぞれの概念を整理し修正したものである。メディア文化はポピュラーカルチャーとの関係からエンタテインメントとしての娯楽性を背景に構成される。メディアから発する「メディア環境」と連関し、その環境充足がいかに人を集める要因になるのかを示す。

洋画専門館「グリーン・ハウス」は、中心市街地のメディア環境を形成し、地元の人びとに多くの影響を与えた。そして現在（いま）、あらためて中心市街地再生のためにいかにメディア文化的環境が必要かを問いただしてみたい。本章は、一九七〇年代マス・メディア全盛におけるその「原型」の部分から取り組んだ。そして「パターン変化」となる今日全盛のソーシャル・メディアを用いた実践的な取り組み（中心市街地再生）に結びつけるための理論的前提としている。

第1節　メディア文化のパースペクティヴ

1　メディア文化の前提

♡メディアの多様化

四媒体メディアと呼ばれたテレビ・ラジオ・新聞・雑誌は、デジタル化の流れにパーソナルなメディアの進化も進み、その伝達手段は大きく変化した。マス・メディアからパーソナル・メディアへと移行し、現在、ソーシャル・メディアに主役の座を奪われている(1)。デジタル化浸透によるメディア環境の拡大が、メディアの多様化や多チャンネル化、視聴形態の変化など、人びとの日常生活に与えた影響は計りしれない。デジタル化の流れは社会におけるコミュニケーションの送受信そのものを根底から変えた。

♡メディアの周辺に注目

同時に、メディアそのものの構造や機能にある周辺にあらためて注目する。周辺とはメイン

(1)　仲川秀樹、二〇一九年、『マス・コミュニケーションの世界―メディア・情報・ジャーナリズム―』ミネルヴァ書房、一八六–二〇四頁。

（本体）に対するサブ（付加価値）である。[2] アナログ的送受信にテジタル的送受信を可能にすることにより、メディアの役割が大きく変わる。つまりメディアそのもののメインを分析することから、メインにある周辺にもっと気を配ることで、そこから誕生するモデル（コンテンツ）を幅広く演出することができる。メディアの多様化は受け手自身の分化した状態に送り手が応えたことでもある。

2　分化する集合体

♡分化した人びとの先

同じ環境に人びとが一斉に集うことは現実的に不可能になった。同じコンテンツにターゲットを絞ることは困難である。マーケターの提示するコンテンツは膨大である。人びとが選択するチャンネルやモデルもかなり拡散している。送り手受け手双方の欲求を満足させるモデルを絞り込むことは厳しい。人びとの願望は多様に溢れ、社会は分散せざるを得ない状況に陥っている。分散化というより分化し続けている。その先にあるものは分化したモデルとなる。

♡分化したモデルとファッド

分化したモデルをファッド（fad）としてあつかう。ファッドは小集団単位で発生した集合現象である。[3] ファッドはマイブーム（個人の想い入れある趣味・嗜好）を生み、親密な人間関係を結ぶ機能をもつ。社会における世代や階層を区分し、属性や帰属などを認識し特定の集合

（2）仲川秀樹、二〇〇二年、『サブカルチャー社会学』学陽書房、三七‐三八頁。

（3）仲川秀樹、二〇一五年、『H・ブルーマーの集合行動論―流行理論を軸として―』学文社、七七‐七八頁。小規模で特定の狭い範囲で生成する流行。

現象を算出する。当然、送り手側もそれぞれに関心を示すような分化したモデルを送り出す。モデルは細分化されることで、社会も分化した方向へ進んでいく。ファッドの増加は、大規模な流行（fashion）からユニット（属性）どうしの水平思考のスタイルが広がる社会を形成することになった。分化された社会で人びとはどのような選択をし、何を求めどこへ向かおうとしているのか。

♡人びとが向かう先

かつて余暇といえば人びとの休息が優先された。余暇時間の過ごし方も休息や休養が主であった。それがいまでは、自己の嗜好や欲求そして目的を最優先する。単なる休養とか気晴らしのレベルではなくなった。各人の選択をより充実させるための環境づくりに重点を置く余暇から、今日の日常生活を反映する生活様式や行動様式としての文化（culture）も生まれる。マーケターも人びとの欲求に応えるためのコンテンツを多数用意する。その文化こそ専門・教養性にエンタテインメント的な要素が強く備わった「メディア性の高い」文化であり、人びとはその選択に向かうようになった。

第2節　メディア文化の意味

1　メディア文化の取り組み

♡メディア社会

「メディア性の高い」文化の登場は、多様なメディア社会の特性である。そこでメディア社会を、「マス・メディアを土台に、パーソナル・メディア、コンピュータ・メディアをカバーしたソーシャル・メディアなど多様な情報形態が複合的に重なり合う社会」と規定する。(4)

メディア社会をかつてのマス・メディアによる大衆への一方向的なコミュニケーションを中心とした社会から、その機能がデジタルパーソナル化によって進化を続けるコンピュータ・メディアを取り込む、きわめてミクロなレベルでのコミュニケーション社会とする。それが複雑化したネットワークを組みながらも確実に個人の要求に応えるべく選択肢を示した情報形態を維持している社会でもある。そこには多様な専門性・娯楽性もともなうコンテンツがせめぎ合っている。

♡メディア文化の考え方

メディア社会で生きる人びとの背景にメディア文化は存在する。メディア文化の視点とは、メディア社会のなかで生じる人びとの生活・行動パターンをみることにほかならない。人間の数だけ多様な行動パターンが存在し、各自の帰属には共通したスタイルが表出される。(5) 送り手

(4) 仲川秀樹、二〇〇五年、『メディア文化の街とアイドル―酒田中町商店街「グリーン・ハウス」「SHIP」から中心市街地活性化へ―』学陽書房、二三頁。

(5) 過去の経験によって蓄積された産物である先有傾向によって生み出された。

であるマーケターが人びとに選択可能な世界を提示すればするほど、その数だけ個人の嗜好も拡大される。さらに拡大する受け手の多様な嗜好に応えるため、送り手は莫大なモデルを用意する。受け手である消費者は提示されたモデルを再修正（同調からの脱却）することで、他の受け手との差別化が完成する。この結果、社会そのものが分化した方向に流れていく。ここに関係するコンテンツこそメディア文化の対象となる。

2　メディア文化とは何か

♡メディア文化の概念

メディア文化をつぎのように規定したい。メディア文化とは、「メディアから発したエンタテインメント（娯楽性）の高い文化を選択したその消費者にみるスタイル」である[6]。娯楽性を包括したものとして、音楽、スポーツ、テレビ番組、雑誌、ネットなどから誕生した多彩な世界、そこにまつわる多様なコンテンツは商品化され、人びとに消費されていく。そして多彩な商品がメディアで発信され、ある種のインフォメーションスタイルを形成する。つねに、あらたなメディア環境が発生することになる。娯楽とは単に個人の楽しみだけではなく、生活の糧や生きがいにもなり得る。それは娯楽をとおして他者と共有できる人間関係の道具にもなっていく。

通常、マーケターの提示したモデルはメディアをとおして人びとに伝達される。そのモデルを選ぶ人びとにとって、購入動機は多彩であり一定の理由も存在する。その動機こそ人びとの

（6）仲川秀樹、二〇〇五年、前掲書、二四頁。

嗜好・欲求を満足させる条件である。人びとの要件を満たす必要なコンテンツである場合が多い。生活上必要であることは文化的な意味をもつ。文化的背景から個人のライフ・スタイルに直結するものも多い。さらに娯楽性の高さは、人びとがそれを楽しむという要因も含まれ、メディアとエンタテインメントが重なり個人の志向に結びつく証でもある。

♡メディア文化論とは

そこでメディア文化論を「メディア文化の構造と機能をとらえ、それに沿った時代の変動を解明する科学」と規定する。一般的には「メディア文化の現象を多角的に分析する学問」と考え、メディア文化論の視点を明確にしたい(7)。

かつて「マスコミ」や「情報社会」という響きには新鮮でもあり情報過多のイメージも存在した。しかし、情報はニュースであり、そのニュースをどのように加工するかによって意味も変わってくる。昨今のメディア環境が既存のマス・メディアを指していると考えれば、その媒体を人間の生活様式・行動様式の一つに置き換えられる。メディア文化の図式は、対象モデルの選択という個人の欲求を満足させる消費行動そのものである。そのモデルはメディアから発せられ、当然そこには娯楽性が備わっている。余暇時間を自己実現のために費やすことを主流とするいまの社会を分析対象とする。その分析にはメディア文化論の視点を用い、さまざまな取り組み(各種企画)にアプローチすることでその実態を把握することができる。

---

(7) 同上書、二五頁。

3　メディア文化論への社会学的視点

♡大衆文化から若者文化へ

メディア文化論という研究領域は新しいものにみえがちだが、背景には一九六〇年代以降の大衆社会状況下の商業生産が生んだ文化としての大衆文化論がある。均一化・画一化された情報の流れが若者を中心とした多くの人びとを一つの方向に導いた。それが大規模化した社会現象として多数の流行を産出させた。その流行はそれを受容するのが若者中心であったことから、若者文化（youth culture）とも呼ばれた(8)。

若者文化の対象は若い人びとであったことがポイントであるが、このスタイルの背景にあるのはメディア文化である。一九五〇年代以降の急激な高度経済成長には積極的な人びとの消費行動がみられた。余暇時間での自分に費やす時間（趣味や自己実現）の増大を受けて、それに応えるべく、対象となるモデルの商品開発にマーケターたちは奔走した。商品化されたモデルの数々は、メディアを通じた宣伝広報に乗りながら、人びとに提供された。新規なコンテンツは、柔軟性をもつ若い人びとに受け入れられた。若者たちに受容された新規な文化は、メディア文化の初期の形態とみることもできる。

♡時代を反映したサブカルチャー

大衆文化から発した若者文化は、若者がみな一緒に楽しみを共有することができるコンテンツであった。その選択は若者特有のスタイルを生み出し、斬新で奇抜ながらも社会では若者の特権とみなされ許容された(9)。しかし、同じ若者に選択されたスタイルのなかには、公共性や社

（8）Parsons, T., 1951. *The Social System*, Free Press.（佐藤勉訳、一九七四年『社会体系論』現代社会学大系一四、青木書店、三〇四－三〇五頁）を参照。

（9）柔軟性をもつ若者のスタイル。

会性からの逸脱、ある特定の枠のなかでしか生成できないモデルなども多数含まれていた。当時、対抗文化、アンダーグランド文化などイデオロギーを反映するスタイルとするサブカルチャーもあった[10]。そのような文化は潜伏しながら活動をしたり、公の体制に反旗を翻す行動をみせたりした。この時代のサブカルチャーは、一般社会への反発の象徴ともとらえられた。

♡ポピュラー文化とサブカルチャー

一九八〇年から一九九〇年代に入り、サブカルチャー同様、大衆文化も幅広く、対象も拡大した[11]。マス・メディアの多様化が生んだ結果として、娯楽性の高いあらたな大衆文化がつぎつぎに登場する。これまでの括りで大衆文化を語るには困難となった。連続するようにサブカルチャーもイデオロギーから離れ、娯楽性重視の内容に変わった。

結果的に、大衆文化というネーミングも見直され、ポピュラーな文化へと変化を遂げることになった。時代性に沿い再考された文化として、メディアによる娯楽性の高いポピュラーな文化としての「あらたなサブカルチャー」である。

---

(10) 大衆文化から下位に位置した文化ともみなされていた。

(11) 大規模な大衆文化から分化した範囲が限定された文化の登場をみる。

第3節　ポピュラーカルチャーとサブカルチャー

1　サブカルチャーの二つの側面

♡サブカルチャーの前提

ここではサブカルチャーを一九六〇年代における団塊世代の若者文化の視点から考えてみたい。[12] 当時の若者文化にみられる反抗的な対抗文化の代表としてサブカルチャーは位置していた。それが一九七〇年代後半、若者の姿は、自己に与えられた環境に満足するのではなく、より高い次元のスタイルを取り込む、つまりメインをめざす姿勢へと大きく旋回した。最初の変化は、女子学生ファッションのセレブ化に代表された。[13]

以来、若者の変貌は目を見張るようになり、サブカルチャーというスタイルそのものが異質なものともみなされた。異質という意味は、団塊世代とそれ以降の世代のあいだにサブカルチャーをめぐるとらえ方に乖離が生じたということである。かつての反権力的なスタイルの意味と、もう一方では、体制内に編入された独自のスタイルとして、ファッド的な意味合いをもった。一九八〇年代以降今日まで、サブカルチャーそのものが二つの概念をもつスタイルとして社会に受け入れられてきた。

♡サブカルチャーをめぐる論点

なぜこのようにサブカルチャーについての言説が混乱したまま、いまにいたってきたかを伊

---

(12) 伊奈正人、二〇〇四年、「団塊世代若者文化とサブカルチャー概念の再検討―若者文化の抽出／融解説を手がかりとして―」『東京女子大学社会学会紀要』第三二号、東京女子大学社会学会、一頁。

(13) 一九七五年『JJ』創刊時の「若奥様向けニュートラ・ファッション」の流れは、一九七九年「女子大学生ハマトラ・ファッション」を生んだ。ここにブランドを取り入れたキャンパス・ファッションが完成した。

奈正人はつぎのようにまとめている。

若者が変貌したこと。若者が反抗性を失い内向的、享楽的になったこと。団塊の世代が「大人」になり、団塊の世代の文化が多くの人の享受するポピュラー文化になったこと。ポピュラーな文化、大人の文化になったことで、団塊世代の若者文化はメインの文化となったということ。一方では、商業化された「サブカルチャー」という名の娯楽的な文化が登場したこと。消費社会の多様化、多元化のなかで単一のメインが成り立たなくなったことなどである。[14]

かつて団塊の世代が若者と呼ばれ、その生活スタイルが若者文化として特徴づけられ、一つの流行だった時代。それが現代ではサブカルチャーの意味自体、コマーシャリズムを代表するコンテンツのようになった。一九四〇年代後半に生まれた世代と一九五〇年代後半以降に生まれた世代にみるサブカルチャーのとらえ方の違いもある。前者のサブカルチャーはイデオロギー性も含んだアングラ文化や対抗文化に沿った性格が強く、後者は趣味的な嗜好の細分化を図る文化としてとらえ方にある。現代社会では両者の共存がみられる。[15]

そこであらためてサブカルチャーの意味を再検討し、世代間の問題にとどめるのではなく、広くメディア環境のなかで生じたあらたなポピュラーカルチャーとしての枠を提示することの必要性を説いてみたい。それは本書「メディア文化の街」を規定する「メディア文化」の有効性を意味する。

♡サブカルチャーの二面性

世代間によって異なるサブカルチャーの視点には、サブカルチャーの二面性をみることができる。サブカルチャーはメディア文化より下位集団に位置した文化とする見地と、すでにエン

(14) 伊奈正人、二〇〇四年、前掲、一頁。

(15) 仲川秀樹、二〇〇五年、前掲書、三二頁。

タテインメント性の高い文化であるとする見地である。とくに後者にはメディア文化特有の消費性という個人の嗜好が絡んだ選択動機が含まれている。

この二面性を伊奈正人はつぎのように論じている。

かつてマンガとかアニメなどのいわゆるポップカルチャー（大衆文化の類似語）は、サブカルチャーとして認知されていたものであり、「正しい大人」が享受すべきものではなかった。それが社会的に認知され、さらには世界的な影響力をもつにいたった。さらに「最近の若い者はゲームばかりでマンガも読まない」という言説も発せられるまでになった。こうした固定化したメイン、そしてそれにより潜在させられる多様なサブ―メインの経路を異化し続けることが、サブカルチャー社会学の課題であると指摘する。(16)

2 サブカルチャーから大衆文化へ

♡サブカルチャーと大衆文化の関係

今日、サブカルチャーをめぐる多様な視点は、対抗文化、若者文化から、メディア文化など拡大している。これまで大衆文化によりカテゴリー化されていた対象は、細分化されその各機能に応じても用いられている。サブカルチャーは大衆文化からの分化として進化してきた。しかし、単に大衆文化からの分化とか、分散化された個別の領域を追うことだけでよしとするものでもなくなった。

サブカルチャーは、メインカルチャーの下位に位置するというより、メインの周辺でメイン

(16) 伊奈正人、二〇〇四年、前掲、一一頁。

を底上げするような役割から、メインを脅かす存在に変化してきた。サブカルチャー自体が独立したカテゴリーとしてその地位を確立するようになった。

♡サブカルチャーからメディア文化論に迫る

文化とは、一般に人間の生活様式・行動様式を意味する。基本的に衣食住を中心とした日常生活のスタイルやパターンにそれをみる。日常生活の満足度は、文化的水準の指標ともなる。文化的水準には、物質的なものだけではなく、精神的なものも内面化されることを条件とする。文化的生活という背景には、その時代の最先端を維持するさまざまなモデルの存在がある。その一つがメディア環境であり、その先にあるのがメディア文化という考え方である。

二〇〇〇年代以降、人間の生活様式は、一つの流れに全員が進んでいくというスタイルが影を潜め、自己や周辺の文化を求める方向へと変化を遂げている。それが他者や周囲との差別化であり、個別化の道を選択していく流れである。その反面何かに帰属する傾向はますます強くなり、仲間とか協力とか連帯意識を誇示する媒体（共通のアイテム）は不可欠となった。自分の居場所を大事にしながらも、本質は外部とのつながりを維持することに懸命である。

サブカルチャーの意味が一九六〇年代的なものではなく、きわめていまを象徴するファッド的なものへ移行している。しかしながらメインとなる文化を捨てることはできない。あくまでもサブはサブの立場があり、メインを食いつぶすことにはならない。サブは周辺にいながらある一定の自立性をもつことでバランスを維持するところにおもしろみがある。メディア文化論を論じるにはサブカルチャーの要素とポピュラー文化との関係性に目を向けることが必要である。

3 ポピュラーカルチャーの分化としてのメディア文化

♡「大衆文化」は「マスカルチャー」

あらためて「大衆文化」「マスカルチャー」「ポピュラーカルチャー」「サブカルチャー」を整理し、メディア文化の位置を明確に示したい。

「大衆文化」とは、「どこにでもあるありふれた人びとの生活様式」であるという指摘がある。(17) 市場の開放性が消費行動を促進させた結果登場した、「大衆文化」は、一九七〇年代以降、大量生産・大量消費の受け入れられた社会状況において、多くの人びとに認知された文化の形態である。そこであるモデルなり、スタイルなり、パターンが、大多数の人びとに消費され、より積極的に選択されながら浸透していった。

かつての「大衆文化」は、一九世紀の近代化以前には「民衆文化」(ポピュラーカルチャー)とも呼ばれ、庶民に根ざしたごく自然のスタイルであった。その後、産業化の流れに乗りながら消費という次元が背景にあらわれ、「大衆文化」(マスカルチャー)として認知されてくるようになった。それもいまは、「大衆文化」と「民衆文化」とも性格が異なるようになり、大きな区別はされず、「ポピュラーカルチャー」としてカバーされている。

♡「大衆文化」と区別された「高級文化」

一九八〇年代後半まで、「大衆文化」は「高級文化」との区別に用いられてきた。「高級文化」は、特権的な階層である昔の宮廷、教会、貴族のサロンなどの管理下で創造されたものであった。共同体生活の安定的な全体性のなかでとくに意識されることもなく根づいていた、伝

(17) 岡田宏介、二〇〇三年、「マスカルチャー、サブカルチャー、ポピュラーカルチャー——文化理論とイデオロギー概念の変容——」『ソシオロゴス』二七号、ソシオロゴス編集委員会、一〇四—一〇五頁。

統的なデザインや材料やテーマなどで構成されていたものでもある。(18) いわゆる伝統的なブランドという商品とでもいった方がよい。それがいまでは、特殊な階層の特権的占有物ではなくなった。一般のマーケットの過程で商業ベースに乗った商品として「高級文化」がある。それでも「大衆文化」と比較し、「高級文化」には品質や価格、生産量などに差別化が図られている。

♡「サブカルチャー」は「ポピュラーカルチャー」の一つ

再びサブカルチャーの二面性を日本の場合に置き換えると、ポピュラーカルチャーは、娯楽性の高いメディア文化とその消費者にみるスタイルとなる。今日のサブカルチャーは、大衆文化から分化されたものより一歩ふみ込んだ、ポピュラーかつ自立性をもつカルチャーとして、ポピュラーカルチャーの一つを構成していると考える。

マス・メディアの多様化に象徴されるように、「ポピュラーカルチャー」と「サブカルチャー」を積極的に支え発信してきたのはメディアである。メディアから発せられた娯楽性の高い文化にあるのは、メディア文化の下地をなすエンタテインメント性である。

---

(18) ヨーロッパの老舗メーカーは、伝統的デザインをベースにする。「HERMS」、「CHANEL」、「LOUIS VUITTON」、「BURBERRY」、「Dior」、「Cartier」、「COACH」などが代表。

第4節　メディア文化の世界の広まり

1　メディア文化から生まれる身近なコンテンツ

♡自己の周辺に存在する身近な話題

人びとの関心はメディアによってもたらされた世界を主流とする。ネット社会では日常化するリアルタイムでの情報の送受信。人びとの関心はそのコンテンツに向かう。メディアはネットを通じ、さまざまな議題を提供する。人びとはそれに瞬時に反応することが義務づけられる。疑問が生じればネットに投げかけ、相互作用の結果に意思決定を委ねる。

リアルタイムの情報を周辺で共有することでいま話題になっている内容を知り、そのコンテンツは消費行動を呼び寄せる。トレンドへの関心は時代や世代を問わない。身近なテーマが消費行動に反映される。いまもっとも関心のあるトレンドやそのスタイルに応える努力が人びとの集まりを促進させる。身近なことからはじめる。周辺にあるものに注目する。流行やファッションに限らず、メディア文化から生まれるたくさんのモデルに目を向けたい。

♡人びとの動機を分析する

いまの主流、いまの話題、いまのトレンド、社会で広がる集合現象を正確に読みとり分析する。注目されるコンテンツにはかつて存在したモデルを修正し現代的なモデルへと変身させ、あらたな商品として提供されることも数多い。時代に沿った修正が施され、原型を維持しながらパターン変化を可能にしている。一九六〇年代のトレンドを修正し、二〇二〇年代に甦らせるモデルがそれである。本書の以下の章では、この視点から実践的に検証した結果が論じられている。

社会は玉突き現象からなる。社会を構成する多数のユニットはそれが集まることで一つのまとまりをつくる（恒常的均衡維持）。その一つに何らかの変化が生じると互いに影響をおよぼし合い、社会そのものに構造変動を引き起こす。社会はシステムでもあり、システムそのものをよみとることが、そのシステムが直面している問題を解決する手がかりとなる。

2 メディア文化から広がる対象

♡大都市にみる人の集まり

流行を追うということは、大多数の人びとが選択している同一のモデルを受容するということである。「同一のモデル」とは流行している商品であり、流行している空間である。商品なら消費することで流行を手にする。空間ならその場所へ出かけることで実現する。人が集まるということはトレンディな環境がそこに存在しているからである。

大都市を例に、人が集まるスポットの特徴とは何かをみよう。東京でいえば新宿・渋谷・原宿・吉祥寺・下北沢など、人が集まる街がある。それぞれの街にメインとなる場所の存在は不可欠。そこにはメインエリアに続くサブのエリアが用意されている。ここがポイントになる。吉祥寺には、「井の頭公園」という東京都内有数の自然を味わえる空間がある。それに「ジブリの森」や「サンロード商店街」という人気スポットも存在している。一九七〇年代以降ずっとこの流れは続いていた。しかし、一九九〇年代に入り、井の頭公園とサンロード商店街以外に、あらたに東急百貨店裏に若者のストリートが誕生した。いまでは、客層も複数に分かれ吉祥寺のより一層の賑わいを後押ししている。この現象は原宿の状況とも似ている。表参道から「ラフォーレ原宿」にかけてのメインストリートに対して裏原宿と呼ばれる明治通り周辺神宮三〜四丁目エリアは、いまでは独自のファッション・ストリートとして定着している[19]。

いずれもめざすメインスポットがあり、その延長に周辺のサブスポットを満喫させる環境が整備されている。両者に共通しているのは、メインーサブの位置づけが相乗効果を生み出しながら人をより集める条件になっている。当然、いずれのエリアにもオリジナルの商品が溢れ、メディアに乗った一つの文化を形成してもいる。現代では、メインーサブの図式から、サブをメインに人が集まる空間も一般化している。人びとの選択の多様性がもたらした結果でもある。

♡地方都市における人の集まる空間

大都市に比べ地方都市の場合、事情は大きく異なる。原因は「交流人口」である。努力をしても交流人口の是非については、いたしかたない厳しい現実が存在している。まずその現実を十分に認識していることを大前提とする。

日常そこに居住している人の場合、日常生活に支障がない限り、このことについてとくに対策を考えることは少ないであろう。ところがそこに人を集める必要がある場所であったらどのような対策をすべきなのか。大都市周辺のエリアなら人を集める試みに期待がもてる。ところがそれが地方都市であったらどのような対策をすべきなのか。実際、地域社会の活性化、人が

---

(19) 一つのファッションカテゴリーとして定着。

集うというプロジェクトは地方自治体を中心として全国各地で実施されている。しかし人が集まる地域の一方で、いくらプロジェクトを組んでもほとんど効果が期待できない地域は多い。その解決方法のために社会学ではいかなる努力が必要なのか。

♡メディア文化の視点から探る

一年中全国各地から人が集まり賑わっている街がある。なぜそこに人びとは集まるのか。その街は必ず多くのメディアによって注目され続けている。さまざまな媒体によって繰り返し特集が組まれている。(20) 必ずしも歴史的に名のとおっている街だけではない。新規で奇抜性があったり、何らかの聖地になったり、必ず人を集める要因がある。人びとが向かう先にあるのは「メディア環境」の存在する街である。

人が集まるということは、多くの人びとがそこに出かけたい強い理由があるからであり、その理由に応える環境構築を提言する。メディア文化的な取り組みは、メディア環境を生むという流れをあらためて強調したい。本書のメインテーマはそこにある。

参考文献（序章）

・仲川秀樹、二〇一九、『マス・コミュニケーションの世界―メディア・情報・ジャーナリズム―』ミネルヴァ書房
・仲川秀樹、二〇〇二、『サブカルチャー社会学』学陽書房
・仲川秀樹、二〇一五、『H・ブルーマーの集合行動論―流行理論を軸として―』学文社
・仲川秀樹、二〇〇五、『メディア文化の街とアイドル―酒田中町商店街「グリーン・ハウス」「SHIP」から中心市街地活性化へ―』学陽書房

(20) リピーターにとっての想い入れ。

・伊奈正人、一九九九年、『サブカルチャーの社会学』世界思想社
・宮台真司・石原英樹・大塚明子、一九九三年、『サブカルチャー神話解体―少女・音楽・マンガ・性の30年とコミュニケーションの現在―』PARCO出版
・富永健一、一九九五年、『社会学講義―人と社会の学―』中公新書
・富永健一、一九九七年、『環境と情報の社会学―社会環境と文化環境―』日科技連出版社
・加藤晴明、二〇〇一年、『メディア文化の社会学』福村出版
・Blumer, H., 1969, Fashion: From Class Differentiation to Collective Selection, *The Sociological Quarterly*, 10(3), 275-291.
・Parsons. T., 1951, *The Social System*, Free Press.（佐藤勉訳、一九七四年、『社会体系論』現代社会学大系14、青木書店）
・Schramm, W. (ed), 1949, *Mass Communications*, University of Illinois Press.（学習院大学社会学研究室訳、一九六八年、『新版マス・コミュニケーション研究―マス・メディアの総合的研究―』東京創元新社）

第1章 シンボリックな洋画専門館「グリーン・ハウス」

プロローグ　シンボリックな洋画専門館

♡「グリーン・ハウス」とは

一九四九年に開館し、一九七六年の酒田市の大火で消失するまで、酒田のメディア文化のシンボル的存在だった洋画専門映画館「グリーン・ハウス」。時代の先がけ、当時の酒田における映画環境は、昨今のシネマ・コンプレックス（シネコン）をしのぐものであった。それを裏づけるように、映画評論家の淀川長治氏が、「あれは。おそらく世界一の映画館ですよ」と断固言明された[1]。

その理由は、単に映画上映を中心に考えるのではなく、そこに観客が集うということに主眼をおいた映画館づくりにある。ロードショー上映館内には、一般席、二階指定席、喫煙席、特別席（洋室と和室）、それに自由にお茶を飲めるボックス席が完備されていた。さらに館内には、ショッピングスポット、喫茶スポット、軽食コーナー、それに名画上映エリアなど、現在のシネコンに劣らない設備が並んでいた。一九七〇年代首都圏でさえめずらしかった鑑賞設備が、

(1)『週刊朝日』（一九六三年一〇月四日号）、三八頁。

東北の一地方都市に完備されていたということは驚きだった。当時、現在のシネコン同様の環境で映画を楽しんだ人びとに培われた文化こそ、メディア文化そのものである。

♡「グリーン・ハウス」のスタイル

映画館の環境以上に注目したいのが、「グリーン・ハウス」は、東京のロードショー封切館と同時にロードショー公開を実施していた。大都市と地方都市のタイムラグが、ことロードショー上映においては存在しないのである。映画という媒体によって東京と酒田のメディア環境が同じ距離に並んでいたことになる。[2]

「グリーン・ハウス」に一歩入場すると、最初に目にするのは、チケット売り場までの通路両サイドのウインドウに飾られた女性用のバックや小物など装飾品の数々である。このインテリアを目にした瞬間、とても映画館とは思えない（ショッピングだけで入館し、喫茶室でお茶をいただいて帰るゲスト。立派なデートスポットにもなっていた）。

地方の若者はつねに中央（大都市）に関心を向けているなか「グリーン・ハウス」は、地方にいながらに中央の雰囲気を味わえるスポットであった。あこがれの映画館であり、映画を観るだけではなく、若い人びとを満足させる「グリーン・ハウス」には、そんな空気が漂っていた。

♡メディア環境の充実した街

メディア文化の街と位置づけられた当時の酒田は、洋画上映を専門とした「グリーン・ハウス」以外にも、東北一の劇場と呼ばれた東宝系の「港座」は、当時の文芸映画や青春映画、特撮映画などを上映し、中高生から大人向けの劇場だった。東映系の「中央座」は、日本映画路

（2）大作の同時ロードショーとロングラン上映が基本だった。

線を維持しコアなファンを持ちながら、子ども向けのアニメ作品も充実していた。大映系の「シバタ劇場」では、日本映画の他、海外の作品上映も試みた。日活映画全盛時代の専門館であった「酒田日活」は、シネマグッズを観客にプレゼントするなどのイベントも開催した。こうした映画館が、酒田のメディア文化の根底を支えていた。

人口一〇万の地方都市で充実したメディア文化を発信する環境は、たとえ映画全盛の時代であったとはいえ特化すべきであろう。そして酒田の中心市街地、中心スポット、中町商店街エリアに集中しているところに注目されたい[3]。後述する中町商店街が一つのファッション・スポットを形成していたゆえんでもある。

第1節　メディア文化の象徴「グリーン・ハウス」

1　エンタテインメントの中心は映画だった

♡エンタテインメントの主役「映画」

映画は、一九三〇年代当時、アメリカでは娯楽の主役であった。映画産業にみる興行の数々は、巨大なメディア環境をつくりだしてきた。映画は大人に限らず、子どもから若者までをとりこにしてきた。映画は大人だけに向けられているものではない。子どもたちの思考や行動に与える効果は大きい[4]。日本での映画興行も一九六〇年代から盛んになった。洋画の輸入も増加

(3) 中心市街地の商店街で、老舗百貨店「清水屋」の屋上遊園地には飛行機が周遊。老舗百貨店「小袖屋」の他に洋画邦画の上映館が併せて六館が並ぶエリア。

(4) Blumer, H. 1933, Movies and Conduct, The Macmillan Company.

した。娯楽の王様としての映画は日本でもピークを迎えていた。日本映画から、ハリウッドのスターまで全盛期の映画産業がもたらしたスタイルは圧巻だった。映画関係のポスターやプレスシート、映画雑誌の創刊、当時の映画関係のプレミアムグッズは、いまではコレクター世界で高値を呼んでいる。

ところが一九七〇年代に入りテレビの台頭は自宅にいながら娯楽を楽しむ媒体となった。それでも当時は、映画館のスクリーンに映し出される迫力は、テレビとの差別化を可能にしていた。テレビドラマやアニメを劇場版に再編集し、映画館で上映するのを子どもたちは楽しみにしていた。

♡歴史的な映画館が揃う街並み

娯楽の主役に位置していた映画を上映するエリアは、中心市街地にある中町商店街界隈に集中していた。日本映画の人気は劇場の歴史とも関係していた。酒田の映画環境は抜群だった。全国でもまれにみる映画環境の街であった。

とくに東北一の劇場と呼ばれていた「港座」は、一八八七年（明治二〇年）に開館し、二〇〇一年の閉館まで全国の映画ファンを集めていた[5]。一〇〇〇人が収容できる港座は、三階建てに分かれた客席をもっていた。東宝系の作品を主流にし、夏休みには中高生向けにアイドル映画作品も上映していた。酒田大火の影響は免れた港座も、一九七八年には大改装をてがけた。大ホールを分割し、劇場は、大中小の三スクリーンとして再出発した。その「港座」も二〇〇一年一月に閉館し、酒田市内の映画館はすべて姿を消した[6]。

日本映画路線の人情モノを代表に固定客をつかんでいた東映系の「中央座」も有名だった。

（5）「〝東北一の劇場〟に幕」『山形新聞』（二〇〇一年一二月一九日付朝刊）。

（6）「幕下ろす酒田港座（上）」『山形新聞』（二〇〇二年一月一四日付朝刊）。

大人の作品を上映しながらも、〝東映まんがまつり〟上映時の子ども向けイベントでの長蛇の列は、いまなお記憶に新しい。一九六〇年代、酒田の夏の絵日記のひとコマにもなった。大映系の「酒田大映」での怪談幽霊や妖怪もの、怪獣映画上映では子どもたちが主流だった。また洋画も多く上映した「シバタ劇場」では、ウォルト・ディズニー作品の公開もあった。後に成人映画中心になったものの、こじんまりした館内は地方の映画館らしさを併せもっていた。昭和のかおりを漂わせたトップ俳優によるアクション作品などの日活作品をあつかう「日活映画」は老舗百貨店「清水屋」(旧店舗)の斜め正面に立っていた。

♡洋画繁栄の時代とメディア文化の街

日本映画の停滞が進み、映画産業の隆盛は一九七〇年代に入り、ある種の頂点に達した。日本映画の観客動員数の減少を止めることはできない状況下、それでも一九七〇年代の映画館は、歴史に残る大作・名作をかかげた作品を上映した。日本映画の危機の反面、洋画作品の人気と充実度は若者を中心に拡大していった。

海外スターのアラン・ドロン、チャールズ・ブロンソン、ロバート・レッドフォード、ジュリアーノ・ジェンマ、ナタリー・ウッド、オッタビア・ピッコロたちは当時の人気だった。洋画作品も、『おもいでの夏』(一九七一年)、『追憶』(一九七三年)、『アメリカン・グラフィティ』(一九七三年)、『華麗なるギャツビー』(一九七四年)などは、ハリウッドとニューシネマが絡み合い洋画人気を高めていった。他にも『草原の輝き』(一九六一年)、『わが青春のフロレンス』(一九七〇年)をはじめフランス映画やイタリア映画も名作が勢ぞろいしていた。多くの若者たちは洋画作品に影響を受け、チラシやプレスシート、映画グッズにトレンドを見出した。

一九七〇年代の洋画のラインアップをもっとも象徴しているのが、メディア文化の街と言える東京・有楽町界隈である。大作やスペクタクル映画を上映する「有楽座」、女性映画や文芸作品の「みゆき座」、ラブロマンスの「スカラ座」、西部劇やアクションの「日比谷映画」は、映画雑誌で紹介するロードショー情報のトップを飾る映画館に位置していた(7)。洋画専門館周辺エリアは、ファッショナブルな街であり、多くの若者で賑わっていた。「グリーン・ハウス」のあった中町商店街も中心市街地に位置していたことは必然だった。

2 映画館らしくない映画館「グリーン・ハウス」

♡洋画専門館「グリーン・ハウス」

さまざまな意味で映画館らしくない映画館であった。酒田の中心市街地中町商店街に、「柳小路」という雑貨屋や飲食店、鮮魚店、天ぷら、惣菜店などが並ぶ古いマーケット街があった。そこに向かい合うように立っていた洋画専門館の「グリーン・ハウス」。外見にみる映画の看板とスチール写真の装飾は結構インパクトがあった。しかし並びの文房具店の倉庫の古い外観のためか普通の地方都市の映画館というイメージにしかみられなかった(8)。ところが映画館の看板をくぐり入り口に入った瞬間様相は大きく変わった。目に入るのは美しいインテリアの数々、両サイドのショーウィンドウに飾られたレディス用の高級バック類が陳列されている。市民にとってそこは百貨店の一部にみられていた。中高校生などはそれだけで大人の空間と察した。通路の両脇を埋めたこの空間は「緑館コーナー」と呼ばれていた。

---

(7) 東京・有楽町界隈にあった東宝系グループの洋画専門劇場として君臨していた。当時のロードショーのラインアップはここを基準としていた。

(8) 本書の表紙カバーモノクロ写真を参照。

両サイドのあいだのコーナーを通り過ぎるとようやく入場券を購入する回転ドアーの入り口が見えた、「ご観覧券売場」という切符売場である。ショーケースには映画パンフレット、チラシ、映画関係グッズが並んでいた。切符売り場のその先の左奥がロビーで、その反対の右手方向に「緑館茶房」というカウンターの喫茶室が営業していた。映画鑑賞ではなく、ここに立ち寄りコーヒーだけでも楽しめる空間になっていた。一九七〇年代までの酒田は、喫茶店の普及度も全国的にみても高く、「緑館茶房」で使用されるコーヒー豆は、東京虎の門コーヒー卸店「コクテール堂」の特選豆を使用していた[9]。現在でも酒田市内ではこのコーヒー豆によってコーヒーを提供しているレストランや喫茶店は多い。

♡複合型映画施設の先がけ「グリーン・ハウス」

「グリーン・ハウス」は、シネマ・コンプレックス（複合型映画施設・通称シネコン）の先がけだった。現代では映画館の代名詞ともなっているシネコンは、一九七〇年代の地方都市にすでに存在していた。「グリーン・ハウス」の開館は一九四九年（昭和二四年）である。

「グリーン・ハウス」の最大の特徴は、館内に併設する名画座「シネ・サロン」にあった。ご観覧券売場の右側の階段を上った二階にある名画座施設。「シネ・サロン」は、定員一〇名（補助席プラス二）の完全予約制の映画鑑賞室であり、一九六二年から上映が開始されていた。一週間単位で名画や近年の話題映画をリピート上映し、月に約四作品を鑑賞することができた。料金は開設時で大人一四〇円、学生一〇〇円、その後一九七六年当時で、大人二〇〇円、学生一五〇円という低料金に設定されていた。安い入場料金のゆえに気に入った作品の上映期間は連日「シネ・サロン」で鑑賞を楽しむことができた。定員一〇名とはいえ、補助席の活用を知

（9）岡田芳郎、二〇〇〇年、『酒田っ子—世界一の映画館をつくり日本一のメートル・ド・テル（フランス料理店亭主）といわれた男—』非売品、二八頁。

っていた観客は、名画を見逃すことはなかった。(10)

通常のロードショー上映、名画座シアター併設、ショッピングエリア、喫茶室などの完備、また二Fには別に特産品コーナーもあり、「グリーン・ハウス」は、映画と付加価値をともなうシネコンの先がけと呼ばれる環境が整っていた。

♡メディアが伝えた「グリーン・ハウス」

シネコン的メディア環境をもつグリーン・ハウスを全国的に有名にしたのはメディアの報道であった。映画評論家の淀川長治氏が週刊誌上で述べた言葉に込められていた。(11)

週刊誌の見出しには、「山形県酒田市に結んだ一つの実験」とあった。この見出しとなった理由は、単に映画を観るためではなく、劇場に足を運んでもらうことを念頭においた映画館づくりを指してのことである。シートは一階一般席、二階指定席、喫煙席、特別室など観客の嗜好に沿った鑑賞環境の充実は、全国に類をみない。週刊誌の記事の最後に記載されている、当時の映画会社の営業次長のコメント、「映画館はデラックスな設備にならなければウソだと思う。そうすることで、ファンがふえてゆく。グリーン・ハウスのような映画館は大事にしないといけないし、この型の映画館がふえてゆくのを期待します」、そして記者の文末にある「グリーン・ハウスは、これからの映画館のありかたを示してはいないだろうか」という言葉には、いま主流のシネコンを予見していた当時の「グリーン・ハウス」の偉大さをあらためて感じた象徴的な記事であった。(12) さらに映画雑誌では、映画評論家の荻昌弘氏が連載記事「ぼくのムービーランド」で、「グリーン・ハウス」を絶賛した。(13)

---

(10)「シネ・サロン」の上映開始時間は、毎日、午後一時。家事の落ち着いた主婦やサラリーマンの休憩時間に合わせることもできた。

(11)『週刊朝日』前掲書、三八頁。

(12) 同上書、三九頁。

(13)「ぼくのムービーランド三七」『ロードショー』(一九八〇年二月号)、二〇二頁。

♡「シネ・サロン」がNHK総合テレビで全国に紹介

NHK総合テレビで二度にわたり「シネ・サロン」が全国に紹介された。「シネ・サロン」のNHKの取材時には、当時、高校生の著者も偶然その場に居合わせ取材を受けていた。午後一時からの上映回で、アメリカ映画「ハリーとトント」（一九七四年）上映中の「シネ・サロン」館内が映しされた。「シネ・サロン」で取材を受けたことはいまでも驚きとして記憶に残っている。(14)「グリーン・ハウス」「シネ・サロン」がメディアによって取り上げられいつしか酒田市までも、デラックスな映画館のある街として注目された。日本海の地方都市に存在したメディア文化の街は、その後も映画関係者の語り草となり、ドキュメンタリー映画制作という流れにいたった。

第2節　首都圏と酒田のタイムラグを解消してくれた

1　「グリーン・ハウス」の魅力

♡「グリーン・ハウス」の館内

「グリーン・ハウス」の魅力は、既存の映画館にはない多彩なサービスにみられる。シネコンの先がけという側面が強調されるなか、「グリーン・ハウス」が取り組んだ観客へのサービスは、映画館の域を超えるものであった。注目される点はあらためて週刊誌の特集記事にある。「港町の〝世界一デラックス〟映画館」の見出しに「グリーン・ハウス」の魅力が凝縮されて

(14)「シネ・サロン」、『NHK総合テレビ』（一九七六年六月二四日OA）。当日、一三時の回取材。

いた。(15)

世界一デラックスというコピーがついた理由とは、第一に、館内には一切の広告がないこと。一階自由席、二階指定席の座席カバーに広告は存在しなかった。上映前のスライド広告も一切なく、すぐに映画を観る体制が整っていた。第二に、ロビーで無料のお茶のセルフサービスがあった。テーブルには熱いお湯の入ったポットとお茶の道具一式、さらにロビーには当日の新聞や雑誌も常備され、サラリーマンの息抜きにもなっていた。第三は、館内に併設された「シネ・サロン」の存在。第四は、上映したい作品は「グリーン・ハウス」自館でラインアップを決めていた。第五は、「グリーン・ハウス」を象徴する一つで、上映開始直前に「ムーンライト・セレナーデ」(グレン・ミラー楽団のバンドテーマ、一九三九年)の曲がかかること。カウントダウンにもなり待ちに待った映画に出逢う気持ちをより高揚させた。曲とともにカーテンが開き、スクリーンに映し出される瞬間は、そこに遭遇した多くの人たちが共有した記憶である。第六は、観客の嗜好に応えて、喫煙室での鑑賞ができたこと。喫煙の緩やかな当時でさえ、劇場などの公共施設は禁煙が徹底していた。「グリーン・ハウス」は違っていた。当時、館内の分煙機能が備わっていたエリアで、二階の一般席とはガラス壁で仕切られていた。テーブル付の応接設備のソファーで、お茶の道具一式が準備されていた。中学一年生の時、著者は一度だけ一般席が満席のためスタッフから特別にこのＢＯＸに案内された記憶がある。当日の上映作品は、イギリス映画『小さな恋のメロディ』、中高生で満席だった。第七は、特別室(洋風・和風)が設置されていた。家族や友人どうしで映画を楽しむことができる。二階スクリーンに向かって右側に洋室の特別室があり、応接間のようなイス式。左側の和室特別室は、座椅子と座布団が用意されていた。好奇心もあり著者は特別室をのぞいた時、ホテルの一室のように思

(15)『週刊朝日』前掲書、三八－三九頁。

えた。最後に、上映作品ごとのパンフレットと、月間予定表が無料で配布されていた。この予定表がおしゃれでいまなおコレクター品として大事にしている方も多い。「グリーン・ハウス」の魅力は、映画館に足を運びたくなる環境を観客に提供していることにある。

♡「グリーン・ハウスニュース（予定表）」と「GREEN YEARS（パンフレット）」

観客へのサービスは、館内施設だけではなかった。コレクター品にもなった「グリーン・ハウスニュース（予定表）」である。翌月の上映作品リストと日程、作品の写真を掲載し、解説を施した通常Ａ４版の四分の一サイズ二つ折で、大作上映時には三分の一サイズ三つ折になる無料の予定表である。表紙は上映作品のポスターが印刷され、裏表紙には次回の上映作品の解説つきラインアップ。大変おしゃれなデザインは洋画ファンには絶大の人気だった。手帳や財布などに折りたたんで持ち歩いた。

もう一つは「GREEN YEARS（パンフレット）」である。毎回の上映作品を解説したパンフレットで、入場券の半券と引き換えに一緒に渡された。Ｂ５版変形三つ折で、表紙は上映映画のポスターとスチール写真、内面はあらすじと解説が記載されていた。次期上映作品の広告も掲載され、予定表とパンフレットともにコレクションにもなった。

♡女性の社会進出に応えたスタッフと観客へのサービス

一映画館とは思えない多様な施設、緑館コーナー、緑館茶房、観覧券売場などは、ローテーションを組んだスタッフが担当するシステムになっていた。それだけにキャリア豊富な従業員をかかえることが重要だった。「グリーン・ハウス」のスタッフの半分は既婚だった。結婚しても退職させないシステムが功を奏していた。(16) 観覧券売り場にいた女性スタッフが、別の日には、コーヒーをいれていた姿はよくみられた。女性の社会進出という方向に応えた「グリーン・ハウス」の就業形態は時代の先を走っていた。

また観客へのサービスもスタッフが直接対応した。その典型が切符売り場で、よくあるガラス越しの接客でなく百貨店にみられる客とスタッフとの距離感である。切符売り場と呼ばず、ご観覧券売場としているのがそれをものがたっていた。洋画ブームに乗った一九七〇年代とはいえ、映画産業の厳しい時期に、安定した営業成績をあげていた「グリーン・ハウス」。市内の他の映画館より高い入場料で一番の興行収入を維持することにつとめていた。高額な入場料分に見合うサービスに長け、観客にとって魅力のある映画館をめざしていた。

2　東京と酒田のメディア環境がリアルタイム

♡東京―酒田同時ロードショー

街角にある「グリーン・ハウス」のポスターや予定表には、「東京―酒田同時ロードショー公開」の文字をみることが多かった。主要な作品のロードショー公開封切日時は必ず東京と一緒だった。ロードショー上映においては大都市と酒田のタイムラグが存在しないことを確証した瞬間だった。地方都市の若者にとってこの時間的距離が大都市と並んだ意味は大きい。洋画を観る速度が首都圏と同じであることは、地方都市若者のプライドとして以後今日まで続いていった。

(16) 同上書、四〇頁。

♡リアルタイムのメディア環境

当時、山形県内のメディア事情はチャンネル数でも大都市と水を空けられていた。NHKの他の民放は、日本テレビ系列とU局でフジテレビ系列が入ったばかり。東京放送やテレビ朝日系列の放映は一部クロスネットのみ。それも時間をずらされリアルタイムでの受信は不可能に近かった。当時のドラマやアニメなどは、近年になりBSやCSなどの再放送によって知った作品も多い。地方都市のメディア事情は遅れていた。

そんな状況下で「グリーン・ハウス」の東京―酒田同時ロードショー公開の重みはいまでも感じている。映画を媒体としたメディア文化の街の伝統はこのような環境に反映されていたともいえる。そして映画鑑賞だけではなく、関連グッズを直接入手できたことも「グリーン・ハウス」はタイムラグのない場所である証明にもなった。

3 「グリーン・ハウス」の独自性

♡「グリーン・ハウス」の神髄

同時ロードショーこそ「グリーン・ハウス」の神髄である。大都市のロードショー館と並ぶ封切り映画を、地方都市の映画館で上映することがなぜ可能だったのか。その理由を知るには、「グリーン・ハウス」の歴史をたどることが必要となる。

一九四九(昭和二四)年のグリーン・ハウス開館から二年後の一九五一(昭和二六)年、サンフランシスコ講和条約が調印され、セントラル映画社(CEPE)の解体が決まった。それを受けて、MGM、ユニバーサル、パラマウント、二〇世紀FOX、コロンビアなどアメリカの映画会社メジャー一〇社が日本支社を設立する。日本はアメリカ映画にとって重要なマーケットになりつつあった。「グリーン・ハウス」は、欧米各国の映画をつぎつぎに上映したが、とくにアメリカ映画のうち、MGM、ワーナーブラザース、RKO、二〇世紀FOX、パラマウント、ユナイテッド（松竹洋画部配給）、セルズニック映画（東宝洋画部配給）の七社の作品はすべて上映する契約を結んだという[17]。

こうした理由から「グリーン・ハウス」が自館で上映したい時に、好きなだけラインアップを組むことができた。「シネ・サロン」で名画座的な上映ができたのも、そんな事情があったからこそである。映画は快適な環境で、気持ちよく観るものだという「グリーン・ハウス」の方針は的確だった。市内の映画館と比較して、三割ほど高い入場料を徴収しても、いい作品と豪華な環境の「グリーン・ハウス」に人は集まった。洋画人気を差し引いても、入館する価値はあった。結果的に、東北の地方都市にある「グリーン・ハウス」が東京同時ロードショーを実現できたのも、経営陣のビジネス的感覚に優れている点にあることは疑い得ない。

♡「グリーン・ハウス」的環境がもたらしたメディア文化

アメリカ映画やヨーロッパの映画がリアルタイムで鑑賞できる。ラインアップから話題の洋画を探ることもできる。さまざまな映画グッズを手に取ることもできる。地方にいながらにして、首都圏、さらに世界の映画作品を味わうことができる。そんな空間は若者のあこがれであった。入場券が高額なことも、逆に高級感漂う魅力を増長させた。「グリーン・ハウス」で洋画を観てきたという行為は、当時としては周囲に対するある種の優越感を得ることにもなった[18]。

（17）岡田芳郎、前掲書、一八頁。

（18）周囲に対し、映画を観る以上に、「グリーン・ハウス」に出かけたという付加価値を示した。

テレビが全盛期のなかで、映画産業の衰退がささやかれながらも洋画を中心としたメディア文化は人びとを魅了した。コミュニケーション・メディアがアナログの時代に、地元にいてもトレンディな話題の洋画を観ることができる。鑑賞前後に友人たちと語る映画の話題は、多くのメディア的ネットワークを広げていった。「グリーン・ハウス」を媒体に拡大したメディア環境は、そこに住む人びとの生活様式や行動様式にも影響を与えていった。

第3節　中心市街地の象徴「グリーン・ハウス」

1 「グリーン・ハウス」がもたらした文化

♡「グリーン・ハウス」から培った感覚

多彩なメディア環境をもち、複合型施設を楽しむことができる洋画専門館。そんな「グリーン・ハウス」は、非日常的な空間でもあった。中高生だった著者は、学校帰りに立ち寄るスポットとして「グリーン・ハウス」を活用していたが、成人した大人たちにとっては少し勝手が違っていた。とくに若い女性たちはおしゃれをして出かける空間だった。単に映画を観に出かけるだけでなく、「グリーン・ハウス」の前後に立ち寄るお店にも関係していた。当時の市内には、百貨店が二つ、全国有数といわれた喫茶店の数、ショッピングにも食事にも十分過ぎた環境が整っていた。日常を離れて余暇時間を満喫する非日常的なエリアが広がっていた[19]。

(19) 当時の酒田市中心商店街中町は、東北地方有数の商店街エリア。約八〇〇mの店構えは多くの人びとを誘い込んだ。

映画館といえばシネコン的な施設をもつ劇場が主流になった昨今、それが一九六三年には、酒田市に誕生していたことに驚きを隠せない。映画館に出かけるだけでたくさんの欲求（娯楽的時間）が充足される。当時はそれが日常的で、何ら不思議な意識はなかった。映画鑑賞の意味が単に映画だけを観ると考えられていた時代に、「グリーン・ハウス」のような施設を経験し培ったスタイル、その文化のなかで育った人びと。その感性は、歳を重ねてあらたなメディア文化的なコンテンツを手がけることになる。

♡「グリーン・ハウス」から影響を受けた人びと

感受性に富んだ一〇代から二〇代、時代は一九六〇年代から一九七〇年代、「グリーン・ハウス」から得たメディア文化という世界。つねに身近で映画を楽しみ、スクリーンから広がった数々のモデル、大都市とタイムラグのない映画の世界から得たものは自信となりその後の生活にも影響を与えていった。

その後「グリーン・ハウス」の話題も封印され、多くは記憶のなかに閉ざすことになった。それでも「グリーン・ハウス」をテーマにしながら当時を省みる人びとは多い。過去を振り返る時「グリーン・ハウス」的コミュニケーションを楽しんでいる。「グリーン・ハウス」世代の人たちである。「グリーン・ハウス」がもたらした文化はいまでも新鮮に映る。著者も、二〇〇二年から「グリーン・ハウス」を複数のメディアで取り上げることにした[20]。そろそろ封印を解いて、文化的な再生産を図ってもいいのではないか、そう考えて時間が経過し、二〇一七年を迎えた。

---

(20) 仲川秀樹、二〇〇六年、『もう一つの地域社会論—酒田大火30年、「メディア文化の街」ふたたび—』学文社。

2 「グリーン・ハウス」の時代

♡メディア文化の誕生した一九七〇年代

人びとの生活にようやくゆとりを見出すことを可能にした一九七〇年代。自分の時間、自分の好きなことに時間を費やす余裕の生まれた時代。積極的な消費行動が社会的・経済的にも表出され、あらたなコンテンツも多数登場していった。一九七〇年代はメディア文化の開花した時代でもあった。

流行や時代の潮流となるトレンドと呼ばれるモデルの多くは、一九六〇年代に潜在化し、一九七〇年代に誕生、一九八〇年代に定着、一九九〇年代には分化をはじめた。そして二〇〇〇年代、これらのモデルはより複雑に細分化しながら浮遊を続けている[21]。メディア文化を語る意味で、〝すべては一九七〇年代からはじまった〟と考えている。

カバー曲も全盛になり、リメイクされた作品が映画、ドラマに限らずメディアそのものを覆いつくしたような現在。あらたなコンテンツを創造するより、かつての完成度の高いモデルを再編成し、今日的スタイルに沿うように再提供する。二〇〇〇年代以降、メディア文化はこのような傾向が強くなった。新規なモデルをつくる資質がなくなったのか、制作するには規制も増え、過去のモデルのような作品をつくるのは難しくなった。しかし、〝黄金の七〇年代〟という響きにあるのは、優秀なコンテンツが多数登場し、メディア文化の原型が完成した時期であることの証であった。

---

(21) 同上書、五二頁。

♡一九七〇年代にすべてを放った「グリーン・ハウス」

当時としての映画鑑賞に最高の環境を考えた「グリーン・ハウス」。一九五四年四月には、「クック S 型」を直輸入、当時このレンズを設置した映画館は、東京・大阪にわずか二〜三を数えるのみ、東北地方では「グリーン・ハウス」だけだった。レンズの新設とともに音響効果、音の立体感を強める作業は続いた。採算を度外視した形で、映画環境の快適さを求めた。この努力は人から人へのネットワークにより、東京の専門家の耳にも入った。映画関係者が、東北の港町を訪れる理由も、実際に自分の目で、最高のステージを確かめてみたかったという。[22]

ネーミングはまだなかったが、一九七〇年代にメディア文化の誕生をみる。メディア環境を土壌にした娯楽のベースを登場させたのもこの時代であった。それに応えるかのように「グリーン・ハウス」はこの時代にすべてを放った。完成された映画の上映、大都市とのタイムラグを解消させるリアルタイムでの上映、そこに集う観客を最高の環境のなかで招いた。映写機、スクリーンの質、座席、鑑賞前後の快適性ある館内環境、最高の映画鑑賞に絶え得るアメニティのすべてを、一九七〇年代に注ぎ込んだ。

「グリーン・ハウスニュース」と「GREEN YEARS」の充実。広報活動にも積極的で、メディアへの露出はなおも続いた。東北の港町の〝世界一デラックス映画館〟というコピーとともにそれはより進化を遂げるであろうと、映画を愛する地元の誰もが信じていた。「グリーン・ハウス」はこれからもメディア文化の街のシンボルとしてより中心的な役割を果たすだろうと、誰もが疑うことはなかった。

---

(22) 岡田芳郎、前掲書、一七頁。

第4節　一夜に消えた洋画専門館「グリーン・ハウス」

1　「グリーン・ハウス」が消えた

♡「グリーン・ハウス」から出火

メディア文化の街のシンボル「グリーン・ハウス」が一夜にして消えてしまった。「グリーン・ハウス」最後の上映作品は、アメリカ映画『グリーンドア』。同時上映された『愛のコリーダ』ともに最後の映画を「グリーン・ハウス」で鑑賞することはできなかった[23]。

『グリーンドア』上映開始まもなくの午後五時三五分頃、突然映写機のランプが消えた。一般に語られている「酒田大火」である。記録によると、一九七六年一〇月二九日（金）午後五時四〇分頃、「グリーン・ハウス」から出火、最大瞬間風速二六メートルを超えた西南西の風によって、翌朝、午前五時に鎮火するまでの一一時間燃え続けた。酒田市の市街地である中町商店街を中心に延焼し、消失一七七四棟、消失区域二二・五haに上った。原因は本屋西側と映写室の一部を含む天井裏付近と推測された[24]。

「グリーン・ハウス」が酒田大火の火元になった衝撃はあまりにも大き過ぎた。「グリーン・ハウス」、酒田のメディア文化を担ったシンボルは一瞬にして消え去り、大火は一九七〇年代という時間さえも消してしまった。華やかだったメディア文化の象徴は、市民のあいだでまたたくまに沈黙の対象となった。

「多くの酒田市民は、「グリーン・ハウス」で培ったなつかしい、うれしい思い出を封印した[25]」。

---

(23) 「グリーン・ハウス」の予定表には次回上映作のラインアップがあったが幻となった。

(24) 『酒田市大火の記録と復興への道』一九七八年、酒田市発行。

(25) 岡田芳郎、前掲書、三二頁。

そうしなければならなかった。もはや公に「グリーン・ハウス」を語ることはできなかった。ただ心の中で〝グリーン・ハウス『ふたたび』〟の夢を抱くだけになった。大げさな表現かもしれないが、この日から酒田は酒田でなくなった。この一連の想い入れは、地域社会の問題、商店街の問題、いまの酒田が抱えているあらゆる問題や課題と無関係ではない。歴史的連続性のなす業であり、一九七六年を起点にしないで、酒田の街を語ることはできない。この一連の想いは他の著書で論じた。(26)

♡「グリーン・ハウス」を語ること

著者は、一八歳の時、「酒田大火」に遭遇した。大火当日、実家は中町の風下にあり、緊急用品をバックに詰め込み、避難に備えていた。真っ先に詰めたのは、旺文社の『大学受験ラジオ講座テキスト』、「写真のネガ一式」、そして「「グリーン・ハウス」関係の資料」だった。テキストは受験生の想い出だった。そして青春の想い出「グリーン・ハウス」の予定表とパンフレットだった。将来にわたりかけがえのない青春時代の記録を、当時の危機的状況のなかでも強く認識していた。

メディア文化の街の分析には「グリーン・ハウス」を抜きに考えることはできなかった。「グリーン・ハウス」という洋画専門館のもたらした地域への影響、メディア文化の街の構造を築いた文化的側面の重要性が身に染みていたからである。厳しい現状を抱えながらも大火後の時間的経過のなかで、時間だけが過ぎてしまった。

---

(26) 仲川秀樹、二〇〇五年、『メディア文化の街とアイドル―酒田中町商店街「グリーン・ハウス」「SHIP」から中心市街地活性化へ―』学陽書房。

2　酒田の中心市街地も消えた

♡「中町商店街」も一夜にして消えた

酒田市の中心市街地に位置し、もっとも人が集まる繁華街だった通称「中町商店街」は、一九六〇年代、二つの百貨店をかかげ、ファッション・ルートとヒストリック・ルートの交差する東北でも有数のマーケット街であった(27)。

さらに東西に長く連なる中町商店街に交差し、南北五〇〇メートル以上にわたって展開している、「柳小路マーケット」があった。アメ横を彷彿させるようなたたずまいの店舗が、最盛期の一九六〇年代には九〇軒近くあった。食料品、衣料、雑貨というように生活必需品はなんでも揃っていた(28)。トタン屋根にいまにも吹き飛びそうな小屋のような造りは、魚のにおいなどが漂っていた。一つのエリアに雰囲気の異なったマーケットが入り、おしゃれも雑貨も、多様なルートを楽しむことができるそんな商店街であった。周辺には十分すぎる数の喫茶店も営業し、休日には周辺町村からおしゃれをしてたくさんの買い物客が訪れた。「街にいく、中町にいく」もじどおり中町は娯楽の中心であった。

日常、非日常の両面をカバーしている中町商店街という場所は、地元市民にとってなくてはならない機能的な空間であった。その場所が一夜にして消えてしまうという衝撃の記憶を、当時を知る酒田市民はいまなお引きずっている。

♡「グリーン・ハウス」は記憶のなかへ

大火の出火元となった「グリーン・ハウス」は、責任をとり、その跡地すべてを市に寄付し

---

(27)　本書、第五章第二節を参照。

(28)　仲川秀樹、二〇〇二年、「フィードバック、柳小路マーケット」『庄内小僧一〇月号』コミュニティ新聞社、四一頁。

た。一切の映画産業からも撤退した。酒田市民の多くも、「グリーン・ハウス」を愛した多くの映画人たちも、その決定に口を挟むことはできなかった。皆が沈黙してそれを受け入れた。火元の重みはあまりにも大き過ぎた。その時点で「グリーン・ハウス」は、「記憶にとどめておくだけ」のものとなった。

さらに二〇〇一年に日本映画の拠点、「湊座」が閉館して、一〇万人が住む地方都市に映画館もなくなった。かつてのメディア文化を発信し続けてきた街も、歴史の流れのなかでそれを食い止めることはできなかった。いつしか映画館のない街は当たり前になっていった。それに比例する形で中町の賑わいもなくなり、若者は中町商店街を捨ててしまった。中町は、「大人たちが一時を懐かしむ街」「懐かしむだけの街」というステレオタイプで語られる場所になり、そうしたラベルが貼られてしまった。果たしてそれが真実の中心市街地なのだろうか。その疑問を検証すべく、著者は二〇〇三年から実証研究（フィールドワーク）を開始することにした。[29]

♡一九七六年の出来事

もしいま「グリーン・ハウス」が残っていたら、どんな仮説を取り出しても、映画産業の衰退のなかで、閉館を余儀なくされていただろうという結論も成り立つ。いまの映画館をめぐる状況は、都市再開発を受け、大都市でも閉館撤退が相次ぎ、新しい商業施設へと変わっている。それが地方都市ならなおさら困難なのは目に見えている。ただ、酒田大火で中町商店街が焼失しなかったら、当時の跡地の名残から、別の中心市街地再生が図られたかもしれない。いややはり全面解体で新しい中町になる可能性の方が大きいだろうなど、いろんな仮説を立ててしまう。無意味かもしれないが。

---

(29) 仲川秀樹、二〇〇六年、第四章「フィールドワーク」を参照。

中心市街地衰退の流れは、酒田のみではなく全国的な問題である。ゆえに大火との関係性からも説得力は乏しい。しかし商店街側の体力を考えた場合、大火さえなければ、一九七〇年代以降の中心市街地衰退に対して何らかの対策を打ち出す余力は、まだ中町商店街にはあっただろう。大火復興にかかった経費と時間はあまりにも重く店主たちにのしかかった[30]。新しい中町商店街は、店主は郊外に居住し、中町には店舗のみ、閉店後は郊外へ帰宅する。結果、閉店時間も早くなり、より買い物客の利便性は失われてしまった。一九七六年の出来事は、複雑な想いを重ね合わせ現在へつながっている。

参考文献（序章）

・富永健一、一九九〇年、『日本の近代化と社会変動—テュービンゲン講義—』講談社
・伊奈正人、一九九五年、『若者文化のフィールドワーク—もう一つの地域文化を求めて—』勁草書房
・Dumazedier, J. 1962, *Vers une Civilisation du Loisir?*, Editions du Seuil.（中島巌訳、一九七二年、『余暇文明へ向かって』東京創元社）
・仲川秀樹、二〇〇五年、『メディア文化の街とアイドル—酒田中町商店街「グリーン・ハウス」「SHIP」から中心市街地活性化へ—』学陽書房
・仲川秀樹、二〇〇二年、『サブカルチャー社会学』学陽書房
・酒田市史編さん委員会、二〇〇三年、『酒田市市制七〇周年記念・写真でみる酒田市史—昭和〜平成版—』酒田市
・「酒田市大火の記録と復興への道」一九七八年、酒田市

(30) 同上書、第六章参照。

第2章

世界一と言われた映画館「グリーン・ハウス」

第1節　新聞の紙面に体が震え、心が躍った

1 「伝説の映画館〝再現〟したい」

♡「グリーン・ハウス」再現

それは新聞の一紙面からはじまった。見出しは「伝説の映画館〝再現〟したい」「目指すはドキュメンタリー映画祭　酒田グリーン・ハウス」[1]。衝撃だった。体が震えた、心が躍った。「NPO法人山形国際ドキュメンタリー映画祭」において、「グリーン・ハウス」を再現した映像上映や企画展示を計画しているという。そこで「グリーン・ハウス」に関係する資料等を求めているという内容だった。一〇月に開催の山形国際ドキュメンタリー映画祭では、「やまがたと映画」の特集上映のプログラムを予定しているという。

「グリーン・ハウス」が封印され、年月が経過してもその想いを抱く映画人の取り組みにあらためて体が震え、心が躍った。著者の所有する「グリーン・ハウス」関係の資料を用意し、

(1)　『山形新聞』(二〇一七年六月九日付)。

山形国際ドキュメンタリー映画祭事務局に送付した。[2]落ち着いてはいられない心境が続くことになった。新聞が掲載された時、フィールドワークのために学生たちと酒田に滞在していた。そこでこの企画を知った。いま思えば大変なめぐり合わせと感慨深く、当時を振り返る。

♡「グリーン・ハウス」を現在進行形に

新聞記事の反響は予想を超える結果となった。山形国際ドキュメンタリー映画祭側も、「全国に、世界に誇れる映画館が酒田にあった。どのような資料を集められるかで再現内容が決まる。」として資料の提供を募った。[3]山形県庄内地方に存在した「グリーン・ハウス」への想い入れは、内陸地方のスタッフによって再現される、その重みを感じるのが、作品を担当する佐藤広一監督の語りにある。

「グリーン・ハウスは酒田の人たちの人生交差点のような場所だった。昭和の文化遺産的な存在だが、単に『かつて、そこにあった』というだけでなく、現在を生きている酒田の人たちの、これからの酒田の在り方につながる作品にしたい[4]」。この語りから、著者は「過去を振り返ることは将来への責任を担うことである[5]」というメッセージを甦らせた。「メディア文化の街はどこへ向かうのか」本書のテーマもそこにあるからだ。

---

(2)「山形国際ドキュメンタリー映画祭」の高橋卓也事務局長と協力事項確認。現地での撮影にも同行される。

(3)『山形新聞』前掲記事。

(4)『世界一と言われた映画館』佐藤広一監督の語り。

(5) ローマ法王ヨハネ・パウロⅡ世「広島メッセージ」(一九八一年二月二五日)。

2 再現をめざすスタッフの想い入れ

♡映像文化の多様性を軸に

「グリーン・ハウス」再現の前提にあるのはスタッフの強い想い入れである。映像文化の多様性を守ろうとする映画館が山形県内にあったという「自負」と、集客のみに進む映画館の増加は、映像文化が均一化していることへの「警鐘」という意味。そこには、良質な映画を届けようと奮闘した当時の人の想いを伝えることで、映画の接し方を考える機会になればという語りである。(6)

単に懐かしさやノスタルジックに再現するのではなく、「グリーン・ハウス」を媒体にした、映像文化の本質を探り出しながら、地域社会に根ざしたスタイルを再考することにもなる。山形国際ドキュメンタリー映画祭の「やまがたと映画」のテーマに沿うにはふさわしい仕事となっている。

♡再現するスタッフと協力者の共通した想い

メディアで「グリーン・ハウス」再現の取り組みを知り、資料提供の呼びかけに多くの「グリーン・ハウス」ファンが応えた。「グリーン・ハウス」独自の予定表やパンフレット、館内の写真や、8㎜フィルムなど、その積極的な提供にスタッフの驚きは大きかった。(7) この動きにかつて「グリーン・ハウス」という映画館がいかに映画ファンの心をつかみ、日常生活のひとコマになっていたかを感じないではいられなかった。とくに、一九七六年の酒田大火の火元で、一夜のうちに消失したこと。誰もが予測できない出来事であったこと。市民の多くは気持ちの

(6) 『読売新聞』(二〇一七年九月一六日付朝刊)。

(7) 多くの資料提供者続出に「山形国際ドキュメンタリー映画祭」事務局の声。

整理もつかないまま、「グリーン・ハウス」の想い出を封印するしかなかったこと。誰もが公に語ることができず時間ばかり過ぎ去った。

そこに山形国際ドキュメンタリー映画祭の企画が舞い込んだ。多くのファンの潜在的な気持ちが協力を申し出るという形で結ばれた。いま、封印を解いて「グリーン・ハウス」を語りたい。その想いを山形国際ドキュメンタリー映画祭がかなえてくれる。その成果はさまざまな形になって表れることになる。

第2節　「グリーン・ハウス」を再現させた「山形国際ドキュメンタリー映画祭」

1　山形国際ドキュメンタリー映画祭

♡山形国際ドキュメンタリー映画祭の重み

沈黙を破り、「グリーン・ハウス」を復活させたのは、「山形国際ドキュメンタリー映画祭」(YAMAGATA International Documentary Film Festival)（以下、略称ＹＩＤＦＦ）である。ＹＩＤＦＦの前身は、一九八九年の山形市制一〇〇周年に関する記念事業推進協議会。二〇〇六年に協議会から独立し、二〇一三年ＮＰＯ法人に移行、現在の組織になっている。その活動は、地方都市の一映像文化祭の域にとどまらない、映像周辺企画を含め、内容の濃い文化イベントとして定着している。その成果は、二〇一七年に山形市は、「国連教育科学文化機関」（Ｕ

NESCO）から「ユネスコ創造都市ネットワーク」（映画分野）[8]の加盟が認められた。

さらにYIDFFは、二〇一八年八月に、アメリカアカデミー賞公認映画祭に認定されている。アカデミー賞の公認を受けたということで、YIDFFにおけるインターナショナル・コンペティション部門「ロバート＆フランシス・フラハティ賞（大賞）」を受賞した作品はその応募条件に適うことになっている。[9] アカデミー賞の公認を得ていることは、YIDFFのこれまでの実績と映画祭のコンテンツそのものが高い信頼性をもつことの証である。

♡山形国際ドキュメンタリー映画祭の特質

YIDFFは、一九八九年から原則、隔年開催されている。映画祭は、インターナショナル・コンペティション、審査員作品、特別招待作品、アジア・プログラム（アジア百花繚乱、アジア千波万波、アジアの若手映像作家、新進ドキュメンタリー作家を紹介）、日本プログラム（日本パノラマ）等をメインに構成されている。

とくに、二〇〇七年に「やまがたと映画」として、戦前のフィルムや山形にまつわる映画の数々の一挙上映を起点にした、このカテゴリーは現在まで続いている。『世界一と言われた映画館』もここから出発した。「やまがたと映画」には、YIDFFの本質と存在価値をみることができる。

（8）「山形国際ドキュメンタリー映画祭」公式HP関係資料参照。

（9）映画祭大賞作品の米国アカデミー賞応募条件獲得の意義は大きい。

2　山形国際ドキュメンタリー映画祭の軌跡

♡第1回YIDFF'89[10]

記念すべき山形国際ドキュメンタリー映画祭のオープニングは、一九八九年一〇月一〇日(火)〜一五日(日)の六日間。上映作品八〇本。入場者数一一、九二〇人。内容は、インターナショナル・コンペティション(世界中から応募された一五作品の上映)。招待作品(三作品上映)。特別上映作品(三作品上映)。アジア・シンポジウム特別上映(劇映画も交えたアジア九作品の上映)。日本ドキュメンタリー映画の黎明(映画草創期から第二次世界大戦終了までの四四作品を上映)。ロバート&フランシス・フラハティ・メモリアル(ドキュメンタリー映画の父ロバート&フランシス・フラハティの作品を特集。六作品上映)。

注目のインターナショナル・コンペティション(大賞となるロバート&フランシス・フラハティ賞)は、『踏切のある通り』監督イヴァルス・セレツキス(旧ソ連)が受賞。

♡第2回YIDFF'91[11]

一九九一年一〇月七日(月)〜一三日(日)七日間の開催となった第2回YIDFF'91。上映作品一五三本。入場者数一四、四八六人。インターナショナル・コンペティション(一五作品)。審査員作品(一一作品)。特別上映作品(六作品)、アジア・プログラム(アジア作品二一作品の上映の他、アジア・シンポジウム、アジア映画国際会議の三部門を開催)。日本ドキュメンタリー映画の興隆(終戦後から一九六〇年までの四二作品を上映)。日米映画戦(四一作品上映)。日本映画パノラマ館(現代日本の若手映像作家七人の計一七作品の上映)。

(10)「YAMAGATA International Documentary Film Festival 1989」「山形国際ドキュメンタリー映画祭」公式パンフレット参照。上映作品数は、前後変動あり。以下同様。

(11)「YAMAGATA International Documentary Film Festival 1991」「山形国際ドキュメンタリー映画祭」公式パンフレット参照。

大賞となるインターナショナル・コンペティションは、『頑固な夢』監督ソボリッチ・ベーラ（ハンガリー）が受賞。

♡第3回YIDFF'93[12]

第3回となるYIDFF'93は、一九九三年一〇月五日（火）～一一日（月）の七日間にわたり開催された。上映作品一三九本。入場者数二〇、五〇九人。インターナショナル・コンペティション（一五作品）。審査員作品（九作品）。特別招待作品（五作品）。アジア・プログラム（二八作品。「小川紳介賞」新設）。日本ドキュメンタリー映画の躍動（一九六〇年代の四〇作品上映）。小川紳介特集（関連作品を含め一一作品上映）。世界先住民映像祭（二三作品上映。ライブや交流パーティの開催）。日本映画パノラマ館&YIDFFネットワーク企画上映（二作品）。優秀映画鑑賞会（日本の名作映画六作品上映）。

インターナショナル・コンペティション（ロバート&フランシス・フラハティ賞）は、『黒い収穫』監督ボブ・コノリー、ロビン・アンダーソン（オーストラリア）。

♡第4回YIDFF'95[13]

上映作品も増加した第4回YIDFF'95は、一九九五年一〇月三日（火）～九日（月）の七日間開催。上映作品二七八本。入場者数二一、〇二八人。インターナショナル・コンペティション（一五作品）。審査員作品（五作品）。特別招待作品（一一作品）。アジア百花繚乱（三五作品。アジアの若い映像作家たちの作品を上映）。日本ドキュメンタリー映画の格闘（一九七〇年代の四四作品を上映）。電影七変化（映像メディアの世紀を政治、歴史、美学、テクノ

（12）「YAMAGATA International Documentary Film Festival 1993」「山形国際ドキュメンタリー映画祭」公式パンフレット参照。

（13）「YAMAGATA International Documentary Film Festival 1995」「山形国際ドキュメンタリー映画祭」公式パンフレット参照。

ロジーなどの視点から再考。初期サイレントフィルムからドキュメンタリー映画史上の古典的名作、映像の未来を指向する最新作品まで、一六〇作品上映）。YIDFFネットワーク企画上映（二作品）、優秀映画鑑賞会（六作品）。

インターナショナル・コンペティション（ロバート&フランシス・フラハティ大賞）は、『選択と運命』監督ツィビ・ライベンバッハ（イスラエル）。

♡第5回YIDFF'97[14]

例年より若干長い開催となった第5回YIDFF'97は、一九九七年一〇月六日（月）～一三日（月）の八日間にわたった。上映作品一八七本。入場者数二二、八七五人。インターナショナル・コンペティション（一四作品）。審査員作品（三作品）。特別招待作品（九作品）。アジア千波万波（アジアの新進ドキュメンタリー作家を紹介するプログラム。四一作品）。日本ドキュメンタリー映画の模索（一九八〇年代から一九九〇年代までの三五作品）。日本パノラマ（最新の日本ドキュメンタリーの試み、七作品）。「大東亜共栄圏」と映画（第二次世界大戦、太平洋戦争までの時期における日本の姿の記録映画、六九作品）。YIDFFネットワーク企画上映（三作品）。優秀映画鑑賞会（六作品）の各上映。

インターナショナル・コンペティション（大賞）は、『エルサレムの断章』監督ロン・ハヴィリオ（イスラエル）。

♡第6回YIDFF'99[15]

一九九九年一〇月一九日（火）～二五日（月）の七日間にわたり開催。上映作品一八八本。

---

(14)「YAMAGATA International Documentary Film Festival 1997」「山形国際ドキュメンタリー映画祭」公式パンフレット参照。

(15)「YAMAGATA International Documentary Film Festival 1999」「山形国際ドキュメンタリー映画祭」公式パンフレット参照。

入場者数二〇、六〇〇人。インターナショナル・コンペティション（一四作品）。審査員作品（五作品）。アジア千波万波（四八作品、「日韓ビデオアクティビズム」「全景&CINEMA塾」の二つのスペシャルプログラムの開催）。前景&CINEMA塾（九作品）。ワールド・スペシャル・プログラム（ドキュメンタリー映画の広がりを示す多様な作品を世界中の国から集める。二三作品上映）。日本パノラマ（八作品）。小川プロダクション特集（五作品）。柳澤壽男特集（ドキュメンタリー作家・監督。一七作品）。ヨリス・イヴァンス特集（オランダのドキュメンタリー作家の代表作、三一作品上映。講演やシンポジウムも開催）。YIDFFネットワーク企画上映（五作品）。優秀映画鑑賞会（六作品）。

インターナショナル・コンペティション（大賞）は、『不在の心象』監督ヘルマン・クラル（ドイツ）。

♡第7回YIDFF 2001[16]

二〇〇〇年代に入り、第7回を数えるYIDFF 2001。二〇〇一年一〇月三日（水）～九日（火）の七日間となった。上映作品一七三本。入場者数一八、四九〇人。インターナショナル・コンペティション（一五作品）。特別招待作品（一四作品）。審査員作品（六作品）。それにアジア千波万波（三四作品）に関連し、アジア千波万波招待作品（八作品）、アジア千波万波スペシャル（一〇作品）も上映された。日本パノラマ（九作品）。YIDFFネットワーク企画上映（四作品）。優秀映画鑑賞会（三作品）の定番に加え、ロバート・クレイマー特集（二三作品）。亀井文雄特集（日本ドキュメンタリーの原点と言える監督作品。四二作品）などの上映がなされた。今回、高校生ワークショップ（高校生五人五チームに分かれ、制作した五

(16) 「YAMAGATA International Documentary Film Festival 2001」「山形国際ドキュメンタリー映画祭」公式パンフレット参照。

作品の上映）の企画も取り上げられた。

インターナショナル・コンペティション（大賞）は、『さすらう者たちの地』監督リティー・パニュ（フランス）。

♡第8回YIDFF 2003[17]

ヤマガタを中心に多彩なプログラムが企画された第8回YIDFF 2003は、二〇〇三年一〇月一〇日（金）～一六日（木）七日間開催。上映作品一七七本。入場者数一九、三三八人。定番のインターナショナル・コンペティション（一五作品）。審査員作品（六作品）。特別招待作品（六作品）。アジア千波万波（三〇作品）。アジア千波万波審査員作品（二作品）。アジア千波万波特別上映（一作品）。特集として、沖縄特集　琉球電影列伝／協会のワンダーランド（沖縄関係の映像と劇映画、七六作品）。ニュー・ドックス・ジャパン（海外で話題の日本作品、四作品）の上映。山形・ニューズリール！（二八作品）、第18回国民文化祭・やまがた二〇〇三ドキュメンタリー映画祭フェスティバルに関連した企画として、学校プログラム（九作品）なども取り上げられた。

インターナショナル・コンペティション（大賞）は、『鉄西区』監督王兵（中国）。

♡第9回YIDFF 2005[18]

レギュラー以外の企画も増加した第9回YIDFF 2005は、二〇〇五年一〇月七日（金）～一三日（木）の七日間開催。上映作品一四五本。入場者数一九、九六三人。インターナショナル・コンペティション（一五作品）。審査員作品（八本）。特別招待作品（三作品）。ア

(17)「YAMAGATA International Documentary Film Festival 2003」「山形国際ドキュメンタリー映画祭」公式パンフレット参照。

(18)「YAMAGATA International Documentary Film Festival 2005」「山形国際ドキュメンタリー映画祭」公式パンフレット参照。

ジア千波万波（二七作品）。ニュー・ドックス・ジャパン（九作品）。ＹＩＤＦＦネットワーク企画上映（二作品）の定番。特集として、日本に生きるということ―境界からの視線（映画と在日のかかわりを中心に、五一作品）。私映画から見えるもの　スイスと日本の一人称ドキュメンタリー（一六作品）、雲南映像フォーラム（九作品）。大穂向け前層（前を向いて大きく歩こう）―台湾「前景」の試み（五作品）などの企画上映がなされた。

インターナショナル・コンペティション（大賞）は、『水没の前に』監督李一凡、郭南（中国）。

♡第10回ＹＩＤＦＦ 2007(19)

今回から「やまがたと映画」に関するコンテンツが加わった第10回ＹＩＤＦＦ　２００７は、二〇〇七年一〇月四日（木）〜一一日（木）の八日間にわたり開催された。上映作品二三八本。入場者数二三、三八七人。インターナショナル・コンペティション（一五作品）。審査員作品（六作品）。特別招待作品（七作品）。アジア千波万波（二一作品）。ニュー・ドックス・ジャパン（六作品）。ＹＩＤＦＦネットワーク企画上映（四作品）。激動の時代を刻んできたドイツを取り上げた、交差する過去と現在―ドイツの場合（ドイツ・ドキュメンタリーの世界に関する、一五作品）。

『世界一と言われた映画館』誕生の前提となる、やまがたと映画（戦前のフィルムや山形にまつわる映画の数々を一挙上映。二六作品）の登場。他に、ドラマチック・サイエンス！―やまがた科学劇場―（三八作品。ドラマチックな科学映画を楽しむ特集）。また、８㎜映画の存続と未来（一〇〇作品、五つの上映プログラムとシンポジウム）、ＡＮＤプレゼンツ　音とドキュメンタリー（ディスカッション、ワークショップ）などが企画された。

---

(19)「YAMAGATA International Documentary Film Festival 2007」「山形国際ドキュメンタリー映画祭」公式パンフレット参照。

インターナショナル・コンペティション（大賞）は、『鳳鳴（フォンミン）』監督王平（中国）。

♡第11回YIDFF 2009[20]

前回からはじまったやまがたと映画も引き続き第11回YIDFF 2009は、二〇〇九年一〇月八日（木）～一五日（木）の八日間にわたり開催された。上映作品一二三本。入場者数二二、一九五人。主役のインターナショナル・コンペティション（一五作品）から審査員作品（七作品）。特別招待作品（六作品）。アジア千波万波（一九作品）。アジア千波万波特別招待作品（二作品）。ニュー・ドックス・ジャパン（一〇作品）。YIDFFネットワーク企画上映（二作品）。

今回は、シマ／島―漂流する映画たち（作家そして観客が作品と出会いながら、自在に思索する「シマ」を創出する試み、二四作品）。明日へ向かって（ネットワークEUNIC JAPANとの共催企画。五作品）。映画に（反）対して―ギー・ドゥボール特集（六作品）。日本映画監督協会賞創設記念上映（一作品）。そして二年目となるやまがたと映画（二四作品）。

インターナショナル・コンペティション（大賞）は、『包囲：デモクラシーとネオリベラリズムの罠』監督リシャール・ブレイエット（カナダ）。

♡第12回YIDFF 2011[21]

定番から多様な企画が盛り込まれた第12回YIDFF 2011は、二〇一一年一〇月六日（木）～一三日（木）の八日間にわたった。上映作品二四一本、入場者数二三、三七三人。メインのインターナショナル・コンペティション（一五作品）。審査員作品（六作品）。特別招待作

(20)「YAMAGATA International Documentary Film Festival 2009」「山形国際ドキュメンタリー映画祭」公式パンフレット参照。

(21)「YAMAGATA International Documentary Film Festival 2011」「山形国際ドキュメンタリー映画祭」公式パンフレット参照。

品（六作品）。定番になったアジア千波万波（二四作品）。ニュー・ドックス・ジャパン（一〇作品）。ＹＩＤＦＦネットワーク企画上映（一作品）。昨年に続き、シマ／島、いま―キューバから・が・に・を見る（シマという視点からキューバに着目。四二作品）。

今回の企画として。公開講座：わたしのテレビジョン青春編（日本のテレビドキュメンタリー特集。テレビの意義と可能性を模索した一九六〇年代～一九七〇年代の作品を中心に上映。三三作品）。回到一圏：日台ドキュメンタリーの一二年後（ＹＩＤＦＦ '99に集まった台湾と日本の監督たちの干支一回りを振り返る。一八作品）。アート・ドキュメンタリー・プログラム（二作品）。おやこ・映画とアニメのワンダーランド二〇一一（二〇作品）。「ともにある Cinema with Us」（東日本大震災復興支援上映プロジェクト。二九作品）

そして三回目となる、やまがたと映画（三〇作品）をはじめ、山形まなび館（小規模な上映やシンポジウムの開催。四作品）。山形大学企画（一作品）などの山形関係に、ヤマガタ映画批評ワークショップなどのプロジェクトも開催された。

インターナショナル・コンペティション（大賞）は、『密告者とその家族』監督ルーシー・シャツ、アディ・パラシュ（アメリカ、イスラエル、フランス）。

♡第13回ＹＩＤＦＦ２０１３[22]

二〇一三年一〇月一〇日（木）～一七日（木）の八日間の開催となった第13回ＹＩＤＦＦ２０１３。上映作品二一二本。入場者数二二、三五三人。恒例のインターナショナル・コンペティション（一五作品）。審査員作品（八作品）。特別招待作品（八作品）。アジア千波万波（一九作品）。日本プログラム（六作品）。ＹＩＤＦＦネットワーク企画上映（二作品）。前回か

(22)「YAMAGATA International Documentary Film Festival 2013」「山形国際ドキュメンタリー映画祭」公式パンフレット参照。

ら続いて東日本大震災に関する、ともにある Cinema with Us 2013（一六作品）。

今回の企画として、未来の記憶のために─クリス・マルケルの旅と闘い（四五作品）。六つの眼差しと〈倫理マシーン〉（七作品）。それぞれの「アラブの春」（七作品）。山形関係としては、四回目となる、やまがたと映画（六四作品）。新たに編集途上にあるプロジェクト公募として、ヤマガタ・ラフカット！（五作品）、やまがたまなび館（九作品）。そしてヤマガタ映画批評ワークショップも開催された。

インターナショナル・コンペティション（大賞）は、『我々のものではない世界』監督マハディ・フレフェル（イギリス）。

♡第14回YIDFF 2015[23]

第14回のＹＩＤＦＦ ２０１５は、二〇一五年一〇月八日（木）～一五日（木）の八日間の開催。上映作品一六五本。入場者数二四、二九〇人。インターナショナル・コンペティション（一五作品）をメインに、審査員作品（九作品）。特別招待作品（七作品）。アジア千波万波（二〇作品）。日本プログラム（五作品）。ＹＩＤＦＦネットワーク企画上映（一作品）の定番。第一二回から続く、ともにある Cinema with Us 2015（一〇作品）。海外特集として、ラテンアメリカ─人々とその時間：記憶、情熱、労働と人生（三四作品）。アラブをみる─ほどけゆく世界を生きるために（一〇作品）。アジア・フィルム・コミュニティ：きらめく星座群（三作品）。そして、Double Shadows ／二重の影─映画が映画を映すとき（一八作品）。
山形関連は、やまがたと映画（二二作品）は五回目。ヤマガタ・ラフカット！（六作品）。ヤマガタ映画批評ワークショップ、さらに関連プログラムとして、映像は語る─ドキュメンタ

(23)「YAMAGATA International Documentary Film Festival 2015」「山形国際ドキュメンタリー映画祭」公式パンフレット参照。

リーに見る現代台湾の光と影の企画もあった。

インターナショナル・コンペティション（大賞）は、『ホース・マネー』監督ペデロ・コスタ（ポルトガル）。

♡第15回YIDFF 2017[24]

『世界一と言われた映画館―酒田グリーン・ハウス証言集―』のオープニング上映となった第15回YIDFF 2017は、二〇一七年一〇月五日（木）～一二日（木）、八日間にわたり開催された。上映作品一六一本。入場者数二二、〇八九人。インターナショナル・コンペティション（一五作品）。審査員作品（七作品）。特別招待作品（一三作品）。アジア千波万波（二三作品）。日本プログラム（六作品）。ともにある Cinema with Us 2017（八作品）。YIDFFネットワーク企画上映（一作品）。企画として、ロックスリースペシャル（一一作品）。アフリカを／から観る（二二作品）。共振する身体―フレディ・M・ムーラー特集（一四作品）。政治と映画：パレスティナ・レバノン70s‐80s（一四作品）。山形関連は、やまがたと映画（一七作品）、ヤマガタ・ラフカット！（六作品）。そして、ヤマガタ映画批評ワークショップとなった。

インターナショナル・コンペティション（大賞）は、『オラとニコデムの家』監督アンナ・ザメツカ（ポーランド）。

♡第16回YIDFF 2019[25]

二〇一九年一〇月一〇日（木）～一七日（木）、八日間の開催となった第16回YIDFF 2019。上映作品一七六本。入場者数二二、八五八人。インターナショナル・コンペティショ

(24)「YAMAGATA International Documentary Film Festival 2017」「山形国際ドキュメンタリー映画祭」公式パンフレット参照。

(25)「YAMAGATA International Documentary Film Festival 2019」「山形国際ドキュメンタリー映画祭」公式パンフレット参照。

ン（一五作品）。特別招待作品（六作品）。アジア千波万波（二一作品）。アジア千波万波特別作品（二作品）。日本プログラム（五作品）。ともにあるCinema with Us 2019（一二作品）。YIDFFネットワーク企画上映（四作品）。企画として、AM/NESIA（アムネシア）：オセアニアの忘れられた「群島」（一七作品）。リアリティとリアリズム：イラン60s‐80s（一五作品）。「現実の創造的劇化」：戦時期日本ドキュメンタリー再考（一七作品）。春の気配、火薬のにおい：インド北東部より（一六作品）。第14回に続き、Double Shadows／二重の影二（一五作品）。フィンランドサウナ×映画（二作品）である。山形関連は、山形と映画（一一作品）、ヤマガタ・ラフカット！（四作品）。そして、ヤマガタ映画批評ワークショップのイベント。『世界一と言われた映画館―酒田グリーン・ハウス証言集―』も昨年に続き上映された。

インターナショナル・コンペティション（大賞）は、『死霊魂』監督王兵（中国）。

♡第17回YIDFF 2021（オンライン）[26]

さまざまな制約の状況下で、第17回YIDFF 2021は、二〇二一年一〇月七日（木）～一四日（木）、八日間（オンライン開催）となった。上映作品五四本。入場者数二二、七九〇人。インターナショナル・コンペティション（一五作品）。特別招待作品（一作品）。アジア千波万波（一八作品）。日本プログラム（五作品）。ともにあるCinema with Us 2021（四作品）。企画として、文化庁映画賞（文化記録映画部門）受賞作品（五作品）。未来への映画便（三作品）。山形関連は、やまがたと映画（四作品）。ヤマガタ・ラフカット！（四作品）。そして、台湾コラボ・プロジェクト：同じ空気を吸い、同じ時間を生きる（トークイベント）、ヤマガタ映画批評ワークショップとなった。『世界一と言われた映画館―酒田グリーン・ハウス証言

（26）「YAMAGATA International Documentary Film Festival 2021」「山形国際ドキュメンタリー映画祭」公式パンフレット参照。

集―』も上映された。

インターナショナル・コンペティション（大賞）は、『理大囲城』監督香港ドキュメンタリー映画工作者（香港）。

第3節 『世界一と言われた映画館―グリーン・ハウス証言集―』開演

1 伝説の映画館再現の試み

♡「伝説の映画館再現したい」『山形新聞』（二〇一七年六月九日付）(27)

本章の冒頭でも論じたように、「グリーン・ハウス」再現の報道は衝撃だった。『山形新聞』では、「世界一の映画館」と評された「グリーン・ハウス」を再現したい―。NPO法人山形国際ドキュメンタリー映画祭は、今年一〇月の映画祭で「グリーン・ハウス」の映像上映や企画展示をすべく、建物を撮影した動画、写真、図面、映画のチラシなどを探している。この呼びかけからはじまった本文は、「グリーン・ハウス」は国内に数本しか入ってこないフィルムが東京と同時に封切りされるなど、全国に先駆けて最新作が上映される映画館だったとし、映画評論家淀川長治氏が週刊誌上で述べた「世界一の映画館」から全国的に注目されるようになったが、一九七六年（昭和五一年）酒田大火に火元で焼失したと伝えている。

この報道では、とくに山形国際ドキュメンタリー映画祭側が、「グリーン・ハウス」の構造

(27) 『山形新聞』（二〇一七年六月九日付）。

や内部がわかる資料がほとんど残されておらず、映像の情報も乏しく、資料の探索に入っている状況や、「グリーン・ハウス」の記憶に長けている人物への取材の状況を紹介している。映画館再現へ向けて、「グリーン・ハウス」が地域のなかでどう受け止められていたのかにもスポットを当て、世界に誇れる映画館が酒田にあったことに注目している。そして何より同紙での協力依頼が予想以上の反響を呼び起こし、「グリーン・ハウス」という映画館への想い入れがいかに多くの人びとの胸の内にあったかということも浮き彫りになった。伝説の映画館再現作業を加速することになった。

♡「短編映像制作進む」『荘内日報』(二〇一七年七月二一日付)[28]

地元の『荘内日報』でも、「〝世界一の映画館〟酒田『グリーン・ハウス』短編映像制作進む」という記事が掲載された。本報道では、山形国際ドキュメンタリー映画祭において、上映するドキュメンタリー映像の進み具合を、ゆかりの方々への取材風景から取り上げている。ドキュメンタリー映画の佐藤広一監督、高橋卓也プロデューサーたちが酒田を訪れ、関係者へのインタビュー内容についての状況を伝えた。取材のなかでは「グリーン・ハウス」が映画館になる前のダンスホールだったのを佐藤久一氏が買い取り、映画館に改造し、「シネ・サロン」をつくり、食事ができる部屋をつくる経緯などに触れられている。「グリーン・ハウス」にかかわる人たちとの相互作用から、製作者側が感じ取ったのは単に映画館の次元で語る以上の世界を当時の市民たちに与えた感銘のような気持ちをもっていたことだ。

取材を通じて「グリーン・ハウス」の存在は、酒田の人たちにとって人生の交わるような場所であったことを感じ取ったという佐藤広一監督のコメントなど印象深い内容となっていた。

---

(28)『荘内日報』(二〇一七年七月二一日付)。

この報道では、作品自体の映像は三〇分程度と記されていたが、実際は六〇分を超える作品となったことは、多くの方々の予想外の資料提供などのたまものであったことも後ほど知るようになる。

♡「〝世界一の映画館〟回顧　酒田『グリーン・ハウス』山形で来月『証言集』上映」『読売新聞』（二〇一七年九月一六日付朝刊）[29]

さらに『読売新聞』では、「グリーン・ハウス」ドキュメンタリー映画公開直前の様子を伝えている。「世界一の映画館　回顧」の見出しに、かつて酒田市中心部にあり、世界一とも称された映画館「グリーン・ハウス」の往時の様子を伝えるドキュメンタリー映画が、山形市で二年に一度開かれる「山形国際ドキュメンタリー映画祭」でお披露目される。「映画を通じ、かつてあった先進的な映画館のことを今の人たちにも知ってもらいたい」という関係者の言葉が記されている。内容としては、「グリーン・ハウス」開館までの道のりをダイジェストで伝え、館内のアメニティ設備などにも触れている。そして酒田大火で終焉を迎えたこと、大火から四〇年以上が経過し、当時語れなかった方々の想いなども聞き取りたいという監督たちの声も記されていた。

♡「〝世界一の映画館〟上映　夢の空間　証言集める」『毎日新聞』（二〇一七年一二月二八日付夕刊）[30]

『毎日新聞』では、「グリーン・ハウス」を愛した人びとの証言を集めた『世界一と言われた映画館』が年明けから東京など全国各地で上映される運びとなったことを伝えた。紙面では、二〇一七年山形国際ドキュメンタリー映画祭に合わせて制作された本作品をみた各地の映画関

（29）『読売新聞』（二〇一七年九月一六日付朝刊）。

（30）『毎日新聞』（二〇一七年一二月二八日付夕刊）。

係者から引き合いがあり、拡大上映が決まったことも記されている。とくに、本作品は酒田大火の火元である「グリーン・ハウス」撮影時には、佐藤広一監督の迷いなどがあった心境もありながら、「四〇年後、僕らにああいう目をして語れる場所は無い」と述べるほど、関係者の予想以上の想い（反応）が（短編の予定が）六七分の作品に仕上がったという結果になったと、本記事から受け止められた。また、佐藤広一監督の「若い人には当時を想像して見てほしい。」という語りは重みがあった。

「グリーン・ハウス」を経験した方々が哀愁をもって振り返ることがメインのように受け取られることが多い現実のなかで、それを知らない世代の人たちが、当時を想像して「グリーン・ハウス」を考えてもらうことで、メディア文化の街という意味の理解にもつながっていくのではないか、そう思わずにはいられなかった。

♡「語ろう　グリーン・ハウス」『朝日新聞』（二〇一七年一二月二八日付夕刊）[31]

「地元で今も語り草となっている劇場についての資料や証言で構成したドキュメンタリー映画の全国上映」について、『朝日新聞』紙面でも特集された。「地元で今も語り草になっている」というフレーズに合わせたような見出しに、やっと「グリーン・ハウス」を語る時間になったのかという想いだった。公に語ることはなかった映画館は、私的な集まりでは必ず話題に上り、当時の記憶を共有できる喜びがあった。監督も取材中に感じた当時の関係者の協力に支えられたことは十分に理解できよう。全国各地で順次上映が進むことを、紙面を通じて読み取ることができた。

（31）『朝日新聞』（二〇一七年一二月二八日付夕刊）。

♡「歳を重ねた方々と若い人びと」それぞれに「グリーン・ハウス」をとおして

メディアの報道内容に共通するのは、「グリーン・ハウス」を題材に掲げた時の不安は、払拭され、予想以上の感情移入した関係者の協力に支えられたことにあった。地元の取材からはじまり、制作過程でこの映画館がいかに地元市民のエンタテインメント部分に影響を与えていたのかを知り、制作者側もどんどん内容が深まり短編映画の域を超えるにいたった様子は実感がこもっていた。

とくに歳を重ねた方々には当時の映画館を重ね、若い人びとには当時の映画館を想像してほしい、という佐藤広一監督の言葉。「グリーン・ハウス」の語りをとおして、メディア文化の街のあり方と、将来地域社会にどのような環境を必要とするのか、本書の意図していることに共通している。

2　長編ドキュメンタリー映画『世界一と言われた映画館―酒田グリーン・ハウス証言集―』特別先行上映

♡「山形国際ドキュメンタリー映画祭二〇一七開催」山形美術館オープニング上映

第15回YIDFF 2017『世界一と言われた映画館―酒田グリーン・ハウス証言集―』の初上映は、二〇一七年一〇月九日（月）、一三時三〇分、会場：山形美術館2、上映時間六七分。記念すべきオープニング上映のチラシには、「〝西の都・東の酒田〟と称される商人の町・山形県酒田市には、〝世界一デラックスな映画館〟と言われた「グリーン・ハウス」があった。

一九七六年、酒田大火の火元となったグリーン・ハウスは人びとの記憶から封印されてしまう。そして今、四〇年の沈黙を経て語られるかつて映画館を愛した人たちの九名による貴重な証言集。」「目を閉じれば、今もグリーン・ハウスがよみがえる。[32]」のコピーが記載されていた。上映当日の会場周辺には庄内ナンバーの車も多く、この上映を心待ちにしていた様子をうかがうことができた。会場前テントでは、「グリーン・ハウス」定番のコクテール堂の豆使用のコーヒーが提供され、会場内では「グリーン・ハウス」ゆかりの資料を展示したコーナーも用意された。会場は約二〇〇名用意した椅子が足りなくなり、急きょ五〇席ほど追加された状況をみることになった。

ＹＩＤＦＦ２０１７カテゴリーにある「やまがたと映画」のメインとなる本作品の上映が開始され、六七分のエンディングのあと、本作品の証言集に登場したゲストおよび佐藤広一監督、スタッフが登場し、映画に関するトークが繰り広げられた。会場からは多数の質問もあり、なかにはある映画作品名を出し、それが「グリーン・ハウス」で上映された時期を知りたいという質問もあった。証言者のゲストは、当時の「グリーン・ハウスニュース（予定表）」を持参していたため、即座に答えるというエピソードもあった。

♡「映画館のない街酒田」での特別先行上映

ＹＩＤＦＦ２０１７のオープニング上映から約六ヵ月、満を持して、長編ドキュメンタリー映画『世界一と言われた映画館―酒田グリーン・ハウス証言集―』が二〇一八年四月一四日（土）、酒田市総合文化センターホールにて、特別先行上映された。「グリーン・ハウス」のあった街、作品の舞台である山形県酒田市で先行上映となる。その酒田市には映画館が一館もな

(32) 『世界一と言われた映画館―酒田グリーン・ハウス証言集―』プレスシート。「山形国際ドキュメンタリー映画祭」バージョン。上映時期に合わせ三種類のプレスシートが用意された。

く、市内の総合文化センターでの上映である。酒田大火以降の映画環境を反映している状況でも、多くの市民が訪れた。上映は、一三時～、一五時三〇分～、一八時三〇分～、計三回となった。会場は超満員であった。[33]

会場入り口には、当時の「グリーン・ハウス」「グリーン・ハウスニュース（予定表）」や「GREEN YEARS（パンフレット）」などが陳列され、訪れた人たちが、懐かしく感慨深くながめている様子をみることができた。「グリーン・ハウス」への想い入れの強さを何度も確認できた。当日はホール内で、かつて「緑館茶房」で提供していた虎ノ門コクテール堂の豆を用いたコーヒーも提供された。映画鑑賞だけではなく、コーヒータイムの空間を楽しむ付加価値もセットになっていたのが「グリーン・ハウス」であったことを当日の文化センターホール内で示してくれた。そしてほんのひと時の瞬間、酒田「グリーン・ハウス」を甦らせることになった。

映画館のない街、映画館ではない通常の文化ホールでの特別先行上映、そこは「グリーン・ハウス」にかかわる歴史と複雑な想いが交差する時間でもあった。

---

(33) 「グリーン・ハウス」があった街での特別上映。映画館のない地元ではこれ以降の上映はなされていない。

第４節　『世界一と言われた映画館』劇場公開

１　山形県内での上映開始

♡劇場公開から映画祭そして試写会

山形国際ドキュメンタリー二〇一七でのオープニング上映、二〇一八年四月一四日に酒田市の一日だけの特別先行上映に続き、山形県内でも劇場公開がはじまった。トップを切り、同じ庄内地方「鶴岡まちなかキネマ」そして内陸地方「フォーラム山形」において四月二〇日（金）～五月三日（木）で上映。七月一三日（金）からは、「ムービーオンやまがた」「フォーラム東根」で上映。いずれも佐藤広一監督の舞台挨拶などがあった[34]。

山形県内から県外上映になり、六月二三日（土）、「まぜっせプラザ」（郡山）、九月二二日（土）「奈良国際映画祭」での特別上映。一〇月二九日（日）は、「映画美学校」（渋谷）で特別試写会が催された[35]。

♡「有楽町スバル座」から全国上映

年明け二〇一九年一月五日（土）より、映画のメッカ東京有楽町の「有楽町スバル座」で上映開始、活発な上映が進む。同日、「イオンシネマ三川」、「イオンシネマ米沢」「イオンシネマ天童」という山形県内のＳＣでも公開。

都内では「有楽町スバル座」に続き、一月一二日（土）から「立川シネマシティ」での上映[36]。

（34）先行上映を終え、本格的な一般公開がはじまった。

（35）くしくも酒田大火から四一年目の日、特別試写会開催。著者も参加。

（36）上映後の会場で、アルゴ・ピクチャーズの熊谷睦子氏と著者トークイベント。

一月一八日（金）、「フォーラム仙台」、神奈川県に入り、一月一九日（土）、「あつぎのえいがかんKiKi」、二月九日（土）、「横浜シネマリン」。二月二三日（土）都内の「キネカ大森」。そして関西進出、二月二四日（日）、大阪の「第七藝術劇場」での公開。

2　全国上映にみる付加価値

♡拡大公開が続く

二〇一九年三月一六日（土）、新潟「シネ・ウインド」、三月二二日（金）、「フォーラム八戸」「フォーラム新潟」甲信越東北と広がる。都内でも三月二三日（土）、「吉祥寺ココマルシアター」から長野県の「シネマポイント」へ。三月二五日（月）、「高田世界館」、三月三〇日（土）、「川越スカラ座」上映。

そして関西は大阪に続き京都へ、四月六日（土）、「京都シネマ」、四月七日（日）埼玉の「深谷シネマ」、四月一三日（土）、長野「上田映劇」、さらに四月二一日（日）、広島の「横川シネマ」。関西へふたたび、五月四日（土）、神戸「元町映画館」では、地域に根ざした映画館としてのスペシャル企画もあり、「グリーン・ハウス」との共通性も語られた。五月一七日（金）、岩手「アートフォーラム」での上映にあたり地元『盛岡タイムス』では、「酒田の伝説の映画館」として記事配信。[37] 関東も六月一日（土）、茨城「あまや座」、六月八日（土）、「宇都宮ヒカリ座」。七月に入り、九州へ、七月二日（火）、「福岡KBCシネマ」では、ONE SHOT CINEMA 企画の上映。八月一六日（金）、続いて佐賀の「シアター・シエマ」で上映された。

（37）『盛岡タイムス』（二〇一九年五月一三日付）。

都内では、九月一日（日）、田端「CINEMA Chupki TABATA（シネマ・チュプキ・タバタ）」のイベント企画。大分「日田シネマテーク・リベルテ」が続く。東北に帰り、一〇月三日（木）、秋田「ココラボラトリー」。一〇月一六日（水）は、「鹿児島ガーデンズシネマ」、さらに九州が続き、一一月九日（土）、福岡「小倉昭和館」ではオールナイト上映。二〇二〇年から上映環境が厳しくなるなか、三月二九日（日）は高崎映画祭邦画セレクション「シネマテークたかさき」での特別上映。四月一一日（土）、千葉浦安の「シネマイクスピアリ」では、同館企画Vol.100記念上映（公開延期となり、六月一九日（金）上映）映画祭にちなんだ企画に合わせ上映が続き、一〇月一〇日（土）、「やまぎん県民ホール」の上映は、「やまがた芸術の森音楽祭二〇二〇～映画の森～」コラボ企画。

二〇二一年に入り、二月一二日（金）から福島「ミニシアターKuramoto」では、いわきポレポレ映画祭二〇二一特別上映。その後もリピート上映が続き、東京田端「CINEMA Chupki TABATA（シネマ・チュプキ・タバタ）」。そしてふたたび山形県内、一〇月二九日（金）、「鶴岡まちなかキネマ」にてプレ上映

♡上映会場にみる映画と交流

『世界一と言われた映画館』の上映情報は、Facebookで常時詳細を確認できる。上映時の観客やスタッフの反応をみると、映画作品との一体感が感じられることだ。ロードショー公開封切り日に、監督や出演者の舞台挨拶がおこなわれるのは一般的であるが、「グリーン・ハウス」の場合、観客とスタッフの距離感が近く、相互作用が完結するという特徴がある。上映館では必ずといっていいほど、支配人と監督そしてゲストとのトークイベントがある。通常の上映以

外に、各館メモリアルイベントに沿った上映で『世界一と言われた映画館』が取り上げられる回数は多い。[38]

映画を観るという行為に付加価値としての楽しみである。全国の上映館での前後に、こうしたやりとりを味わえることは魅力と思う。ドキュメンタリー映画という性格とはいえ、本作品の意図している部分と本作品上映をめぐるエピソードは、映画環境衰退のなかで、映画館のあり方、地域社会とのつながりを含めたあらたな映画とのつき合い方を示唆している。

3 「山形国際ドキュメンタリー映画祭」の貢献

♡誰もが抱きながらも封印していた「グリーン・ハウス」を再現

一九七六年「酒田大火」以降、多くの映画ファンのあいだで封印されていた洋画専門館「グリーン・ハウス」。公に語ることはできなかった。二〇〇七年春、酒田市は「街かど映画館事業」を立ち上げ、中心市街地中町商店街での映画館事業の企画がなされた。[39] ボランティアを募り多くの市民の協力を得た。そして一二月年末にも「グリーン・ハウス」関係のイベントが開かれた。いずれも「グリーン・ハウス」世代の方が中心となり、当時を振り返る企画だった。

年明けの夏には、中心市街地の空店舗を利用し「中町シネ・サロン」をオープンした。月一回の上映会を開いた。二〇〇八年七月二五日から二〇一〇年三月二〇日まで全一七回（一七本）上映された。

---

(38) ドキュメンタリー映画の性格もあり、スタッフと観客の一体感が生まれ、上映をめぐる想いが反映されている。

(39) 本書、第三章参照。

♡映画環境継続の困難さ

二〇〇七年から二〇一〇年にかけて、中心市街地の有志による映画施設復活の試みがなされた。「グリーン・ハウス」世代は元気だった。ラインアップも豊富で、ビデオ上映ながら、当時のポスターなどを掲示し、オープニングは「ムーンライト・セレナーデ」を流し、「グリーン・ハウス」を思い出した。映画ファンに主婦や高齢の方々も鑑賞した。それでもここまでが限界だった。施設の老朽化とボランティアの不在なども重なり、これ以上継続することはできなかった。夢や理想はみんな抱き掲げていたが、現実は厳しかった。約一年半で中心市街地での映画上映企画は終焉した。(40)

現実にもどり、『世界一と言われた映画館』を上映した全国の映画館の苦労は大変なものであることを痛感した。困難な状況下で、地域社会と協力しながらさまざまな試みを続ける意義を考える。本格的な映画施設を用意することは現実的でないとして、上映するスタイルを工夫し、映画の良さを伝えることは理想を超えたメディア文化の一コマになると確信する。(41)

♡「山形国際ドキュメンタリー映画祭」の果たした貢献

あらためて『世界一と言われた映画館』を制作した「山形国際ドキュメンタリー映画祭」の果たした貢献度は偉大であるといわざるを得ない。「グリーン・ハウス」再現を謳い、かつての映画ファンに呼びかけ、多くの賛同と協力の結果、本作品完成、そこに集うかつての市民やファン。そしてあらたな映画ファンに「グリーン・ハウス」の存在を認知させ、それを媒体としたコミュニケーションが成立する状況をつくりだした。

映画施設建設は困難でも、本作品をとおして「〝グリーン・ハウス〟の記憶と想像」を当時

---

(40) ボランティアスタッフによる運営が続いたが、時間経費など継続は困難だった。

(41) 映画施設の完備は難しいため、不定期でも関係者を募り映画上映イベントの開催を望みたい。

の世代の人は思い出し、若い世代の人は想像することで、「グリーン・ハウス」像を認識することは可能である。それを教えてくれたのは『世界一と言われた映画館』を提供した、「山形国際ドキュメンタリー映画祭」の貢献であることを強調したい。

参考文献

・「山形国際ドキュメンタリー映画祭」公式パンフレット
・「山形国際ドキュメンタリー映画祭」公式ＨＰ
・「世界一と言われた映画館」公式Facebook
・『世界一と言われた映画館―酒田グリーン・ハウス証言集―』パンフレット

第3章

「グリーン・ハウス」とメディア文化の街

第1節　メディア文化の街を考える

1　メディア環境の充実

♡メディア文化を生み出した街

地域社会を考える上で「グリーン・ハウス」の存在は格好のモデルとなった。地方都市に住む人びと、とくに若者にとって大都市のメディア環境はあこがれである。あこがれの環境をめざして若者は大都市に向かう。そんな状況下で、「グリーン・ハウス」は大都市と地方都市の映画環境を同一のものにした。こと映画に関してのタイムラグは存在しなかった。

地域社会や中心市街地のもっとも大きな問題は、若い人たちがそこを離れることにあった。つまり「街を捨てる」は地域社会にとっても長く続く大きな課題である。さらに中心市街地にある商店街の衰退は、郊外型店舗の発展を促進させ、その図式はますます中心商店街を後退させた。そこに潜むのは郊外型店舗に備わった娯楽施設としてのメディア環境である。どうしたら人が集まるのか、対策はいかにすべきか、その議論は、この課題に応えるべく研究成果の報告を続けてきた[1]。

しかしながら、社会の変動過程のなかで、より時代のシステムに沿ったスタイルをもち課題に対応すれば、その都度あらたな課題が浮上する。その街の生成につながるという判断のもとに、あらたな視点で地域社会を考えてみると、やはり本書のもう一つの意図であるメディア文化の街のゆくえに連続する。時代性に沿いながらトレンドをメインにした地域の若者文化を探る試みとなる。

♡トレンドの街を前提

若者文化の対象とする地域社会として、酒田市をトレンドの視点から考える。これまで酒田を「メディア文化の街」として位置づけ検証を続けてきた。具体的にけ、「映画と食事」をエンタテインメントの次元によってとらえたことからはじまった。この論点を明らかにするには、酒田のメディア文化的な歴史と側面を語る必要がある。この点についても他で語っており、本書では論点のみ絞り込む[2]。

第一章で論じたように酒田の映画環境は、一九七〇年代、世界に誇示できるシネマ・コンプレックスの設備を誇った洋画専門館が存在していた。大作の上映では、東京—酒田同時ロードショー公開をおこなっていた。観客はおしゃれをして出かけ、その後食事を楽しむ、映画プラスの要素が連続する空間が存在していた。

「食事」の部分は、日本を代表するフレンチレストランがあったこと。訪れた多くの作家や著名人、そこから育っていった料理人の存在があったこと。一地方都市で大都市に匹敵する食

（1）二〇〇三年に開始したフィールドワークの成果報告会を兼ね「中町シンポジウム」を開催。

（2）仲川秀樹、二〇〇六年、『もう一つの地域社会論—酒田大火三〇年、「メディア文化の街」ふたたび—』学文社。仲川秀樹、二〇〇四年、「地方都市活性化の試みと世代間にみる影響の流れ—酒田・中町商店街活性化のプロジェクト意識をめぐって—」『二〇〇三年フィールドワーク報告書』日本大学。

の環境を提供し続けている事実がある。

映画と食事のエリアこそ、酒田の中心市街地「中町商店街」である。このエリアには独自のファッション・スタイルもあり、それが「おしゃれをして中町に出かける」の合言葉にもなっていた。

♡若者文化のエリア

メディア文化の要素をそろえ、映画と食事に関して、大都市とのタイムラグがなかったことは、若者にコンプレックスを抱かせない効果があった。結論を先に言えば、「若者にとってメディア環境の充実」はもっとも重要な条件である。[3] メディア環境の充実にまさる魅力はない。メディア環境は絶対条件ではないにしろ、若者が向かう先には必ずメディア環境の影響は大きい。それは若者だけに限るもではなく大人も同様である。

中町は、一九七六年の酒田大火によってメインエリアとメディア環境が消失するまで、すべての条件を備える若者文化のエリアであった。しかし、大火で消失した影響は計り知れず、いまなお、大きな岐路に立たされている。本書の取り組みにも、中町のあり方に対して、関係方面の声を反映させ、メディア文化の街の維持に不可欠な問題提示も多数盛り込んだ構成になっている。

---

(3) メディアにみる娯楽的なコンテンツを地方都市で充足させる必要性。

2 伝統的なストリート

♡メインストリート「中町」

通称、「中町・なかまち」は、山形県酒田市の中心部に位置し、約八〇〇メートルの商店街を形成している。周辺には、市役所や病院、公園などの施設が整い、交通整備も完了され、わかりやすい立地になっている。商店街の中心には、近年まで百貨店もあった。それを取り囲むようなストリートになっている。百貨店跡地周辺には「中町モール」とよばれる空間がある。イベントがあればそこがメイン会場になり、ベンチも常備され、車の心配もないアメニティ十分の青空エリアである。

他の著書でも紹介したように、中町商店街は、中町中和会、中通り商店街、大通り商店街、たくみ通り商店街を総称して呼ばれていた。組織的には、酒田なかまち商店街振興組合連合会のなかに、中町中和会振興組合、中通り商店街振興組合、大通り商店街振興組合、たくみ通り商店街振興組合の各組合が単位でおかれていた。ただ、酒田大火前は、中町商店街と大通り商店街、そしてたくみ通り商店街は、中町とは区分されていた。(4) にもかかわらず、中町というネーミングは、地元民から関係店舗、老舗の意味もあり名乗らないではいられないほど一般化されている。

♡「中町ファッション」の地

酒田市の中心市街地に位置する中町商店街は、日常と非日常の楽しさを演出するエリアであった。何が特異かといえば、「中町に出かける」という行為は、①日常生活を営む中町市民に

(4) 旧中町を中心に、衣料や専門店が並ぶ通りと、飲食街が集中した通りとのすみ分けが成立していた。

とって、ふだんの生活スタイルをカバーするには十分な場であったこと。②市街地周辺（周辺町村含む）の人びとにとって、日常から離れた非日常的な娯楽を満喫するために訪れる場であったこと。

とくに、非日常的な時間を楽しむ人たちにとっては、中町のために特別の服装をコーディネイトする。お出かけファッション的に、「中町に行く」という行為は、おしゃれをしてその空間を楽しむことにほかならない。それだけ娯楽性のある街であり、そこに集う人たちのスタイルを「中町ファッション」と呼んだ(5)。

一九七〇年代後半をピークに、中町には主要なお店が揃っていた。中町に出かければ、衣服も、雑貨も食材も、何でも手に入った。百貨店もあり、余暇時間の過ごし方にはことかかない。買い物と食事を楽しむ場所だった。「中町ファッション」はある一定の年齢層には、懐かしさとともに、中町の存在を振り返る特殊な言い回しになっている。文化的な生活レベルを充足させるには、衣食住の充実が不可欠である。中町はおしゃれがよく似合う街、やすらぎの「中町モール」があり、ファッション・ストリートである。そして日常的なローカル・コミュニケーションも未だ成立している空間である。

♡かつて老舗百貨店もあった

何も若者だけに特有の条件ではないが、首都圏で開催される多くのイベントは、人びととの魅力の一つである。話題となる商品や娯楽的なモデルの数々を入手したいし、みてみたい欲求にかられる。それに応えられるのが、百貨店「マリーン5清水屋百貨店」の存在価値であろう(6)。年間を通した数多くの行事、大都市では日常化している、テーマ別の物産展などの開催である。

---

(5) 仲川秀樹（二〇〇六）、前掲書、三四頁。

(6) 前身の「清水屋デパート」を含めると創業約一〇〇年。

一番人気の「京都展」は、二〇二一年閉店まで四〇回を数えた。「北海道展」は春と秋に開催され、周辺地域からも集客している。また、地元のスイーツを集めた「おいしいもの展」、「全国・諸国の味めぐり展」など、大都市の大手百貨店と共通の催し物は、酒田と首都圏と結ぶ環境を媒体させることになり、大きな満足感となる。

消費行動において、リアルタイムでホットな買い物ができることは魅力であり、大都市をめざす要因の一つでもある。それがエンタテインメントの世界でもリアルタイムの情報キャッチが可能なら、申し分ないことである。「マリーン5清水屋百貨店」閉店後の代替施設の登場が待たれる。今後の中心市街地の方向性にかかわる重要な課題である。(7)

♡年齢層によって異なる中心市街地の選択基準

世代間を問わず、娯楽的要素の高いメディア環境に期待する声は高い。ある一定の年齢に達していれば、百貨店のような行事で満足するであろう。中町には、高い年齢層の人びとの支持が圧倒的に多いとされてきた。それが中高生や若者との中町に対する意識に大きな乖離が生じるようになった。若者のめざすモデルの対象が中町にはそぐわなくなってしまった。若者たちの対象は、メディアに登場するようなホットなコンテンツに関連したモデルである。ソーシャル・メディアで発信可能な空間など、そうした要素をその街で充足可能か否かが若者たちにとっての重要な判断基準なのだ。その欲求を中町がカバーしていれば集まるし、カバーしていなければ別の場所に行くというきわめて単純な図式である。

いつの時代でもメディアで取り上げられ、モデルが着用(愛用)した商品に対する欲求度は高い。その商品をあつかっている店舗の存在に注目する。ネット社会(通販)が主流であれ、

(7) 「清水屋百貨店」に代わるシンボリックな代替施設が望まれる。

リアルタイムで手に取ることができるかの選択基準も試される。それは地元で実施した「高校生調査」の結果などにあらわれている。(8)「若者の行動パターン」、「動機はメディア環境」にかかわる仮説を立てながら、中心市街地が抱えている課題と解決策に迫ってみる。

第2節 〝おしゃれ〟な「シアター」と「レストラン」があった街

1 ふたたび「グリーン・ハウス」のこと

♡シンボルだった「グリーン・ハウス」

エンタテインメントの世界がリアルタイムで味わえた。酒田がトレンドの街であることを象徴していた洋画専門館。それが「グリーン・ハウス」であった。これまでもこれからも永遠に語りつくされるであろう「グリーン・ハウス」。酒田をメディア文化の街に位置づけた根底がこの映画館の存在にあった。映画を観に行くという行為に、おしゃれをして出かけるという付加価値がついたエンタテインメントの世界、特別の空間「グリーン・ハウス」。

大作や話題の映画上映にあたっては、東京―酒田同時ロードショー公開が原則だった。作品を配給先から独自に入手し、上映ができた。ゆえに大都市と酒田にはタイムラグが存在しなかった。上映開始は「ムーンライト・セレナーデ」によって知らされた。館内には一切の広告がなかった。特別室が設置され、ソファーとテーブルが置かれた喫煙席もあった。ロビーにはお

(8) 仲川秀樹(二〇〇六)、前掲書、第三章。

茶と新聞と雑誌が用意されていた。一九七〇年代にこうしたアメニティが完備された映画館が東北の一地方都市に存在していた。シネマ・コンプレックスの先がけであったことに注目した。若者たちはこの環境に特別の敬意を払った。それがプライドとなった。

♡オーディエンスに応えたインフラ

第一章の繰り返しになるが、シネコンの先がけとした最大の理由は、ロードショー劇場以外に、名画を上映する「シネ・サロン」という小劇場である。通常の劇場は新作中心であったが、「シネ・サロン」は、一週間単位で旧作が入れ替わり、連日午後一時からの上映となっていた。料金も安く、手軽に名画を楽しむことができた。観客のための抜群のシネマ環境になっていた。各上映作品のラインアップは、毎月発行する横長二つ折の、通称・予定表と呼ばれている解説付きの「グリーン・ハウスニュース」。また、上映作品ごと、「GREEN YEARS」という解説パンフレットが配布されていた。

「グリーン・ハウス」は洋画専門館でありながら、ギャラリーにはバッグや小物がショーウインドウに飾られ、ショッピングを楽しむだけでも利用できた。外観からはとても映画館とは思えないのが「グリーン・ハウス」の特徴であった。まさにおしゃれな空間ということばがぴったりである。館内ロビー脇の喫茶室も大人の空間だった。使用するコーヒー豆も特別のものであった。大人しか入れない特別のエリアであった。「グリーン・ハウス」の従業員はみな女性であり、担当は持ち回りで、ショップから観覧券売り場、喫茶室担当と、たえず華やかに動き回っていた。結婚しても仕事を続けられる環境であり、女性をサポートした雇用体制を確立していた。男女雇用機会均等法などまだ施行されていない当時に確立されていたスタイルもまた「グリーン・ハウス」の存在を高めていた。

2 本格的〝おしゃれ〟レストラン

♡「グリーン・ハウス」にリンクするレストラン「ル・ポットフー」と「欅」

「グリーン・ハウス」で提供されたコーヒーと同じ豆を使用しているのが、レストラン「ル・ポットフー」と「欅」である。(9) 地方都市に登場した本格レストラン、多くの芸術家や文豪、著名人に認められた味は、いまなお酒田の食のシンボルになっている。いまでこそ地元の食材を合言葉にしたレストランは数多いが、当時、両レストランとも、既に地元の海や山の物を食材にしたメニューを全国に先がけ提供していた。

とくに、「欅」は、一九六〇年代後半に開店した本格的フレンチレストランであり、地方都市にありながら大都市レストラン以上の食事環境を提供した。「欅」に遅れて、一九七〇年代に入り、「ル・ポットフー」も同じ系列のスタイルでオープンした。酒田を訪れるツーリストの立ち寄るレストランになっている。

♡首都圏との時間差を解消

おしゃれな映画館とレストランの存在は、娯楽と食事の両面では、大都市との時間差を感じさせない満足感をもたらした。日常的に映画を楽しめる、非日常的にはレストランを訪れる、日常と非日常から得られるバランスから、両施設はある種のプライドを酒田市民に植えつけさ

(9) 多くの料理人を育て、日本有数の本格的フランス料理店、「欅」(一九六七年一二月一日開店)と「ル・ポットフー」(一九七三年九月一日開店)。

せた。ここでのプライドとは、「地方に住みながらも大都市のスタイルを楽しめる」ということである。ただし、地方都市は大都市のようなわけにはいかず、すべてをカバーすることは不可能である。ゆえに「映画と食事の文化的側面の維持」だけでも大きな意味をもった。この文化的側面も、メディア文化の街たる根拠の一つになっている。

こうしたメディア文化的な環境は、中心市街地の中町に集中していた。中町に出かける意味は、娯楽と消費を満足させることにつながった。広大な庄内平野をもつ酒田市では、近隣周辺の人たちが、中町を訪れる意味は大きい。郊外に住む市民にとって、「街へ行く」とは「中町へ行く」ことを意味した。

3 “おしゃれな”ストリートとファッション

♡「中町ファッション」

中心市街地中町に出かけることは「街に行く」ことであり、「おしゃれをする」というスタイルにつながっていく。一九七〇年代～一九八〇年代に頻繁に用いられた「中町ファッション」。この表現は現在、七〇代以上では語られている。中町に行くには、それなりの着こなしをするのは暗黙の了解であり、エプロン姿で買い物をしている婦人たちは、中町に居住している人たちとわかりやすい。大都市居住者が都心のスポットに出かける時の感覚に似ているかもしれない。

かつて週末や休日の人の流れに、中町ファッションをみることができた。地方都市でも、一区現象（県庁所在地）にあるようなストリートには、同様のスタイルが選択されている。目的に合わせた行為は、全国に共通しているスタイルに反映されている。

♡フィールドワークで提示したファッション・ルート

これまでの調査では中町ファッションに関するファッション・ルートを提示した[10]。中心市街地中町へ訪れた人たちの流れである。その目的から探ると、百貨店で買い物し、食事をして帰る。オーソドックスな余暇の過ごし方で、ある一定の年齢層にみることはできる。しかし若者たちには中町の意味が少し違うようだ。中高生は制服姿で、ジェラートを食べる以外は、立ち寄らない。百貨店にはまず入らない、入るのは親と一緒の時、そんな傾向は強い。なぜなら、中町は価格の高いものが揃うストリートであること。中高生はそれを承知している。

はじめて中町を訪れた人びとは、きれいなストリートであることに驚く。ステレオタイプ的に衰退している商店街をイメージしていたからである。ただし、地元でこのイメージを払拭するのは容易ではない。

♡ルートをめぐる課題

中心市街地中町は、いろんな楽しみ方ができ、おしゃれなファッション・スポットもあり、清潔感ある街並みが続く。しかし、地元の若者たちの支持は高くない。雑誌的なスタイルで、中町モールをアイスならぬジェラートを片手にブラブラもできるのだが、それだけでは決して満足しない。

「メディアから取り入れたファッションに身を包み、ジェラートを持ちながら中町モールを

---

(10) 中心市街地を目的とする。スタンダードなルート。

歩く。とても健康的に思える。〝中町ブラブラ〟のよさには文化的な環境を発見する楽しみも似合う。雑誌にあるファッションで中町を歩けば、自分も都会人と同じような気持ちを抱くことにもなる」、「地元でお洒落な街を意識できれば、高校を卒業しても、酒田のよさが自信につながるだろう。自分の出身地にコンプレックスをもつことなく、トラディショナルなファッションョン・ルートを充足し、それを楽しむような行為に進展すれば、酒田中町も誇りになるような街にすることができる。[11]」

前回のフィールドワークで高校生たちは、「中町に無料休憩スペースがほしい」、「ベンチももっとあれば」と語っていた。何も疲れて休みたいのではなく、コミュニケーションする場を意味する。郊外型店舗にある共通のフリースペース、若者の願望ははっきりしている。休憩場所の確保は、中高生だけではない、むしろもっとも必要としているのは高齢者である。高齢者は通院など早い時間から行動する。診察を終えてから店舗が開店する時間までの休憩スペースも必要な空間となる。幼児を抱える親たちも同様だ。

♡必要とするトレンド選択空間

中心市街地に若者がいない。いないのは若者に必要とする環境がないからである。環境とはトレンドなショップのことである。ショップとは、メディアに頻繁に登場し、若者の欲求を高める商品をあつかっている店舗を指す。それと若者が相互にコミュニケーション可能な場所である。両環境がカバーされてはじめて若者が集う。きわめて単純な図式でありながら、通常、越えられないハードルとなっている。

メディアで紹介されるブランド商品、ブランドといってもコンサバ系よりカジュアル系が人

---

(11) 仲川秀樹（二〇〇六）前掲書、四二頁。

気のいま、価格は当然低い。ゆえに若者がのぞむのは、百貨店ブランドよりもショッピングセンターに入居しているようなファスト・ファッション店であり、雑貨屋的な古着ショップなども含まれる。若者が必要とするトレンド選択空間である。

一九七〇年代に構築した〝おしゃれ〟なストリートである中町、高い年齢層だけでなく、若者たちが集まる街に、メディア文化のより高い次元の空間構築は可能なのか、人びとの目的に応えるには。ふたたびここにもどる。

第3節 「グリーン・ハウス」的メディア空間

1 メディア文化的空間の再生産

♡「グリーン・ハウス」想い出コンサートの意味

「グリーン・ハウス」が消失し、30年が過ぎた、二〇〇七年一二月四日、酒田市民会館希望ホールにて、「世界一と謳われた『グリーン・ハウス』を偲ぶ想い出コンサート」が開催された。会場の大ホールには、一、三〇〇人の観衆を集めた。

第一部と第二部に分かれた構成で、第一部は、「なつかしいグリーン・ハウス」と題した音楽と当時の作品などが語られた。オープニングは、「グリーン・ハウス」の上映合図と同じ、『グレン・ミラー物語』の「ムーンライト・セレナーデ」が流された。酒田市民の多くは、「グリーン・ハウス」で培った懐かしさをわすれてはいない。グレン・ミラーの曲は、「グリーン・ハウス」そのものなのだ。「ムーンライト・セレナーデ」が流れた瞬間「グリーン・ハウス」での上映がはじまった当時にもどった[12]。

一九七六年一〇月、酒田大火の火元になったのは「グリーン・ハウス」だった。それ以来、「グリーン・ハウス」のことは語られなくなった。酒田を代表するメディア文化の象徴を語ることはできない。多くの市民は「グリーン・ハウス」の想い出の日々を封印した[13]。それでも今回の想い出コンサートに、入場料四、〇〇〇円を支払い会場に集まった人びとの『グリーン・ハウス』に対する強い想いに驚かされた。

「グリーン・ハウス」の付加価値として注目したいのは、想い出コンサート会場内ロビーにて、当時、館内の喫茶室「緑館茶房」で出されたシュークリームの再現、コーヒーも同じ豆（コクテール堂）を使用したものが提供された。その他にも「ル・ポットフー」や「欅」仕様のパンや洋菓子などが用意された[14]。「グリーン・ハウス」が、洋画専門館でありながら映画以外に楽しむことができるシネコン的エンタテインメント空間であったことを再認識するには充分であった。

第二部の「賑わいの街、酒田想い出ばなし」では、発起人の一人である著者もステージに上がり、想いを語った。これを起点に地元ではあらたな動きがはじまった。

♡メディア文化的空間の再生産

「酒田の街かど映画館事業に注目」。著者の記した新聞記事の見出しである[15]。

酒田はかつての酒田でなくなった。酒田大火以降の実感である。街に必要なのはシンボルで

---

(12)「グリーン・ハウス」の名前に市民は誇りをもって酔いしれた。

(13) 酒田大火三〇年が過ぎ、封印していた「グリーン・ハウス」の想いをふたたびという趣旨もあった。

(14) すべてに当時の「グリーン・ハウス」仕様の商品を提供した。

(15)『山形新聞』（二〇〇七年一一月九日付夕刊）を参照。

ある。そこをめざして人は集まってくる。酒田の中心市街地にはそんなシンボルが多く存在した。中町商店街をメインに柳小路マーケットが重なり、その左奥に「グリーン・ハウス」があった。東京・有楽町界隈には「有楽座」「みゆき座」「スカラ座」「日比谷映画」があった。映画館街のシンボルが揃っていた。「グリーン・ハウス」の館内施設は、大都市映画館のような繊細さがあった。快適な環境で映画を観てもらうことを主眼においていた。しかしその洋画専門館は、酒田大火の火元という事実を残して、公に語られることはなくなった。「グリーン・ハウス」は封印された、酒田にあったメディア文化のシンボルは消えた。

そして三〇年が過ぎ去り、二〇〇七年春、酒田市は、「街かど映画館事業」を立ち上げた。中心市街地エリアで映画を上映しようというプロジェクトである。時期を同じくして、街かど映画館事業に協賛する形で、「グリーン・ハウス」想い出コンサートの実現となった。

♡三〇年の封印を解いて

酒田市民の誰もが承知していることは、市内に映画館がないということ。単独映画館の衰退は全国的な流れであり、シネコン主流の昨今、若者たちの映画鑑賞スタイルも変わった。「事前に観る作品を選んでから映画館に行く」のではなく、「映画館に行ってから観る作品を決める」といった行動にシフトしている。映画館はメインの映画以上にサブである周辺環境の娯楽的複合機能が背景にあり、それも楽しみの一つになっているからだ。

地元の高校生たちの調査では、「中心市街地の中町で映画を観たい」「映画館があればもっと商店街に出る」といった声は多い[16]。ただ、単独の映画館をつくり維持していくことは至難の業である。全国のミニシアター系の苦戦がそれをものがたっているし、交流人口の異なる大都市

(16) 二〇〇五年フィールドワーク、酒田市内高校生とのヒアリング調査にて。

エリアにあるミニシアターを模倣したらなお厳しい。行政側も常設の映画館を支える余裕もない。理想は酒田に残るエンタテインメント性のある文化的資源を活かしながら市街地で気軽に映画が上映できる場所を設置し、地味でも永続性をもつ環境をデザインしていくのが理想形であるが。

しかしなぜ、いまだに「グリーン・ハウス」が話題になり、当時を知る人びとに熱く語られてきたのか。「グリーン・ハウス」は、中心市街地と地元商店街とのトータルエリアのなかで完結していたからである。とはいえここでノスタルジックにかつての映画環境を中町につくるのを夢見るのではない。中心市街地のあらたなシンボルとして、「映画上映」と「映画館施設」に近いメディア文化的環境をめざしたいのである。

2　試みの一つだった「中心市街地シアター」の冒険

♡「シネ・サロン」の再現

酒田大火から30年が経過し、複雑な思いを心に潜みながらも封印を解いて、メディア文化の街を復活する時機を考えていいのではないか。そんな提言を著者は複数の場を通しておこなってきた。想い出コンサートはその契機でもあった。多くの観衆がその思いを伝えてくれた。その第一歩となる試みが二〇〇八年に実現することになった。酒田市と中町中和会商店街が協力した、「中町シネ・サロン」の立ち上げである。中心市街地の旧銀行跡の建物を利用して中心市街地で映画を上映する試みである。(17)

(17)　中心市街地での映画上映の道のりは困難を要した。最大のハードルは、上映施設の認可をめぐる監督部署との交渉。酒田大火の事実は、一般市民は風化しても、当局にしてみれば消えることはない。

名称の「中町シネ・サロン」は、「グリーン・ハウス」の名画座上映施設の「シネ・サロン」から由来している。看板のロゴも当時の「シネ・サロン」に合わせ色もグリーンにした。映画上映開始合図は、「ムーンライト・セレナーデ」を用いて、往年の「グリーン・ハウス」と同じスタイルをとる。上映開始前には、コーヒーとドリンクサービス、商店街関係店舗提供のお菓子も販売された。入場定員は五〇名。一一時と一五時の二回上映。料金は七〇〇円に設定した。

復活第一弾は、二〇〇八年七月二五日、上映作品は『フラガール』。この作品を選んだ理由は、街の復興がテーマになっていたから。館内には、ポスターやパンフレットなどが展示され、洋画全盛の面影を演出していた。「グリーン・ハウス」世代のスタッフの想い入れがあった。毎回の観客の特徴は、ある一定の年齢階層であること。若者はほとんど入場していない。上映作品がその大きな理由であるが、中町という場所の問題も否定できない。逆に、中町で映画を観るという年齢は、四〇代以上であると確認できた。

今日主流のシネコンとの相違は、映画鑑賞の前後、とくに終わったあとでどのような行動に走るかである。複合型施設の場合、そこで買い物や食事などを楽しむ。「中町シネ・サロン」の企画としては、入場券の半券を持参すれば、チラシに掲載されている店舗の粗品（お菓子など）や商品割引の特典がついた。しかし商店街に若者の店がなければシネコンのような機能は成り立たない。逆に、のんびり映画を観て買い物を楽しむ人には最良の映画施設である。

♡上映作品の特徴

「中町シネ・サロン」のラインアップを参照すると、名画中心ながら地元にかかわる作品なども選定されている。[18] 上映作品に合わせ中町商店街に沿ったコピーも印象的だった。

---

(18) 仲川秀樹、二〇一〇年、「〝おしゃれ〟と〝カワイイ〟の社会学―酒田の街と都市の若者文化―」学文社、四九頁。

〈二〇〇八年〉

第1回上映作品『フラガール』(二〇〇六年、日本)七月二五日

第2回上映作品『ジュマンジ』(一九九五年、アメリカ・カナダ)九月二〇日

第3回上映作品『誰が為に鐘が鳴る』(一九四三年、アメリカ)一〇月一九日

第4回上映作品『シャレード』(一九六三年、アメリカ)一一月一六日

第5回上映作品『めぐり逢えたら』(一九九三年、アメリカ)一二月二一日

〈二〇〇九年〉

第6回上映作品『シコふんじゃった』(一九九二年、日本)四月二五日

第7回上映作品『わが谷は緑なりき』(一九四一年、イギリス)五月二五日

第8回上映作品『武器よさらば』(一九五七年、アメリカ)六月二七日

第9回上映作品『ミラクルバナナ』(二〇〇五年、日本)、七月二五日

第10回上映作品『ラストゲーム　最後の早慶戦』(二〇〇八年、日本)八月二三日

第11回上映作品『巴里のアメリカ人』(一九五一年、アメリカ)九月二六日

第12回上映作品『エデンの東』(一九五五年、アメリカ)一〇月一七日

第13回上映作品『リオ・ブラボー』(一九五九年、アメリカ)一一月二一日

第14回上映作品『二〇〇一年宇宙の旅』(一九六八年、イギリス・アメリカ)一二月一九日

〈二〇一〇年〉

第15回上映作品『泥棒成金』(一九五五年、アメリカ)一月一六日

第16回上映作品『プライベート・ライアン』(一九八八年、アメリカ)二月二〇日

第17回上映作品『遠い空の向こうに』(一九九九年、アメリカ)三月二〇日

『フラガール』の上映理由は記したが、『シコふんじゃった』は、第81回アカデミー賞外国語映画賞を受賞した『おくりびと』（酒田市メインロケ）を記念して、本木雅弘主演作品をあつかった。

♡シネマとおしゃれ「中町でもう一度恋を」

上映作品のラインアップを記載した理由は、おしゃれとの関係性をみるからである。「グリーン・ハウス」と「中町ファッション」そして「おしゃれ空間」、それを振り返りながら特集したのが、第三回から第五回上映の作品群である。

共通テーマは、「〝中町でもう一度恋を〟。懐かしくて美しい時代、傍らにいるだけで、二人で歩いているだけで幸せな、淡い恋心。大切なあの人と一緒に、なかまちで懐かしいラブストーリーの続きを。[19]」

このキャッチフレーズには、「中町」という中心市街地の重みを感じないではいられない。一九七〇年代までの賑わいやトレンド性が備わった街が、酒田大火以降、郊外型へと移行する消費行動の流れを受け、浮遊しながらも、トラディショナルな要素を失うことなく、あらたなメディア環境を模索する状況が伝わってくる。メディア文化の街「中町」、中心市街地で映画を上映するまで三〇年以上の時間を費やしてしまった。

♡若者文化のノスタルジー

年代の高い人たちが自己満足するために上映を開始したのではなかった。しかし中町にはこんなメディア文化があるというスタンスは、若い人たちにも少しずつ理解されるようになった。

---

(19) ノスタルジックに「中町ファッションをして、グリーン・ハウスで洋画を観ていた頃」に沿った感覚のコピーと作品ラインアップ。

中町で映画を上映しているという情報は高校生にももたらされた。
新作のロードショー公開は困難な状況はありながらも、近年の作品上映は可能だし、何より市内で映画が観られる環境を最優先したい。「中町シネ・サロン」は第一七回上映をもち終わってしまったが、この試みを軸にあらたな映画鑑賞のスタイルが生まれることも期待したい。市内に映画館がなくなって久しい状況下で、郷愁として当時の若者文化を振り返り、それに続き現在の若者にも目を向けてもらうそんなメディア環境の誕生を待望する。

♡「港座」復活へ

酒田には洋画専門館としての「グリーン・ハウス」と、邦画専門館で東北一の劇場とうたわれた「港座」があった。両館は対称的な性格をなしている。まず「洋画」と「邦画」、「コーヒー」と「お酒」にみられる。[20]

「港座」復活の動きも二〇〇六年ごろになされた。「中町シネ・サロン」のメンバーも関係していた。当時は、年末の大晦日にオールナイトで洋画を特別上映など、地道な活動を繰り返していた。「港座」の置かれている現在の町名は、「日吉町」であるが、旧町名は「台町」であった。多くのスナックやバーなどの飲食店が並ぶ、大人のエリアであることから「お酒」のイメージが強かった。

その「港座」復活の大きな動きは、二〇〇九年「台町と映画を愉しむ会」の立ち上げであった。それに呼応するかのように、港座でロケされた映画『おくりびと』が、アカデミー賞受賞の快挙を成し遂げるにいたった。全くの偶然であったが、それが追い風ともなり、二〇〇九年六月一二日に、「港座」復活祭として第一回上映会の開催にこぎつけることができた。二〇〇

(20) 若者と大人を短絡的に比較するものではないが、異なるスタイルで映画と空間を楽しめる。

二年一月の閉館以来、七年振りに映画館が甦った。「港座」は、館内に大中小と三つのスクリーンをもつ、いわば複合型施設をもった劇場である。復活第一回上映作品は、大劇場で『ローマの休日』、中劇場で『ニュー・シネマパラダイス』、小劇場で『十二人の怒れる男』という歴史に残る名作が同時進行で上映された。

♡「港座」と「お酒」

「港座」復活祭の特徴は、夕方になると、ロビーでアルコールの販売がおこなわれた。ハイボールと生ビールが中心で、ポップコーンやおつまみも用意されていた。ある意味、大人のおしゃれ空間になっていた。アルコールエリアもうまく区分けされ、映画オンリーの観客と、休憩や終了後にお酒を楽しむ観客と、多様な姿をみる。昼間なら、アルコールに代わり草もちなどのパック販売もおこなわれ、素朴な地方映画館という雰囲気を漂わせていた(21)。

「中町シネ・サロン」は、「グリーン・ハウス」的スタイルのおしゃれな映画館像を前面に出し、コーヒーと和洋菓子中心である。入場券半券を市内の提携店舗に持参すると、お菓子などのプレゼント、各商品の割引特典が加算されている。かたや「港座」は、入場券プラス周辺スナックなどのアルコール類提供などのサービスは、大人の世界である。いずれにしろ映画の上映だけではない空間の維持、複合型施設の先がけであった酒田の映画館環境を両館のスタイルの違いでみるのも興味深い。

---

(21) 夜の部は、一杯五〇〇円の生ビールとサントリー山崎のハイボール。昼の部は、周辺地域の和菓子屋さんの特製草もちなどの限定販売。上映前に完売状況。

3　メディア文化の街復活は「中町モール」〝おしゃれ〟空間

♡「中町モール」へ若者を

中心市街地にメディア環境の充実を図る上で映画は欠かせない。そして食事についても、「ル・ポットフー」や「欅」から育っていった料理人たちが、市内各地でフレンチのお店を開いている。地方都市でフレンチのお店の多さは、酒田の特徴である。

中高年にとって抜群の設備が中町には備わっているものの、若者たちの姿はどこにあるのだろう。中心市街地の中町中心部には、通称「中町モール」という歩行者オンリーの貴重な空間がある。中町モールは多くのイベントには最適のエリアで日常なら、ベンチで休んだり、立ち止まってローカル・コミュニケーションができたりと、年齢を問わないセーフティゾーンである。

週末や休日は、ライブやフリーマーケットなど、若者が集える空間でもある。年間を通しても、酒田四大まつり、一月の「日本海寒鱈まつり」、五月の「酒田まつり」、八月の「港まつり」、一〇月の「どんしゃんまつり」のメイン会場になっている。夏休みの「夏の縁日まつり」、一二月に入ると師走の風物詩でもあるしめ縄などの露店が並ぶ。市内でも車が通らない数少ないエリアであり、歩行者天国のような環境になっている。

♡中高生のおしゃれ空間の可能性

この「中町モール」こそ、地元中高生の中町へ出かけるきっかけになるエリアである。市内高校生の調査のなかにも顕著にあらわれる中町商店街へ「行く、行かない」の判断基準は、目的が充足される店舗の有無にある。もっとも若い世代が必要としているのは、ファスト・ファッション的なお店であり、雑貨屋・古着屋の存在にある。たとえば、それに近いお店が中町にオープン可能となった場合、「中町モール」は、中高生などが自由に休憩できる場所となる。短時間でもそこにいることで、人の出入りに大きな影響を与えることになる。

酒田の街におけるトレンドは、中町ではない郊外に向けたショッピングエリアに移動している。そこには利便性と居場所確保がある。「とりあえず○○」の空間だ。とくに、若者の居場所所は重要だ。いまは、歳を重ねて人びとにとっても必要な空間。世代を問わず、どこに居場所を求めるのか。いま、その鍵を握っているのが「中町モール」なのではないか。より進化した「おしゃれ空間」の完成を望む。「中町モール」の可能性については、第六章以降で検証したい。

参考文献

・伊奈正人、一九九五年、『若者文化のフィールドワーク―もう一つの地域文化を求めて―』勁草書房
・富永健一、一九九〇年、『日本の近代化と社会変動』講談社
・仲川秀樹、二〇〇五年、『メディア文化の街とアイドル―酒田中町商店街「グリーン・ハウス」「SHIP」から中心市街地活性化へ―』学陽書房
・仲川秀樹、二〇〇六年、『もう一つの地域社会論―酒田大火30年、メディア文化の街ふたたび―』学文社
・仲川秀樹・露木茂、二〇〇〇年、『情報社会をみる』学文社
・酒田市史編さん委員会、二〇〇三年、『酒田市市制七〇周年記念・写真でみる酒田市史―昭和～平成版―』酒田市
・『酒田市大火の記録と復興への道』一九七八年、酒田市

第4章

メディア文化の街とメディア文化的プロジェクト

第1節　メディア文化の街にアイドルを

1　二〇〇〇年代のメディア文化的試み

♡メディア文化の街の動き

二〇〇〇年代に入り、中心市街地中町では、あらたな試みを開始した。中町商店街からアイドルを誕生させようという企画だった。企画の中心にいたメンバーは、「グリーン・ハウス」世代だったことに注目した。中町商店街発アイドル「ＳＨＩＰ」である[1]。

「ＳＨＩＰ」登場の社会的背景を追うと、一九七〇年代若者文化の流れから考える。なぜ、二〇〇一年という時期に「ＳＨＩＰ」が誕生したのか。一九九〇年代以降、社会全体の分散化傾向が芸能界にも浸透した。とくにアイドルファンのあいだに広がったマイブームの流れと無関係とは言えない[2]。中央イコールメジャーがすべての中心であるという空気が必ずしも全体を包み込んでいる状況ではなくなった。一九七〇年代からの若者文化の流れにあった大規模なト

（1）仲川秀樹、二〇〇五年、『メディア文化の街とアイドル―酒田中町商店街「グリーン・ハウス」「ＳＨＩＰ」から中心市街地活性化へ―』学陽書房、一三八頁。

（2）メジャーアイドルから分化した等身大アイドル。地域限定ユニットの登場をみる。

レンド志向も、九〇年代以降の小規模マイブーム路線になり、多様なモデルを産出した。小規模なら小集団には最適であり、第一次的人間関係には良好な対象である。流行からファッドへの流れが社会全体に浸透していった結果でもある。これまでの「中央」イコール「メジャー」、「地方」イコール「マイナー」という図式で、人びとの嗜好をカテゴリー化することは困難になった。

♡身近な等身大アイドル像

ファッドへの流れが芸能界に浸透すれば、メディアのなかで追いかけるだけの、偶像としてのアイドルから、身近で誰もが手に届く等身大アイドルに目が向けられても不思議ではない。メディアでも公開オーディションによって素人がアイドルデビューできる企画も増えた。[3] そこから誕生し、トップアイドルの地位を築くことも可能になった。特定の個人やメンバーを身近に応援できる（メジャー以外の）アイドルの存在も注目されるようになった。メディア環境が拡大することで人びとのアイドル選択も多チャンネル的スタイルに準じている。

アイドルは中央メジャー（大手プロダクション）という既存のスタイルからの脱却という動きが拡大していく。それが地方都市の商店街発アイドルを誕生させた。誰もが気軽に応援でき、リアルタイムでの接触が日常化し、その周辺もにぎやかになり、多くの人が集まるという構図である。全国初の試みである商店街発アイドルの発想は「グリーン・ハウス」世代からであった。いかにもメディア文化の街の取り組みにリンクしていた。

（3）仲川秀樹、二〇〇六年、前掲書、一四二頁。

2　商店街発アイドル登場の時代性

♡地方アイドルブーム

二〇〇二年に第一次地方アイドルブームが巻き起こった。「ＳＨＩＰ」が活動をはじめた時期もそれに該当する。その様子は多くの大手メディアに何度となく紹介された(4)。しかし、関係者や一部ファンを除いた大多数の人びとは「ＳＨＩＰ」の存在を知ることはなかった。ところが二〇〇四年夏、第二次地方アイドルブームが起こり、この時点から「ＳＨＩＰ」の動きに多くの目が向けられた。それは「ＳＨＩＰ」の活動が地元に根ざしたもので、地味でありながらも地元のさまざまなイベントに参加を続けていた。参加者や観客の規模の大小にこだわらず、必要な行事には積極的に顔を出した。

その活動と成果は、大手メディア、テレビ番組をして、第一次地方アイドルブームに名を連ねたグループのなかで「ＳＨＩＰ」はメジャーに一番近いと、いわしめた(5)。この動きに芸能関係者が呼応しないはずはない。他の地域アイドルも「ＳＨＩＰ」の活動を意識しながら類似した企画を立ち上げることが多くなった。第二次地方アイドルブームは、ある意味地元密着を植えつけた「ＳＨＩＰ模倣現象」の結果ともいえる(6)。

♡中央メジャーからの分化

第一次地方アイドルブームは、一九九〇年代後半以降のティーンエイジャーの台頭と無関係ではなかった。第二の「モーニング娘。」的スタイルを狙う流れが存在したことも見逃せない。一般に公募してあたらしい人材を発掘するという手法がとられた。確かに、「ＳＨＩＰ」をは

---

(4)　『ＢＯＭＢ（ボム）』（二〇〇三年一月号）、『FLASH EXCITING』（二〇〇三年五月三〇日号）などの雑誌を参照。

(5)　「スーパーニュース」フジテレビジョン（二〇〇四年五月二七日ＯＡ）。

(6)　「ＳＨＩＰ」はホームタウン中町商店街をかたくなに守る。

じめとする第一次地方アイドルブームは、この手法を取り入れることで話題になった。
しかし、問題はその後の地方アイドルである。いざ誕生し成功すると「自分たちはサブ」というウリから「メインのメジャーデビュー」へシフトする。いつしか方向性を変えてしまった。この傾向は、第二次地方アイドルブームにあてはまる。地方アイドルというカテゴリーに守られ、そのスタイルを前面に出しながらも、めざすはメインになってしまった。(7)

第2節　あらためてメディア文化の街の商店街発アイドル

1　地方商店街のメディア文化的発想

♡酒田発アイドル育成プロジェクト

あらためて「SHIP」とは、「S（酒田）H（発）I（アイドル育成）P（プロジェクト）」のことである。それぞれの頭文字をとって「S.H.I.P」と名図けられた。(8) グループ名の決定は二〇〇一年一二月二二日であった。

このプロジェクトが企画され立ち上げられた時、地元の誰もが、絶対に成功しないし、酒田からアイドルが出るわけはないという批判ばかりだった。それでも中町商店街の関係者は、地元商店街の活性化企画としてこのプロジェクトを出発させた。

地方創生や観光立国など、行政が音頭をとり、全国各地の地域や商店街で「まちおこし」な

(7) 第一次地方アイドルから第二次地方アイドルのなかで、方針転換により解消したアイドルは多い。

(8) 正式名称は「S.H.I.P」であるが、本書では「SHIP」と表記する。

るものがメディアを賑わすようになって久しい。既存のまちおこしは、地元の名産を中心に東京へ売り出すというキャンペーンが主だった。ところが酒田市中町商店街のまちおこしは、「アイドル育成プロジェクト」という発想だった。それも東北の地方都市からアイドルを発信するという企画を持ち込んだ。まず驚いたのは、誰でもない地元の人びとであった。多くの課題を抱えながらも限界まで活動を続けた。

♡「SHIP」誕生

酒田発アイドル育成プロジェクトは、アイドルを募集することからはじまった。公開オーディションには四六人（四四組）の応募があり、書類審査などを経て、一六人の公開オーディション出場者が決定した。二〇〇一年一〇月二一日の公開オーディションの結果、八人の合格者を出すことになった。その後、公開レッスンやレッスンコンサートなどを続けながら、二〇〇二年八月二五日、デビュー・コンサートを酒田市民会館にて開いた。酒田発アイドル育成プロジェクトによる、アイドル「ＳＨＩＰ」が、ここに誕生した。デビュー曲を含めたコンサート用のオリジナルＣＤも発表された(9)。

♡地元密着「SHIP」の活動

デビュー当時の公開レッスンやコンサート以外に活動の主流を占めていたのが、商店街や商工会議所主催のアトラクションなどへの出演である。市民体育祭、海開き、各種のオープニングセレモニーといった地域のイベントを中心としてもじどおり地域アイドルとしての活動に時間をつぎ込んだ。「ＳＨＩＰ」の活動は、メディアにも注目されるようになり、露出度も上昇

---

(9)「All My Love―君の夢にとどくまで―」二〇〇二年八月二五日リリース。

していった。地元メディア以外に、大手の雑誌にもたびたび取り上げられた。新聞や雑誌に加えて全国系列の特集番組、ドキュメンタリー番組にもつぎつぎ登場し、酒田と「ＳＨＩＰ」のネーミングも広がっていった。(10)

アイドルというエンタテインメント性に、メディアは格好の取材対象としてアプローチする。「ＳＨＩＰ」の活動がメジャーではない地方を舞台に活動していることで、他のアイドルとの差別化が図られる。観客の数やイベント会場の大小にかかわらず活動を続けることで、「ＳＨＩＰ」のオリジナリティは高まっていく。それが後に大きな効果を生み出すことになった。

2 商店街を結ぶ「ＳＨＩＰ」

♡商店街を縦断する「ＳＨＩＰ」グッズ

「ＳＨＩＰ」の付加価値が「ＳＨＩＰグッズ」であった。そのグッズとは酒田中町商店街の各店舗で開発し販売している「ＳＨＩＰ」にちなんだ商品である。具体的にはメンバーのラベルが貼られた「サイダー」や「漬物」、「紅茶」、「枕」、「インスタントカメラ」、それに「時計」など多種にわたる。グッズを購入するための「ＳＨＩＰマップ」なるものが存在し、それをもとに中町商店街を周れるようになっていた。(11) いまでは一般化されたスタンプラリーのような企画だった。

これらのグッズは商店街活性化のためのアイディアの一つである。年末には「ＳＨＩＰカレンダー」なども作成され、通信販売もされるようになった。本プロジェクトの目的は、商店街

---

(10)「山形の群像「漕ぎ出せ！Ｓ.Ｈ.Ｉ.Ｐ—商店街アイドルの一〇〇日—」（山形放送、二〇〇二年二月二三日ＯＡ）。ＮＮＮドキュメント「商店街の〝モー娘。〟」（日本テレビ、二〇〇二年三月三一日放映）。山形の群像「君の夢にとどくまで」（山形放送、二〇〇二年九月二八日ＯＡ）など。

(11)「商店街が育てたアイドルグループ『ＳＨＩＰ』。ＳＨＩＰ応援ＧＯＯＤＳ特集」『中心市街地デストネーションストアシリーズ Vol.9』（酒田商工会議所酒田ＴＭＯ事務局）として発行された。

をまんべんなく歩いてもらうことにある。「ＳＨＩＰ」グッズを購入するために関連ショップを周ることで、グッズをあつかっていないお店にも注意が向くようになる。人が集まるための条件づくりになり、商店街を縦断する効果を生み出した。

♡商店街を結ぶ媒体「ＳＨＩＰ」

中町商店街を「アイドルの商店街」と単純化する必要はない。「ＳＨＩＰ」の存在、「ＳＨＩＰグッズ」の一つでもそれが商店街どうし、あるいはゲストどうしを結ぶ媒体（メディア）効果を果たしている点に注目したい。(12) 人間関係を結ぶにはメディアの存在は欠かせない。メディアとは人間関係を媒体する道具であるという認識をもつなら、「ＳＨＩＰ」はメディア的な機能をもっていた。商店街のメディア文化的発想に内在するエンタテインメント的スタイルである。さらに娯楽性の高さを維持し、それを包括したコンテンツから、「ＳＨＩＰ」をメディア文化的プロジェクトと位置づけるには十分であろう。

---

(12) 本書、第6章第1節を参照。

第3節　「ＳＨＩＰ」は商店街発メディア文化のモデル

1　ホームタウンを堅持した活動範囲

♡地方アイドルゆえんたる活動

デビューして以来、「ＳＨＩＰ」の活動範囲は特定できないほど多彩である。どんな条件下でも活動する。マイクがなかったりカセットの音が出なかったり、曲順が違っていることなども多い。町内自治会のお花見ライブから地方自治体、地元企業のイベント、幼稚園の交遊会など、「ＳＨＩＰ」公式資料をながめても活動範囲を絞ることは容易ではない。地域のアイドル性を十分に活かす活動である。

各種のイベント終了後に必ず行われるサイン会や握手会も見物である。一般のアイドルとは違い、グッズなどの並べ方に「ＳＨＩＰ」のオリジナリティがみえる。自分たちのＣＤやグッズなどを販売するだけではなく地元の商品をコラボしてＰＲすることである。これが普通のアイドルだったらありえない。直接自分たちのＰＲにはならないようなことでも地元のためなら積極的に時間をかける。それがメディアに乗った時点で、自らの存在よりも「酒田」「中町商店街」の方が目立つほどにもなる。

♡学園祭ライブでの商店街広報活動

それが顕著にあらわれたのが、二〇〇四年一〇月三一日に行われた「ＳＨＩＰ」初の東京単独ライブである。それは大学学園祭ライブとしてアリーナで開催された[13]。

注目すべきは、酒田を代表する「庄内米」四〇キロがライブ後のアトラクションのプレゼントとして用意されていた。通常、アイドルのライブでは考えられない品物である。「酒田」「中町商店街」という言葉が何度も飛び交うなかでのライブだった。地方アイドルが東京で初の学園祭ライブ、そして地元をＰＲした[14]。

ライブステージ以外でも反響は大きかった。学園祭前から開催中、終了後もしばらくの期間、大学のパンフレットや大学の公式サイトに「ＳＨＩＰ」や酒田、それに中町商店街の情報がリンクされた。地域活性化のためにはその視点を地元だけの価値で決定するのではなく、むしろその地域から中央に発信する過程において、中央の人びとからあらたな価値を地域に還元してもらう結果に目を向けたい。「ＳＨＩＰ」学園祭デビューは、彼女たちを媒体として酒田を、商店街をさらに認知してもらう機会となった。

2　いつも帰属は「中町商店街」

♡ホームタウン「中町商店街」

「ＳＨＩＰ」の活動は多岐にわたるものの、やはり定番といわれるのが毎月中旬に開催される「中町の日」（中町商店街のセールイベント）での商店街ライブとアトラクションである。もっともオーソドックスな「ＳＨＩＰ」の原点がみられる。とくに「ＳＨＩＰ模倣現象」の影響もあり、全国各地で誕生している地方アイドルとのジョイントによるライブステージも、中

（13）「学園祭クイーン〝ＳＨＩＰ〟」、『山形新聞』（二〇〇四年一一月一三日付夕刊土曜エッセー）を参照。

（14）『山形新聞』（二〇〇四年一〇月三〇日付朝刊記事）参照。

町の日で開催されることが多くなった[15]。

また、イベント前夜にはファンどうしの交流が行われる場所も存在し、メディア文化のサロンのようにもなっている[16]。ホームタウンにふさわしい帰属が中町商店街であり、「ＳＨＩＰ」には帰る場所がある。

♡エンタテインメント性の高い場所

地域商店街というと、どこにでもある商店街を連想する人びとは多い。しかしここ「ＳＨＩＰ」の帰属する中町商店街は少し事情が違う。街並みもよく整備されたエリアである。かつてもいまも酒田市内のメインストリートであり、市役所をはじめ行政の中心地、市民会館も隣接され「酒田まつり」もここを中心に繰り広げられる。酒田大火以前の一九七〇年代まで、ここに集う人びとの服装は「中町ファッション」と呼ばれ、周辺町村からここに集う時、人びとはよそゆきの服に身を包んでいた。それから半世紀以上を経たいまでも、ここでは非日常的な様子をみることができる。

商店街とその周辺で買い物には事欠かず、飲食店も並び、地元の名物料理なども味わえる。それに〝文化的なかおり〟を演出する歴史的な名所も数多く残っており、雑誌でも頻繁に取り上げられている。かつての「グリーン・ハウス」に象徴されるとおり、一般に呼ばれる地域商店街に比べて中町商店街は、娯楽性と文化的な色彩の高い場所として差別化できるであろう。

参考文献
・伊奈正人、一九九九年、『サブカルチャーの社会学』世界思想社

(15) たとえば、二〇〇四年八月二二日「中町の日」における地方アイドル祭りでの「pinkish」（大利根町）、同じく一一月二〇日の「りんご娘」（青森・弘前市）とのステージなど。

(16) 中町商店街の「浪漫亭」は地域アイドルのアーカイヴ的サロン。全国からファンが集まり、オープンな交流を広げた。全国メディアでも紹介された伝説のコミュニケーションエリア。

・仲川秀樹、二〇〇二年、『サブカルチャー社会学』学陽書房
・仲川秀樹、二〇〇五年、『メディア文化の街とアイドル―酒田中町商店街「グリーン・ハウス」「SHIP」から中心市街地活性化へ―』学陽書房
・関浩一、「SHIP」公式ホームページ関係資料、非売品
・『WEEKLYプレイボーイ』（二〇〇二年九月一七日号）、集英社
・『BOMB（ボム）』（二〇〇三年一月号）、ワン・パブリッシング
・『週刊SPA』（二〇〇三年二月二五日号）、扶桑社
・『FLASH EXCITING』（二〇〇三年五月三〇日号）、光文社
・『PRESIDENT（プレジデント）』（二〇〇三年九月一日号）、プレジデント社

第5章

メディア文化の街のエンタテインメント空間

第1節　「グリーン・ハウス」が消えたメディア文化の街

1　中心市街地アーカイヴ

♡メディア文化の街の中心市街地を振り返る

第一章でも触れたように酒田市の中心市街地にかまえている通称「中町商店街」。ファッション・ストリート的な「商店街」と、一九七六年春に撤去されたクラシック・マーケット「柳小路」が重なり合い、たくさんの人を集めていた。(1) 振り返ると中町商店街というのは不思議な空間だった。「グリーン・ハウス」を中心にファッショナブルな店舗が並ぶ街ながら、一方では「柳小路マーケット」というアメ横的で、庶民的な作りの店舗が交差していた。若い人はあまり関心をもたなかったが、何か素朴でノスタルジックな店舗が集まっていた。「バケツに入った生きたドジョウを売る店」「壺焼き釜でやきいもを売る店」「いなり寿司とのり巻きをショーケースに並べ売っている店」。ドジョウは毎日バケツで泳いでいた。壺で焼く、壺焼きさつま

(1) 本書、第1章第4節参照。

いもはめずらしく、柳小路そのもののシンボルになっていたのを、後に知った[2]。コンパクトにまとまった中町という場所に、スタイルの異なるマーケットが並立し、おしゃれはもちろん、食材や雑貨、多彩な消費を楽しむことができた。一九七〇年代まではどこの地域にも昭和のたたずまいをもつ空間は存在していた。何も酒田に限ったことではないが、その時点でアメニティと呼ぶにはふさわしい空間を探り、その街特有の文化として検証することは意味がある。

♡酒田大火と社会構造の変化

中心市街地の大きな変化をもたらしたのはやはり「酒田大火」であった。日常と非日常をカバーしている中町商店街という場所は、地元市民にとって不可欠な機能をもった空間であった。その場所が一夜にして消えてしまった。その衝撃は、いまなお消えることはない。酒田市民にとって、当時も現在も、そして未来にわたり、大きな、大きな損失となった[3]。酒田大火の影響は、一〇万人が住む地方都市に一館の映画館もなくなる下地を残してしまった。かつてのメディア文化を発信し続けてきた街も、郊外型社会到来という歴史の流れのなかでそれを食い止めることはできなかった。中町の賑わいもなくなり、若者を中心に多くの市民も中町商店街から離れてしまう。

（2）壺焼きは全国的にもめずらしい。仲川秀樹、二〇〇二年、「フィードバック、柳小路マーケット」『庄内小僧一〇月号』コミュニティ新聞社、四一頁。

（3）一番の損失は映画館施設の再生は困難になったことだった。

2　変化する中心市街地

♡居場所がなくなった

酒田大火から約一年半が過ぎた、一九七八年五月、「酒田市大火復興宣言」がなされた。中心市街地の被災商店数二四三戸のうち、二一〇戸の開店、復興率は八六・四%に達していた。(4) 復興は予想以上の早さだった。全国からの援助物質はもちろん、国と県の予算が集中的に復興のために費やされた。

商店街の中心にリニューアルした老舗の「清水屋百貨店」がそびえ、周辺のアーケードも路面も歩きやすい美しい街並みが完成した。いたる場所に公園も設置され、大火の教訓が生かされているまちづくりに思えた。新築された店舗、歩行者専用のショッピングモール、中央にはモニュメント、いかにも美しさとおしゃれさを感じさせる環境に仕上がった。あとはこの空間にたくさんの市民が集まり買い物を楽しんでくれればいうことはない。

ところが現実は違った。美しい環境が目の前に存在しても人がいない。かつての顧客だった年配者の姿も少ない。モータリゼーションの影響も大きかったのはいうまでもないが、その原因は完全なまでに整備されながら、〝居場所〟の有無である。

その疑問を検証するための作業を二〇一一年から開始した。確かに中心市街地で話し込んでいる人はいない。立ち話をし、グループで集まるのは、当時の「清水屋百貨店」前や「中町モール」。中高生や若者などは、ジェラート「モアレ」前、主婦は、スーパー「トー屋」の前という具合に、人が集まるのは日常の延長上にある場所だった。(5)

(4) 仲川秀樹、二〇〇六年、『もう一つの地域社会論—酒田大火30年、「メディア文化の街」ふたたび—』学文社、三一頁。

(5) 「モアレ」だけは別格で人が集まる。

♡一九七六年以前の街は消えてしまった

「酒田大火で中町商店街が消失しなかったら、いまでもここは賑わっていただろう」。そんな仮説が成り立たないことは十分承知している。全国各地でも同じような中心市街地衰退が加速し、大火との関係性からも説得力は薄い。しかしあらためて強調するのは、大火で消失したことでもう甦らない、古さや懐かしさ、歴史的情緒あるかつての酒田の風景である。古くてもいたるところ街の骨格が残っていれば、それを生かす方法も多分にある。その意味からしても「一九七六年の出来事」は、あまりにも過酷過ぎた。

固定観念により中町は「人がいない」の代名詞になった。あそこは人がいない。駐車場もなく不便だから。中町には行かない。根拠も不明確なまま、それが市民の共通する言葉になった。高校生の見方も、「中町には何もないし、人もいない」と嘆いている。(6)

事実中町に、大都市の混雑した映像をイメージするのは無意味なことだ。確かに人の流れが交差して賑わう大都市の商店街と比較したら、中町は閑散としている。瞬間映像的という特定の選択基準で商店街を分析することは得策ではない。それではますます街の取り組みが後退していくだけである。ゆえに賑わいの頻度を再考すべきである。

---

(6) 地元高校生面接調査。

第2節　中心市街地と郊外型社会

1　郊外店舗SCの賑わい

♡モータリゼーションの必然性

ＪＲや私鉄各線が網の目のように交通ネットワークを形成している首都圏とは異なる地方都市。自家用車は不可欠である。地方都市における交通手段は車である。

一九八〇年代、景気高揚の流れは、積極的な消費行動へと移っていく。大量に消費するためにはまとめ買いが必要となっていく。一ヵ所ですべての商品が揃い、一括清算が可能なショッピングセンター（ＳＣ）は魅力である。駐車場も広く、荷物もまとめることができる。消費者は利便性に応える環境を用意したバイパス沿いの大型店へ導かれていく。

この流れを加速させるようなインフラも整った。一九八五年、国道七号線沿いバイパスの四車線化が完成した。週末ごとに多くの市民はバイパス沿いの大型店舗をハシゴする。広大な駐車場の一部を利用しての多彩なイベントに、家族連れの客で賑わう休日の姿。店内にはファストフードの飲食店や遊戯施設という複合的な娯楽的消費エリアが満載し、そこにいるだけで余暇を充たすには十分だった。(7)

♡チェーン型郊外店舗との差別化

バイパス沿いに連なる大型店は、何も酒田だけではない。首都圏のバイパス沿いにも同じよ

---

(7) 仲川秀樹、二〇〇六年、前掲書、三七頁。

うな光景をみる。並んでいる店舗もみな全国展開をしているチェーン店であることから模倣的郊外型ショップと呼ぶのがふさわしい。バブル全盛時代とはいえ、大量消費は、高額商品の購入を意味しているのではないものの欧米型消費行動が浸透した結果でもある。安価商品、ディスカウント商品を消費する層を取り込むことで、ＳＣの拡大は続いている。

ここで少し考えたいのは、ＳＣ利用層と商店街利用層との目的の違いである。階層分化を示す指針がここに隠されている。伝統的商店街とファッション・ストリート系商店街、さらにテーマパーク的商店街とは区別して論じることで差別化を可能にする。地方都市の商店街と異なる大都市にあるファッション・ストリート系商店街。そこは一つの観光スポットにもなり、テーマパーク的商店街も増えた。ネーミングは商店街であっても役割は違っている。地方都市の中心市街地を再考する鍵はここに隠されている。

2　郊外型消費の時代

♡中心市街地への影響

中心市街地から郊外への流れは大都市でも顕著になった。都心を離れ、中心市街地を離れ、郊外へ移動する家族・企業・大学。手狭な都心の有効活用のため、大学は教養課程を郊外に移し、専門課程のみを都心に残した。教養課程は運動施設などのスペースを広く確保できるし、専門課程は就職活動など都心の利便性を考えた。企業も自社ビルや、工場関係は経費的にも郊外が最適だった。不動産物件の価格と自然環境を考慮し、郊外へ邸宅をもつ家族も増加していた。それにともない交通ネットワークも変わっていく。

酒田市内のマーケット環境は、これまでは中町商店街エリア、駅前エリア、七号線バイパスエリアに分化されていた。一九八五年の七号線バイパス開通にもっとも影響を受けたのは、中町商店街であった。多くの酒田市民は、中町には車で出かけるものではないという認識で一致していた。中町に行っても駐車場がないということが主な理由であった。

実際、中町には十分な駐車場スペースが確保されているにもかかわらず、市民は、立体式やパーキングビルは好まない。それに徒歩数分の駐車場も避ける傾向が強い。あくまでも店舗前にあるスペースに駐車するというドアツードアの原則である。

♡動機は「とりあえず」という猶予時間

余暇時間の機能的側面を考える。庄内地方に位置する酒田市は、日本海と鳥海山に囲まれた田園地帯である。気晴らしのドライブから趣味のアウトドアまで活動する範囲は広い。大都市の住民からは羨ましがられる自然環境、しかし地元民はつねに一定の選択をしているわけではない。一般に余暇時間、友人や家族と過ごす先はどこにあるのかを考えたい。その余暇時点に直面して目的を考えることの多いのも事実であり、明確な行き先が確定していない猶予時間、人びとの先にあるのは「とりあえず」という選択である。

重要な選択要因になったとりあえず空間の目的が市内であることは少ない。市街地から離れて、周辺を走る。目につくのはバイパス沿いにかかる大型店、とりあえずそこにゆけば何かがある。その先はそこで考えよう。何かの催し物にでもぶつかるであろう。子どもも大人も時間を処理する条件がそこには揃っている。(8)

---

(8) 同上書、四一頁。

このとりあえず空間選択は猶予時間ともなり、もっともリスクの少ない余暇時間の過ごし方になった。とりあえず空間の一ヶ所集中の結果、商店街どころか市街地の消費エリアは大きな打撃を受けることになった。大多数の人びとが選択した、このとりあえず空間とは、ＳＣであった。

♡「とりあえず空間」への一極集中

とりあえず空間は全国各地でみることができる。山形県庄内地方では、三川町ショッピングセンターが該当する。いつしか膨大になった三川消費エリア。庄内の中核という地理上の位置を効果的に活用した三川。文化の異なる酒田と鶴岡のあいだをぬって、いまや娯楽や消費の面でも絶対的な位置にある。酒田・鶴岡両一〇万都市の人びとの、「とりあえず」選択による訪問者数は、酒田市の消費エリア三ヶ所分をカバーしていた。

全盛だった当時の三川町の年間商品販売額（小売業）は、ショッピングセンター開設前の一九九九年で、約三九億円。開店後の二〇〇二年には、約一〇八億円。二〇〇四年は、約一二五億円と、三倍以上の増加となった。それに対して、酒田市は、一九九九年で、約一三四一億円。二〇〇四年には、約一一四七億円と確実に減少している。(9)

地元の高校生たちの意見は、ＳＣは必要な商品が揃う。商品が新しい。中心商店街は、欲しい商品がない。商品が古い。デメリットの部分はすべて中心商店街に跳ね返る計算だ。両者のイメージは、さまざまなコミュニケーション・ネットワークによって拡大し、実際の消費効果以上の差を生んだ。

---

(9) 同上書、四二頁。

第3節　揺れ動く中心市街地

1　中心市街地に老舗百貨店があった

♡中心市街地セーフティゾーン

地方都市の車社会の影響を受けた中心市街地中町であるが、逆説的に考えると今後の中町商店街の鍵を握るのが「中町モール」の存在である。「中町モール」の多目的空間は、単にイベント会場で使用されるだけではない。ベンチが用意され、休憩をする人などが、立ち止まり、話をし、用事を済ます。中町商店街のセーフティゾーンになっている。高齢者や子どもにもやさしい空間になっている。フィールドワークで指摘された重要な論点の一つは、とくに高齢者も子どもも車を気にせず、安心して集える場所が「中町モール」である。中心市街地シンボルがあいつぎ閉店撤退のなか、今後の中心市街地を支える一つの可能性をもつエリアであることをまず強調しておきたい。

♡かつて存在していた老舗百貨店

その「中町モール」完成以前から、そこには老舗の百貨店が存在していた。二〇二一年に閉店するまで、目的をもち中町を訪れる人たちにとって重要な場所であった。百貨店にある老舗ブランドを利用する人びとの年齢層はある程度特定される。衣料品や、和洋菓子店舗が充実し、贈答用に用いられる老舗ブランドは、プレステージ効果をもたらしていた。しかし商品の価格に比例するように年齢の高い層が利用するため、若い人の姿をみかけることは少なかった。老舗百貨店の東西に伸びるこのファッション・ルートは、数多くの見せ場を演出した。酒田の歴史を知り、いまでも残る料亭文化、その料理を提供する老舗は重要。伝統や歴史に価値を求める消費には、それを望む階層も固定している。

一九八〇年代から酒田の階層は分化されてきた。ブランド至上主義の浸透、人びとのトレンドは、バブルに反映された。それに応える商品モデルは、オーソドックスに考えて、百貨店のテナントである。場所は、中町商店街にある老舗百貨店である。山形県内で百貨店のあった街は、県庁所在地である山形市を除いて、米沢市とここ酒田市のみ。地方都市において百貨店の維持は困難をともなった。二〇二三年現在、山形県内の百貨店は皆無となっている[10]。

二〇二一年まで中心市街地中町商店街に存在していたのが老舗百貨店「マリーン5清水屋百貨店」（以下、清水屋）は、一九五〇年の組織変更、そして一九七八年酒田大火復興事業のモデルを経て、現在の中町商店街に再登場となった。「清水屋」は、一九七〇年代以前から山形県でも有数、庄内を代表する百貨店として君臨し、市街地にあるもう一つの百貨店「小袖屋」とともに賑わいの中心にあった[11]。

2　揺れ動く百貨店事情

♡「百貨店」冬の時代

全国の百貨店の売り上げは一九九一年をピークに下降し続けている。日本の一八歳人口も同

（10）「大沼山形本店」二〇二〇年一月閉店。「大沼米沢店」二〇一九年八月閉店。そして最後の砦「清水屋百貨店」が二〇二一年七月閉店。

（11）前身は「小袖屋呉服店」。改装し一九五九年五月一六日「小袖屋」開店。著者の幼い頃の記憶では階段の踊り場にある水槽の「タツノオトシゴ」が印象的だった。

じく減少に高じ、消費の低迷と相関関係にある。景気後退（通称バブル崩壊）の影響は消費の停滞にも影響し、百貨店の動向に沿ったものとなる。人びとは価格の安い商品選択に走り、消費する場所も百貨店からディスカウントショップへと移行していった。

そして二〇一〇年の全国百貨店の売上高は前年比四・四％減の六兆二九二一億円と、一三年連続で前年を下回った。この数字は、ピークだった一九九一年の約六五％の水準である。[12] 商品別では、衣料品の落込みが五％近く減少していた。百貨店は、食品は健闘しても、衣料品の落込みが顕著になっている。ファッション関係の需要は、当時、女性誌の元気さもあり上昇しているのが一般的だったが、若い女性たちの選択は、ファッションビルや、セレクトショップにおいて消費する傾向が強いために、百貨店のブランド店は厳しい状況になっていた。

♡追い打ちをかけた郊外型店舗

一九九四年一一月に、郊外型ＳＣのシンボルになった「ジャスコ酒田南店」（現イオン）が開店した。一六〇〇台の収容能力を誇る大駐車場が完備された。県外市外から国道七号線、山形自動車道酒田ＩＣ下車、バイパスから両羽橋をわたり「ようこそ酒田」の表示とともに目に入るジャスコ酒田南店は、中心市街地関係者にとって最大の脅威となるマンモスショッピングエリアの誕生となった。

そして翌一九九五年春に、ゆたか町にオープンしたショッピングセンター、通称「ロックタウン」（現イオンタウン）。七号線バイパス沿いに比べて市内にも近く、ディスカウントストアーを中心とした量販店は、価格破壊の時流に乗って賑わいをみせた。イオン系の「マックス・バリュー」などが入り同じジャスコとの棲み分けも完了した、ネオ郊外型店舗の登場である。ゆ

（12）仲川秀樹、二〇一二年、『コンパクトシティと百貨店の社会学—酒田「マリーン5清水屋」をキーにした中心市街地再生—』学文社、三五頁

たか地域は、駅前を抜いてあらたな三極化による商業圏の誕生となった。そこはまた大型遊戯施設や全国チェーンの飲食店などもともなう街並みになった。

♡中心市街地シンボル「第一次清水屋百貨店危機」

「中合清水屋」（「マリーン5清水屋百貨店前身」）撤退報道がなされる。

「日本経済新聞」の報道

「日本経済新聞」の配信が最初だった。ダイエー子会社の百貨店「中合」が、山形県酒田市にある店舗「清水屋店」の運営から撤退する報道がなされた。売上の低迷、他の四店舗に経営資源を集中させるためという内容だった。(13)

「山形新聞」の報道(14)

一日遅れで地元「山形新聞」では、『中合が清水屋（酒田）運営撤退へ　庄内唯一の百貨店、店舗残す方向で協議』、東北・北海道で百貨店五店舗を運営する中合（福島市）が酒田市の清水屋店の運営から撤退する見通しであることが二七日までに、複数の関係者の話で分かった。時期は二〇一一年度末とされ、撤退後も店舗は残す方向でビルの所有者との協議を進めていく方針だという記事が掲載された。

中合清水屋店は市役所近くの中町にあり、中心街の顔ともいえる庄内唯一の百貨店。近年は不況の影響や郊外大型店との競争激化などで売り上げが落ち込んでおり、中合によると、二〇一〇年二月期の売上高は、二五億六〇〇〇万円で前期比九・九％減となった。経営再建策の一環として撤退するもようだ。パートを含め約八〇人いる従業員の再就職などについては未定。同社は「まだ正式に決定したわけではない」とコメントしている。

---

(13)『日本経済新聞』（二〇一〇年一一月二七日付朝刊）記事の抜粋参照。

(14)『山形新聞』（二〇一〇年一一月二八日付朝刊）記事の抜粋参照。

同店は「清水屋デパート」として一九五〇（昭和二五）年に設立。酒田大火後の一九七八年に酒田セントラルホテルビルのキーテナントとして現在地に入居、「マリーン5清水屋」として営業してきた。一九九四年に中合と合併して現店名となった。

中合はダイエー子会社で、清水屋店のほかに十字屋山形店（山形市）などを運営。二〇一〇年二月期の売上高は三二八億六、二〇〇万円で前期比六・九％減少した。二期連続で債務超過となったが、同年七月にダイエーから五〇億円の資金支援を受け解消した。

同年二月末には建物の老朽化などを理由に福島県会津若松市の店舗を閉店している。撤退報道の記事が配信されてから、予想されていた事実と受け入れる関係者、中心市街地中町商店街に「清水屋」があっての中町であるといった反応などが入り乱れ、年を越した。

♡正式に撤退表明

二〇一一年年明け、「中合清水屋」の撤退が、正式に表明され、メディアも配信した。

「朝日新聞」は、『清水屋、来年閉店　経営改善めど立たず』[15]。

酒田市の中心市街にある庄内唯一の百貨店「中合清水屋店」が来年二月末で営業終了すると、中合（安藤静之社長）が六日発表した。中合の桐畑昌彦・営業推進部長らが酒田市で記者会見した。景気の低迷による個人消費の落ち込みや、市内の隣の三川町に大型専門店ジャスコなどが進出し、ファミリー客が減るなど商業環境変化の影響を受け、今後の経営改善の見込みが立たないため、昨秋から検討していたという。

中合によると、同店の売上高はピーク時の一九九七年度は五三億円あったが、二〇〇九年度は半分以下の二五億六一〇〇万円まで落ち込み、前年の二〇〇八年度分の九一％にとどまった。

---

(15)『朝日新聞』（二〇一一年一月七日付朝刊）記事の抜粋参照。

顧客の中心の高齢者に合わせた品ぞろえに変え、日用品、食料品を充実させるなど営業努力を続けたが、昨年度まで五期連続で営業、経営とも赤字だった。中合はほかに福島店（福島市）、十字屋山形店（山形市）、三春屋店（青森県八戸市）、棒二条屋店（北海道函館市）の四店があるが、清水屋店の売り上げが圧倒的に少ないという。

清水屋は一九五〇年に設立。酒田大火後の一九七八年に復興事業として完成した地上六階建て商業ビルに主要テナントとして入居し、九四年に中合と対等合併した。現在の売り場面積は約八、九六〇平方メートルで、正社員三七人、パート、準社員ら従業員は五一人。ほかに派遣社員九八人が働いている。正社員は他店へ異動させ、従業員は雇い止めにするという。

阿部寿一・酒田市長は「雇用をはじめ、テナント、関連業者、周辺商店街に与える影響は大きい。関係機関と連携し、営業継続、雇用の維持・確保ができるように中合に緊急に要請する。対策組織を早急に立ち上げ、地元の意向に十分配慮するように要請する」とのコメントを出した。

♡中心市街地空洞化を止める

ビル管理会社「マリーン5」の成澤五一社長は「このままでは中心商店街が破壊されてしまう。百貨店を残す方向でテナントやメーカーと交渉していく。従業員も再雇用できるよう努力する」と話し、二〇一二年春に大手の宮脇書店を入居させる計画も進めている。

「毎日新聞」では、「『中合清水屋　来年二月に撤退へ　収益改善見込めず（酒田）』[16]。

「中合」（本社福島市）は六日、庄内唯一の百貨店である酒田市の「中合清水屋」の営業を一二年二月いっぱいで終了させると発表した。個人消費の落ち込みや他店との競合激化などから収益改善の見込みがないとして決断した。

---

(16)『毎日新聞』（二〇一一年一月七日付朝刊）記事の抜粋参照。

清水屋は一九七八年オープン。六階建て延べ床面積八、九六三平方メートル。一九九七年度に五三億円を売り上げたが、その後は売上高は下がり続け二〇〇五年度から五年連続で営業、経常収益ともに赤字となった。二〇〇九年度の売上高は二五億六、一〇〇万円。

食材、雑貨、衣料品など計八六店舗が入る。うち建物のオーナー企業の「マリーン5」系列の二二店舗を除く六四店舗が中合系列。従業員数は正社員三七人。パート従業員など五一人。派遣社員九八人。正社員は他店舗や本社に異動、派遣社員は派遣元企業へ戻るが、パート従業員は雇い止めになる。

六四店舗が抜けたあとの運営については未定。店は市中心部にある「集客の核」だった。阿部寿一酒田市長は「影響は大。中合に営業継続、雇用維持を訴える一方、対策組織を立ち上げ配慮を要請する」。酒田商工会議所の佐藤淳司会頭も「県や市と連絡しながら営業継続実現に努めていく」とコメントした。

「山形新聞」では、「酒田・清水屋店撤退を正式表明　正社員は異動　契約社員は打ち切り」。庄内唯一の百貨店「中合清水屋店」（酒田市）を運営する中合（福島市、安藤静之社長）は六日、二〇一一年二月末に同店の運営から撤退すると正式に発表した[17]。

ビルに入居する八六店・テナントのうち、中合が直営する六四店・テナントとの契約を解消する。三七人の正社員は異動させる方向で調整し、五一人の契約社員は契約を打ち切る。一方、ビルを所有し、二二店舗を運営するマリーン5（酒田市、成澤五一社長）は「営業は継続したい。関連する従業員の再雇用についてもできる限り努力する」としている。

酒田市役所で記者会見した中合の説明によると、清水屋店は二〇〇五年度から五年連続で経常損失を計上。売上高は一九九七年度の五三億円をピークに減少し、二〇〇九年度は二五億六、

(17)『山形新聞』（二〇一一年一月六日付朝刊）記事の抜粋参照。

一〇〇万円だった。

ダイエーの子会社である中合は十字屋山形店(山形市)など東北、北海道で五つの百貨店を運営しているが、昨年度の清水屋店の売上高は最下位。中合は撤退を決めた理由として郊外の大型店舗との競合により客の流出、景気低迷による個人消費の落ち込みをあげている。二〇一〇年秋頃から撤退を検討し、六日から社員や各店舗の従業員に説明を始めた。

清水屋は酒田市役所近くにあり、複合商業施設として親しまれている。一九五〇(昭和二五)年に地元資本の「清水屋デパート」として設立。酒田大火後の一九七八年、キーテナントとしての現在のビルに入居した。清水屋は一九九四年に中合と合併し、現在の店名となった。

一方、マリーン5の成澤社長は今後の営業や店舗の存続について「キーテナントが抜けても存続させる方法はある。自社直営の小売店などを検討している」と話している。

不思議なことに、主要メディアで「清水屋」撤退が正式に報道されてから、逆に「清水屋」はより一層のまとまりをみせる。二〇一一年年明けのマスコミ報道後、社員たちの活気には、それを吹き飛ばす勢いがあった。お客さんからの激励が、「清水屋」に多く届いている様子だった。それを強く感じたのは、「三・一一」の翌日であった。[18]

---

(18) 仲川秀樹、二〇一二年、前掲書、四〇頁。

第4節　新生「マリーン5清水屋百貨店」の挑戦と限界

1　中心市街地シンボル再生産

♡撤退表明後の新生「マリーン5清水屋百貨店」

「中合清水屋」撤退表明がなされ、マスコミ各紙はそれを報じた。「中合」側の用意された記者発表の内容は、「一九九七年度の数字との比較」「営業、経営とも赤字」「郊外の大型店舗との競合」など、ステレオタイプ的なものばかりだった。そもそも一九九七年との比較自体がいかがなものかと思う。社会構造が変化し、システムの適応が不十分ななかでの売上高減少は何も「清水屋」に限ったものではない。一九九七年と二〇〇九年の比較そのものが数字のマジックではないだろうか。皮肉なことに、二〇一〇年の日本経済新聞の記事が報道される頃から、「清水屋」の経営は上向きになっている様子。

そして「中合清水屋」撤退直後、新生「マリーン5清水屋百貨店」が誕生した。その年の二〇一一年、秋の北海道展、うまいものまつり、京都展などは近年にない盛況ぶり。そこには「本来の百貨店にもどる」という意気込みを感じた。フィールドワークで毎回指摘されてきた、「店内はスーパーのよう、デパートには思えない、チラシを全くうってない（うてない事情があった）」という課題。それを解消する状況に近づいてきたとも考える。

撤退表明がなされてから、社員たちの勢いは店内の客にも伝わってきた。それを感じたのは「三・一一」の翌日である。大震災直後、酒田市内は全戸停電にみまわれた。完全に回復したのは、三月一二日の夕方であった。そんな状況の酒田市内、翌日の朝、「清水屋」はものすごい勢いでおにぎりやお弁当を用意していた。あの光景を著者は直接みることになり、ある種の感動を覚えた。それからしばらくインスタント食品などは震災の影響で入手困難が続いていた。ところが「清水屋」はつねに商品がそろっていた。理由は、社員が毎朝、早朝四時から市場などでの買い出しや配送を自らおこなった結果だという。

♡老舗百貨店の意地とプライド

年間をとおして百貨店の大きな行事である物産展の一つである、春の北海道展が、六月最初の週末にかけておこなわれた。震災の影響を考慮し、約三ヵ月遅れての開催となった。一〇月の中旬には、秋の北海道展の開催。さらに「清水屋」がもっとも集客を有する「おこしやす京都展」が、一一月の第三週から、例年より期間を大幅に拡大して開催され、前年以上の賑わいをみせた。抽選場所も客が並び、活気のある一週間の京都展となった。

京都展開催初日の夕方、「清水屋」前の「中町モール」にて、イルミネーションの点灯式があった。モールのイルミネーションは例年この時期から点灯し、年明けまで続けられる。寒々としたこれからの時期に、ここ中心市街地の中町モールだけは、しばし、都会にある装飾のひとコマを映し出す空間となる。(19)

百貨店の物産展は、大学生調査でももっとも人気が高かった。「清水屋」も老舗百貨店として好評なイベントを開催。二〇一一年は、一月一九日（水）から「春の全国うまいものまつり」、二月三日（木）から「四国の物産と観光展」、三月一〇日（木）から「九州物産展」、六月二日（木）から「春の北海道物産展」、九月二八日（水）から「秋の全国うまいものまつり」、一〇

(19) 同上書、四二頁。

月一九日（水）から「秋の北海道展」、そして一一月一七日（木）からの「京都展」のラインアップ。そのあいだにも、地元のスイーツやお菓子などの特設店、「駅弁・空弁大会」などが開催されている。

「京都展」で一連の物産展は終了し、一一月の末からは、「お歳暮総合ギフトコーナー」が設置された。百貨店に限らずこのコーナーは当たり前の空間だが、老舗百貨店の場合、商品陳列やネットワークに高級感を覚え、百貨店のプライドが垣間みられた。

♡中心商店街の独自性プラス百貨店の付加価値

「マリーン5清水屋」のこうしたエンタテインメント的な行事開催に合わせ、中心商店街も関連イベントを打ち出す。通常より中町の駐車場は満車状態になるし、人の出入りも多い。しかし百貨店の流れを、商店街はどう向かい入れるか、困難も多い。物産展に入場したお客はそのまま専用駐車場から帰宅する場合が多い。清水屋の袋をもって中町を歩いている人はあまりみかけない。清水屋店内の喫茶室、中町周辺の喫茶店では見かけることが多い。一般の商店に入るような工夫が必要なのだが、目的をもち来店するのが「百貨店」であるから、難しさは否めない。

逆にいえば、中心商店街各店独立したスタイルで客を呼び込む以外にない。一定エリアで生活が可能という商店街の利便性、それにエンタテインメント空間を提供する百貨店が加わり、日常と非日常を合わせもつ空間こそ、コンパクトシティである。

2　振り返る「マリーン5清水屋百貨店」のオリジナル性

♡各世代をカバーするアメニティ空間

消費対象年齢の高い百貨店の商品構成のなか、1階食品館に関しては、高校生や若者の人気が高い。ドリンク飲料は価格も安く設定してあり、パンやデザートも手頃で、店内で食べるコーナーも用意された。高校生のそうした姿はよくみかけた。5階プリクラコーナーはここだけを目的にして入店する若者も多い。撮影した後、休憩する場所がなく、すぐに出てしまうのは惜しい気がした。

1階エントランスフロアでは、高齢者の集まりをみる。解釈の問題と対応の問題があり、一概に判断できないが、居心地がいいのであろう。ただし、一般客のカフェコーナーに支障をきたしているのも事実。居心地のよさを今後どう幅広い世代に提供していくか、一つの課題のように思えた。

2階喫茶室は、もっとも居心地のよい空間のように思える。客層もセレブ的におしゃれな人が多く、置いてある女性誌のラインアップがスタンダードである。ヤングミセスからミセス、それに会社員や、OLさんなどもランチを目的とする。メニューも充実しており、コーヒーやデザートの選択には悩まされよう。毎回、フィールドワークで女子学生の評価が高いのがこのエリアである。

アメニティの充実は百貨店のようなシステムには不可欠であり、ウリになり、オリジナルな要素となる。

♡百貨店コミュニケーション

若者は1階食品館と5階プリクラコーナーだけで、それ以外のフロアは高く消費できないという問題に一つの答えを出すと、コミュニケーション空間にたどり着く。表現は少し乱暴かもしれないが、子どもが親にねだる、親子で百貨店に出かけ、対象商品を買ってもらう。そこで成立する親と子のコミュニケーション空間が百貨店である。SCにはない空間世界を演出するのは「マリーン5清水屋」の役割となろう。

大学生調査やシンポジウムでのサブテーマになった部分であり、親子間以外に、友人間、カップル間と多彩だ。高級志向の意味を教えることもまた賢い消費者になるきっかけである。コミュニケーションの意味は深い。第三章と第六章で詳細が述べられる。

♡エンタテインメントとメディア環境

地方に住めば住むほど気になるのが大都市の情報である。マス・メディアによる情報環境の提示である。年齢が低いほど、若者ほどそれに敏感である。ファッション面で考えると当時の酒田の女子高生はトレンド情報を主に女性誌で得ている。首都圏の高校生と読む雑誌に違いのない調査結果が出ている。[20] 少なくともファッション・トレンドのますますの充実は、高校生の願望に応える環境となる。

大都市とのタイムラグを少しでも解消することは地方に住む若者には重大なこと。ブランド意識などに応えてくれるイベントは重要。物産展など食に関する行事は充実しているが、ファッション関係の企画をもっと取り入れる必要がある。とくに「マリーン5清水屋ファッションショー」のようなイベント効果は大きい。世代を問わず、メディア環境の充実は望まれている。

---

(20) 仲川秀樹、二〇一〇年、『おしゃれとカワイイの社会学―酒田の街と都市の若者文化―』学文社、七九 - 八〇頁。

3　限界状況下での「マリーン5清水屋百貨店」の答え

♡最後までぶれなかった「マリーン5清水屋百貨店」

「中合清水屋」撤退報道・撤退表明がされた後、新生「マリーン5清水屋百貨店」の対応である。「百貨店を守る」これは一切ぶれなかった。それと「撤退表明に対して」一切言い訳と反論をしなかった。ただ、「百貨店は続ける」「従業員は守りたい」。本来の百貨店にもどる、スーパーっぽい百貨店ではなく、「お客さまのおもてなしの心」という百貨店の原点は伝える意気込みであった。

中心市街地調査以前から、20年以上「中合清水屋」をみていたが、とても百貨店とは思えないことも多々あった。少なくともこの数年間の広報活動状況は疑問に感じることばかり。それを決定づけたのが、二〇一一年初売りのチラシであった。例年の半分、内容も乏しく、これが老舗百貨店の初売りチラシなのかと疑った。

それに対して、二〇一三年くらいから、郊外SC店舗の広告のデザインはカワイイ・パステル調のチラシに変わり、消費者の目を惹きつけた。それが初売りでさらにインパクトを増していった。モデルのさわやかさといい素晴らしいデザインだった。

百貨店なのに、広報活動で後れをとることはという、（清水屋側の）そんな思いも、事情や背景を知ってからはやむを得ないという落胆でチラシをみるようになった。それが「中合」の撤退表明の記者会見前後におけるこの数年間の「中合清水屋」のチラシ節約の事情である。

ところが新生「マリーン5に移行した二〇一二年一一月の「京都展」からチラシの出し方が変わった。期間中に二度もチラシを打った。テレビCMも展開された。これまでの「中合清水屋」にはあり得ない画期的なことだった。この背景にあらたな「マリーン5清水屋百貨店」の挑戦をみることができた。

♡「マリーン5清水屋百貨店」の答え

あらたな百貨店の展開を告げる記事が配信された。以下、「朝日新聞」記事[21]。

『酒田の百貨店「中合清水屋」撤退　ビル所有会社新百貨店計画　「食」部門強化　書店や保育園も』

酒田市中心市街にある庄内地方唯一の百貨店「中合清水屋」が来年二月末で撤退するのに伴い、ビル所有会社の「マリーン5清水屋」（成澤五一社長）が事業を引き継ぐ計画概要を明らかにした。新百貨店には、書店や保育園、フランス料理店などを入れ、対話や憩いのスペースも設け、文化事業などにも力を入れる。契約社員などの従業員も再雇用する方針。成澤社長は「親しまれ、質の高いサービスを提供する新百貨店を目指す」という。

基本計画では、ターゲットとする客層を「四〇～六〇代」とし、若い主婦層への浸透も図る。

店舗構成は、1階が「おしゃれ雑貨と食品関係」、2階は「レディス・ファッション」、3階は「レディス・メンズファッション」、4階は「書店と暮らし関係」、「無認可保育園」、5階は「子供服・玩具、レストラン」など、6階は「イベントホール」などを予定。

「食」部門の強化も図り、有名シェフによるフランス料理店を出店。週替わりでフレンチ、イタリアン、中華、和食の料理教室も開く。和食の店も出し、総菜部門も強化する。

4階には新たに宮脇書店（九二四平方メートル）が入る。無認可保育園は、買い物客へ

(21)『朝日新聞』（二〇一一年一一月五日付朝刊）記事の抜粋参照。

のサービスや、従業員の福利厚生にも役立てる。

各階に休憩と会話のできるスペースも設け、地域の交流イベントなど、にぎわい拠点を目指す。

外販部門も再編、高齢者向け宅配サービスもする。

来年三月から店内改装し、三月にフランス料理店、四月に宮脇書店が開店する予定で、一〇月にオープンセールを催すという。

初年度売り上げは前年比八％増の三五億円を見込む。現在、マリーン5は店舗譲渡について細部を中合と交渉中だが、契約社員など従業員は再雇用の方針だ。

以上、「朝日新聞」の記事には、「マリーン5清水屋」の基本姿勢が網羅されている。

百貨店を運営すること。ターゲットを、積極的な消費経験を体験している四〇代以上であること[22]。食の庄内といわれ、地元の食材と伝統に応えるレストラン。それに各種の教室やイベント、教養的な環境の提供は、百貨店というスタイルの高級感を日常的に演出する、百貨店の原点をみるようだ。

♡新生百貨店に込められた「百貨店」らしさ

以上が百貨店としての差別化を明確にした新生「マリーン5清水屋百貨店」の基本方針だった。SCにも量販店にも流れず百貨店本来のスタイルに固執している。しかし、地方百貨店としての独自性は維持している。中心市街地中町商店街に根ざしている百貨店として考えてみる。独自性というのは、フランス料理など、酒田の街の伝統的食文化を表出させる分野の開拓である。店内でレストランとしての機能、総菜の提供をはじめた。地元で慣れ親しんだ味を受け継

(22)『宣伝会議№819』(二〇一一年八月一五日号)、宣伝会議。

ぐあらたなレストランの開店は意味深い。

中町にあった「青山堂書店」が閉店してから久しく、中心市街に書店のない状況が続いていた。それを解消する新規書店の開店は、若者には朗報になる。書店の存在はプラスアルファーの機能を有している。

高校生調査や大学生調査でも意見の多かった、「休憩スペース」の設置は、買い物途中の休憩や会話の場に利用できる。それにファッション関係の充実につながる婦人服とおしゃれ雑貨のエリアなど期待がもてよう。中高生は、1階の食品館で飲料水やスナックを買ってすぐ出る傾向がある。同じフロアにおしゃれな雑貨コーナーがあれば「百貨店」に関心をもつようになろう。

本当の百貨店をめざす姿勢を提示してくれた意味は大きい。実際、可能な部分と客の反応によって、修正も施されようが、中途半端な運営が続いた「中合清水屋」から脱却し、本来の百貨店機能にもどした新生「マリーン5清水屋百貨店」はドラマチックな出発であった。

4 「マリーン5清水屋百貨店」の限界と終焉、そして中心市街地再検証へ

♡中心市街地シンボルの限界「第二次マリーン5清水屋百貨店危機」

「第一次清水屋百貨店の危機」を乗り切るための店舗革命が大々的に実施された。店内飲食スペース、中高生の無料スペース、宅配サービスなども取り入れられた。同時に店舗再編成などで空きスペースも増加し、店舗を訪れる顧客たちにも不安を募らせる状況となった。さらに

テナントの撤去も続き、さまざまなイベントを試みても思うような結果も出ず低迷を回避することは困難になった。逆境のなかでも「全国物産展」、酒田まつりでの「人力車パレード」への参加、四大まつりでの中町モール出店など、中心市街地シンボルの責務は果たし続けた。残った従業員も最後の最後まで献身的につくした。しかし、「第二次マリーン5清水屋百貨店危機」になす術はなくなった。[23]

♡ドラマチックに中心市街地シンボルの終焉

二〇一一年春、あらたな組織として再出発した「マリーン5清水屋百貨店」は、中心市街地のシンボルとしての責務から、多彩な企画を立ち上げ、衣食住にわたり娯楽的な環境を提供し続けた。それでも売り上げ上昇の目途はたたず、苦しい店舗運営が続いた。二〇一九年に店内のグルメ環境を一新させ、ランチを提供する店舗などの好調もあり、危機脱出をめざすべく、翌年春開催予定「横浜中華街物産展」「北海道物産展」の目玉企画を直前にしていた。

しかし予期せぬ事態、二〇二〇年早々、世界中を襲ったCOVID‐19によるリスク環境下状況は、「清水屋」におけるすべての企画の延期中止に追い込まれる結果となった。最後にそれが壊滅的ダメージとなり、店舗運営のガタガタは収まらず、二〇二〇年七月一五日「マリーン5清水屋百貨店」は閉店した。[24] ここで中心市街地のシンボルは消滅し、市民の多くが中町商店街をめざす姿は消えてしまった。

「清水屋デパート」「中合清水屋店」「マリーン5清水屋百貨店」は、一九五〇年から営業開始、一九七八年新店舗、二〇一一年新生百貨店、二〇二〇年終焉。ドラマチックな百貨店だった。

(23) 二〇二〇年に入り世界中を巻き込んだリスク環境下が追い打ちをかけた。

(24) 「グリーン・ハウス」消失後、メディア文化の街のエンタテインメント機能を支えてきた中心市街地のシンボル完全消滅。

♡メディア文化の街の検証へ

メディア文化の街を振り返ってみると、長い年月「グリーン・ハウス」「マリーン5清水屋百貨店」それぞれはメディア文化的エンタテインメント空間として機能し続けた。さまざまな試みがなされ、多くの市民が楽しむ空間だった。それが消失し、閉店し、中心市街地には何も残らない現実となった。中心市街地シンボルの終焉には、これまで論じてきたような理由が存在した。同じ空間をふたたび甦られせることはできないし、甦ったとして、現実的に受け入れられる保証はない。ただ言えることはメディア文化の街に沿ったスタイルを再考し、あらたな環境を提供することは必要だということ。

そこでかつての「グリーン・ハウス」「マリーン5清水屋百貨店」の取り組みを再検証し、そこから伝統と現代を併せ持つ空間を新規なコンテンツとして提供するための実践的作業を進めてみたいと考える。[25] 次章以降では、20年にわたるフィールドワークから検証したメディア文化の街の問題点・課題を導き出し、「メディア文化の街」への提言を図りたい。

参考文献

・伊奈正人、一九九五年、『若者文化のフィールドワーク―もう一つの地域文化を求めて―』勁草書房
・富永健一、一九九〇年、『日本の近代化と社会変動―テュービンゲン講義―』講談社
・仲川秀樹、二〇一〇年、『おしゃれとカワイイの社会学―酒田の街と都市の若者文化―』学文社
・仲川秀樹、二〇〇五年、『メディア文化の街とアイドル―酒田中町商店街「グリーン・ハウス」「SHIP」から中心市街地活性化へ―』学陽書房
・仲川秀樹、二〇〇六年、『もう一つの地域社会論―酒田大火30年、「メディア文化の街」ふたたび―』学文社
・仲川秀樹、二〇一二年、『コンパクトシティと百貨店の社会学―酒田「マリーン5清水屋」をキーに

(25) 中心市街地でフィールドワークを実施、その成果をシンポジウムにて報告へ。

した中心市街地再生―』学文社
・酒田市史編さん委員会、二〇〇三年、『酒田市市制七〇周年記念・写真でみる酒田市史―昭和～平成版―』酒田市
・『酒田市大火の記録と復興への道』一九七八年、酒田市

第6章

メディア文化の街の検証開始

〈第1回〜第5回中町シンポジウムダイジェスト〉

二〇〇三年にメディア文化の街の検証を開始する。二〇〇五年にその成果をシンポジウムによって報告した。本章では、第1回〜第5回までのシンポジウムの概要を取り上げる。第七章につなげるための前提となる検証経緯である。

二〇年にわたるメディア文化の街の検証。メディア文化の街と位置づけた酒田市中心市街地中町。そこには洋画専門館「グリーン・ハウス」と老舗百貨店「マリーン5清水屋百貨店」があった。両施設とも中心市街地のメディア文化的シンボルとして、多彩なコンテンツを提供した。そしていま中心市街地のシンボルは消滅し、中心市街地再生へ向けて難題が多く噴出している。その難題に応えるべくメディア文化の街に必要とされるのは「メディア環境」の充実であるという前提に立ちながら実証研究を続けた[1]。

本章では、これまで20年にわたるフィールドワークの初期の部分にあたる。第1回〜第5回の中町シンポジウムの詳細は、すでに他の文献で述べているため、ダイジェスト版のあつかいとした[2]。

フィールドワークの初期から中心市街地のさまざまな問題や課題が浮き彫りになった。第六回中町シンポジウム以降、現在の中心市街地に必要なコンテンツを、酒田の歴史的過程に沿い

(1) メディア環境の充実こそ、中心市街地に人を呼び込む条件という前提に立つ。

(2) 中町シンポジウムの詳細は、第1回（二〇〇六年）。第2回（二〇一〇年）。第3回（二〇一二年）。第4回と第5回（二〇一四年）各著書に掲載した。

ながら具体的な接近方法を示すことになった。それは伝統と現代の文化を融合したあらたな「メディア環境」構築のための提言である。シンポジウムの論点が重なるのは継続する研究であるため、本文における内容の反復はご承知いただきたい。

I 第1回中町シンポジウム（二〇〇五）からの提言

第1節 共通テーマ「メディア文化の街と商店街の進化[3]」

1 メディア文化から考える地域活性化とは

♡最初の検証作業

メディア文化の街の最初の検証結果は、二〇〇五年に開催された第1回中町シンポジウムで報告された。共通テーマに『メディア文化の街と商店街の進化』を掲げた。二〇〇三年に実施したフィールドワークのテーマは「商店街の活性化から商店街の進化」を主に、中心市街地における人の流れから分析した。実際に中心市街地を歩き、商店主や客、地元高校生など、多くの関係者と会い、ヒアリングなどを通じ、中心市街地への思いを多角的に語ってもらった。

（3）二〇〇五年九月一八日（日）開催。

すでに20年も前の検証結果ながら、赤裸々に中心市街地の問題が語られていた。年月を経ても基本的な部分は変わっていない。素朴さのなかにも中心市街地でメディア文化の伝統が生き、そのスタイルを継承している姿も興味深い。

♡検証1「酒田の街と中町商店街を歩いて」

予備調査に参加した学生は、東京で生まれて東京で育ち、東京を離れることはなく、これまで本当の自然に触れたことはほとんどなかった。酒田の街はとても新鮮だった。鳥海山は、まだ雪が残っていた。中心地にある高校や、山居倉庫、本間家旧本邸などの歴史的スポット、市役所などの街の中枢部分や中町商店街を主に訪れた。中町商店街でのインタビューで印象的だったのが、ある商店街主の「ＳＨＩＰはコミュニケーション・ツールである」という言葉だった(4)。「メディア文化の街、酒田」の取り組みをこのような表現を用いて語った。

つぎに、市内高校生へのヒアリングでは、二〇名の生徒を対象に、進路や酒田の街のこと、日常生活についてなど、かなり深いところまで意見を交わした。包み隠さずに素直な言葉を聞く。普段は考えることのない郷土について、酒田の街について客観的に考えていた。

♡検証2「メディア文化からはじまるコミュニティ意識」

全国ほとんどの地域で地域活性化の取り組みが進んでいる。その背景には若い人たちが地方を離れ、都会へ流れてしまっているという厳しい現実がある。地域の活性化というのは、そこに人を集めることが出来れば成功だという考え方が根底に存在している。ただそこに集まるというだけでは一過性に過ぎず、地域に根づいたものにはならない。地域社会の活性化のために

(4) 商店主とファンの関係から生まれた付加価値。

大事なのは第一次的な人的交流によるコミュニティ意識であり、その意識によって地域の人間関係が成立し、地域に根ざした文化が創造される。各地域でめざす地域社会の理想のあり方はここにある。

商店街発アイドル「SHIP」は、地域アイドルとして全国にメディア文化的プロジェクトを広める先がけである。「SHIP」ファンの人たちはライブを観に来ているだけではない。ライブに訪れることでファンどうしのコミュニティ意識がめばえ、ファンの集まる空間（居場所）を確立することになった。それが商店街の店舗であり、ライブ開催時には特定のお店にファンの人たちが、集まるようになった。そこでの話題は「SHIP」以外にもおよび、その相互作用で人間関係が深まり、「SHIPは人間関係を結ぶツール」のような役目を果たした。商店街に特有なコミュニティ意識を生んだ。

♡検証3「アイドルと地域活性化」

アイドルという視点を、女性誌『CanCam』などのモデル、秋葉原系のアイドル、そしてコミュニティ・アイドルである「SHIP」の三方向から検証を試みた。地域活性化、強いて言うならば商店街の活性化として二〇〇一年に登場した「酒田発アイドル育成プロジェクトSHIP」は、あらたなメディア文化の一つとしてその活動を広げている。同時に「SHIP」を媒体とするネットワークは複数のファンという集合体に、もう一つの〝萌え〟現象を誕生させた。この〝萌え〟現象は、商店街の活性化に関する中町商店街の鍵になることが、シンポジウムのフロアとのやり取りでもみられた。

「メディア文化からみたアイドルと地域活性化」に沿った検証であるが、かつて酒田の中心市街地には、メディア文化の象徴ともいえる、洋画専門館「グリーン・ハウス」があった。複合的施設（シネコン）の先がけだった。映画鑑賞以外にも楽しめる空間だった。特別な場所で、そこには「中町ファッション」（おしゃれして出かける）の女性たちも集まっていた。メディア文化の発信地域であり、メディア文化的土壌の延長上に、「ＳＨＩＰ」の登場をみる。

一般的な〝萌え〟現象とは、「ＳＨＩＰに集まるような熱心なファンの方たちの行動」を指し、その対象モデルに対する行動が〝萌える〟ということである。ただ一般的な〝萌え〟現象とは少し違った見方を考えてみたい。熱心なファンの人たちの行動について、つまりアイドルということだけではなくて、何かの行動に熱心になるということを〝萌える〟という解釈である。それは秋葉原の〝萌え〟とは少し異なり、何かの行動に燃えることという意味である。この意味にあるような〝萌え〟にリンクする中心市街地のイベントが増えることを望む。

♡検証４「中心市街地における人の流れ」

つぎに、酒田の街における人びとの流れ（イベントに集う人びと）に注目した。予備調査時、「ＳＨＩＰ」ファンの方々と一緒に商店街を歩いた。ファンの方々は、中町商店街の主要スポットに詳しい。ここの住人ではないのに中町商店街のよさを理解している。このゲストの目線は、他の領域でも顕著にみられるリピーター的な人である。リピーターが中心市街地に集まり、中心市街地活性化につながる姿である。さらにリピーターの方々がどのようなルートで中町商店街を歩くのか、そこで時間を費やすルートを確認することで、中心市街地に何が必要なのか、ルート検証の意味の重要性を認識する。

同時にコミュニケーション機能としての居場所である。中町商店街にいけば誰かがいる。そこで相互作用が生まれる。それは「居場所」の大切さである。人間関係によって消費する何か、それはお互いが関心を示すコンテンツである。その都度、人びとが抱く環境を中町商店街が提供することに期待したい。

第2節　フィールドワークから浮上したこと

1　商店街の問題点と課題

♡コミュニティ意識の確立

山居倉庫からはじまり、新井田川からの鳥海山も美しく、中心市街地中町商店街へのルート検証を実施する。とくに川辺の館から商店街に続くところで石畳があり、その石畳を歩くことによって、導かれる先がある。実際、地元の人にはあまり知られておらず、今回その石畳の意味をゲストに示すことの必要性を感じた。

また商店街を歩き回ることで、人が集まる場所を確認し、そこが商店街でのコミュニティの場として機能していることを知った。ふだん意識していないのに自然にそこが人の分布する場所になっている。コミュニティの存在する場所で、コミュニティ意識をより高めるための環境づくりこそ、商店街に来てくれた方々がリピーターになり、活性化につながっていく。地域活性化には、大規模な集客をめざすということも大事だが、一方で小規模なコミュニティ意識の

向上に目を向けることは、中心市街地のコミュニティ意識の確立になる。(5)

♡商店街集客の規模

地域活性化には大規模な集客と小規模な集客がある。このどちらが良いのかという判断は受け入れ先の許容範囲にもよる。中心市街地の現状を考えると小規模な方の集客に注意を注ぐことも重要と考える。メディア文化の点から、たとえば大規模な大型商業施設（SC）にはすぐに人が集まり、高い経済効果が生まれる。しかしSCを訪れるゲストはモノの購入以外の目的も多い。当然、第一次的な人間関係とかコミュニケーションを目的にせず、気軽な時間を楽しむ。

小規模な集客の方は、直接的な経済効果にはつながらない。しかしメディア文化的な要素から別な交流が生まれる。「SHIP」グッズや、商店街オリジナル商品（レアな）をとおして成立した人間関係の輪とコミュニティ意識である。現代の地域活性化には小規模な集客の単位が大規模になり得る可能性をもたらす、ソーシャル・メディアの存在もある。(6)

♡商店主の温度差

フィールドワークの反省として、調査に協力的な店舗を中心に検証していることがあげられる。シンポジウムでのフロアからの意見として「実際、ここでの調査は、対象店舗が決まっている」。「討論して出てきたお店の名前は全部決まっている」。「同じような店ばかり。中町の商店街はそれらの店だけではなくて、他の店もある」。それらの店も含め、中町全体を正確に調査した上で「活性化」というものが成り立っているものなのか。実際、店舗の中には関心を示

(5) 第一次的な人間集団を築く重要な条件。

(6) 学生たちが自由に歩いた結果確立したルート。

さない店主もいる。そういう方も調査した上で「活性化」という問題について考える必要がある。(7)
確かに大変的確な指摘であった。限られた制約の状況下での検証は、全体を把握することが困難である。どうしても協力店舗の意見が中心となってしまう。しかしこれでは正確な検証から外れてしまう。第六回以降のフィールドワークで、この反省を活かすことになった。

2 コミュニティ意識の広がり

♡活性化とコミュニティ意識

地域社会の活性化の位置づけを整理したい。コミュニケーションとかコミュニティ意識では、誰が誰との相互作用なのか。誰がどのようなコミュニティ意識を持っているのか。何をどのようにとらえて活性化と呼ぶのか。全国各地で多くの活性化プロジェクトが存在している。その活性化プロジェクトが、どのように地域に根づいているかを整理したい。

「根づく」というのは、最初はその地域の伝統からはじまったスタイルであるため、当初はマイナーで全国的になっていない、内輪だけのプロジェクトである。それがいつしか時流に乗り、地域で根ざしたスタイルにあらたな要素が加わり、全国的なプロジェクトに生まれ変わる。伝統にあたらしいポピュラーな文化を取り込んだスタイルである。(8)新しいプロジェクトが立ち上がり地域の人びととのあいだに新しい関係が生まれる。その知名度アップで多くのゲストが訪れ、地域の人と交流し、新しい関係が生まれ、それが継続する。それが活性化であり、「根づく」という意味である。

(7) 商店主の温度差を示した重要な論点であり調査の正確性とも関係する。

(8) 二〇〇九年九月二〇日(日)開催。

♡「グリーン・ハウス」と「SHIP」の関連性

コミュニケーションやコミュニティ意識の例として、「SHIP」をとおしたファンどうしのコミュニティがある。「SHIP」を媒体に、商店街の各店舗に人が集まる。そこでファンと商店主のコミュニティが生まれた。とくに目的もなく自然にその店舗に向かい、「SHIP」の付加価値によるあらたな空間の形成となる。中町にファンどうしの「居場所」が誕生する。新しいコミュニケーションとコミュニティ意識である。中心市街地の活性化にはこのようなコンテンツも活かされた。

「グリーン・ハウス」と「SHIP」の関連性は「グリーン・ハウス」世代が「SHIP」プロジェクトにかかわり、「SHIP」の活動を支えている。かつて「グリーン・ハウス」がメディア文化的な交流場であったように、現在は、「SHIP」がコミュニケーション・ツールの役割を果たしている。商店街の活性化には、つねにシンボリックなコンテンツを展開する状況をつくりだすことでメディア環境の構築につながっていく。

第3節　第1回中町シンポジウムからの提言

1　中心市街地ルート構築

♡ルートの提言

シンポジウムでは、中心市街地を周遊するためのルート検証を試みた。地元に根ざしたルート、消費行動にかかわるルート、歴史的な意味を持つルート、観光客のルートなどを実際に歩き、学生自身はどのようなルートをたどったのかも考えてみた。その先には、中心市街地に人が集う動機や目的などを探る意味もあった。

シンポジウムでは「商店街の活性化」から「商店街の進化」というステップを試みた。中心市街地をめぐるルート検証を実施し、具体的には五つのルートを提示した。

♡五つのルートを提示

第一に「クラシックルート」。これには中心市街地を構成する中町中和会・中通り・たくみ通り・大通りの各商店街全体にかかわる。第二に、歴史的な山居倉庫や関所跡、石畳・本間家・鐙屋などの「ヒストリックルート」。第三に、観光客を中心市街へつなげるための「ヒストリックルート」プラス「ツーリズムルート」である。その流れを検証したところ松尾芭蕉の「不玉宅跡」から先が空白地帯になっている。本来、本間家旧本邸から中通り商店街に入るのが理想なのだが、実際、実験したところ、多くの学生は、左側の鐙屋の方へ歩いた。観光客もそのようで石畳を意識して歩かない[9]。

そこで、本間家向かいの角にテント（のぼり）を立てて、近道でこのような店舗への誘導あるいは松尾芭蕉の碑のところで、俳句の好きな客に向けて俳句を詠むなどのインフォメーションを用意したらという、第四の「ユニバーシティルート」として確立した[10]。

第五に「リバーサイドルート」。つまり川辺の館の前の新井田川からみて、海鮮市場・酒田港方面の右側をウエスト（イースト）、旧酒田商業高校から鳥海山の方面をイースト（ウエスト）と分けたルートにする。このルートでは多彩なイベントの開催が可能なエリアで、酒田らしさが前面に出ている。ここでは新規に開店した店舗紹介にイベント紹介。表示はパネルや看板でもいい。いまはネットですぐに告知できる。

2　商店街における第一次的交流の再考

♡第一次的な交流がはじまった

二〇〇三年に開始したフィールドワーク、その成果が第1回中町シンポジウムだった。初期の予備調査と本調査を開始して二年を経ての開催となる。ほとんど酒田の街を知らない、初期のフィールドワークのメンバーも卒業し、受け継いだあらたなメンバーによる成果。客観的に、酒田でみたり聴いたりしたことをまとめ、自分たちの研究テーマに合わせての報告と提言である。

研究に協力してくれた市民の方々は率直に学生たちに地元の現状を語り、これからの方向性を示してくれた。観光客は、厳しい実態を述べながらも酒田の良さを語っていた。学会や研究

---

(9) めざすは中心市街地のシンボルであるため。

(10) 学生たちが自由に歩いた結果確立したルート。

会のようなスタイルはとらず、誰でも気兼ねなく意見を述べ、お互いの疑問をぶつけ合い、ストレートに酒田の街、中町商店街の課題を議論した。

♡三者間での交流

地方都市の中心市街地の現状は、多様なプロジェクトを継続しながら、一つのイベントが終わった時の満足感、ゲストの喜んだ表情や、充実する時間のあることなど、普段、気がつかないことも多々あった。観光客の発言も意義があった。リピーターも多く、酒田を訪れた場合に立ち寄るコースもできあがっていた。都心では味わえないコミュニティに誘われることも大きかった。商店街に来るというのはやはり第一次的交流がもっとも大きいことを認識させた(11)。商店街のウリはここにある。逆にこれが若い人びとの商店街離れを生んでいる表裏の関係にある。いずれにしろ中心市街地、中心商店街の活性化のためのプロジェクトは続いている。今回のシンポジウムは、活性化からいかに進化していくか、中町のあるべき姿を三者間で交流できた意義は大きい。

---

(11) 親しみとおせっかい的な関係を期待している様子。

Ⅱ　第2回中町シンポジウム（二〇〇九）からの提言

第1節　共通テーマ「おしゃれとカワイイスポットを探そう」[12]

1　なぜ、メディア文化の街なのか

♡メディア文化の街の背景

本書で用いられる「メディア文化の街」のメディア文化は「メディアから発したエンタテインメント（娯楽）性の高い文化を選択した、その消費者にみるスタイル（生活様式・行動様式）」である。

メディア性の高い文化は、メディア社会という条件が備わってこそ登場したスタイル。メディア社会は、メディアを中心とした多様な情報形態が浸透し、それが複合的に重なり合う社会を指す。メディア文化とは、そんなメディア社会にふさわしい様式をもつモデル（コンテンツ）である。娯楽性の高さはメディア環境への関心にも反映される。そのメディア文化を歴史的伝統文化に源流をおきながら、あらたな娯楽性の高い文化をアレンジする。本書で示すメディア文化の街の理解にもつながる。何も「酒田」だけをメディア文化の街と位置づけるのではない。メディア文化の街は、理念型のようなとらえ方である。

(12) 二〇〇九年九月二〇日(日)開催。

♡メディア文化の街のフィールド

交通ネットワークがもたらしたメディア文化。酒田の伝統文化は、メディア的要素の濃いスタイルが特徴的。「北前船」の交易で伝播した伝統的京文化が背景にある。伝統文化とは多くの地域に根ざして長く培われてきた生活様式・行動様式の一つ。酒田に根ざしたメディア文化には、貿易の中継点として生まれた華麗な料亭文化や酒田舞娘などがある。そのフィールドには「伝統的メディア文化」と「現代的メディア文化」の融合をみることができる。[13]

2 一九七〇年代に放ったメディア文化の街

♡中心市街地が消えた

メディア文化の街は、一夜にして消えた。一九七六年一〇月二九日の酒田大火で「酒田は酒田でなくなった」。火元は、「グリーン・ハウス」であった。多くの酒田市民は、「グリーン・ハウス」で培ったメディア文化の想い出を封印した。仕方がなかった。中心市街地にあった「柳小路」をはじめとするマーケット環境、中町商店街に来ればすべて充足する。そんな中心市街地「中町」が消えた。一九七八年の酒田復興とともに中心市街地の面影が消え、人びとは中心市街地を捨てた。

中心市街地から郊外型社会へ。地方の車社会、利便性という消費行動の浸透（ショッピング・余暇は一ヶ所ですます）と全国的なモータリゼーションの流れ。とくに中町商店街に関しては、大火で疲弊し、後手に回った。余力のない中心商店街の苦悩、そして「とりあえず空間」の全

(13) 伝統のエンタテインメント性を現代的に置き換える。

盛と一極集中の地方都市に移行した。

♡「グリーン・ハウス」がもたらしたメディア文化

一九七六年代までに酒田に存在していた「複合型映画施設（シネコン）」。酒田中町商店街にあったメディア文化の象徴的スポット「グリーン・ハウス」。「グリーン・ハウス」は映画における大都市との時間差を縮める。映画プラスファッションをコーディネイトした空間を提供した。中心商店街「中町」は映画環境の宝庫。伝統ある映画館の数々、映画環境における満足度は全国でも有数。日本映画停滞期に入っても洋画全盛によって潤った一九七〇年代の酒田はメディア文化の街としての土壌を築いた。一九七〇年代に解き放したスタイルは現代的に甦らせることを視野において検証は続く。

第2節　フィールドワークの検証

1　メディア文化の街のおしゃれとカワイイスポット

♡〝おしゃれ〟と〝カワイイ〟を探す

メディア文化の街にはおしゃれとファッションが似合う。大火以降の中心市街地は整備されきれいな街並みになった。はじめて中心市街地を訪れたゲストは必ず整った空間に驚く。フィールドワークで酒田の街を訪れて受けた印象は想像以上に「おしゃれだ」だったと学生たちは発した。このおしゃれの意味を少し補足したい。

社会学から考える「おしゃれ」とは、そこに居合わせた複数の人間が「おしゃれ」と感じることで共有する。これは「カワイイ」も同様に、複数の人びとが、特定のモデルを「カワイイ」と登録したらそれは「カワイイ」として共有することができる。(14)

地方都市は東京に比べれば若い人も少ないし大都市的なスポットも少ない。しかしトレンド意識やカワイイものおしゃれな感性に地域の優劣はつけられない。メディア文化の街におけるファッション的なスポットを時代性などから探ってみることになった。

♡再生産するメディア文化的プロジェクト

華麗なメディア文化の復活を告げる一つのプロジェクト企画が二〇〇一年に立ち上がった。「商店街発アイドルプロジェクト」による中心商店街「中町」のメディア露出である。プロジェクトの影響と効果は、経済効果次元からも、「酒田」「中町」「商店街」「商工会議所」という固有名詞が浸透し、メディア露出の経済効果も大きかった。メディア文化の街の一つの成果として記憶に残る。

現代的メディア文化の視点から探ると、「伝統的メディア文化を現代的メディア文化に」という試みに注目したい。あらたなメディア文化のスタイルとしての「静態的メディア文化」と「動態的メディア文化」である。(15)

静態的メディア文化は、「雛街道」「傘福」「鵜渡川原人形」で、商店街から酒田市内全域へのメディア・ネットワークで結んだ。地元伝統文化の文化的再生産の契機となり、埋もれてい

---

(14) 仲川秀樹、二〇一〇年、参照。

(15) 展示資料的なコンテンツと相互作用をともなうコンテンツ。

たメディア文化を復活させた。華麗な伝統文化の数々は、酒田商工会議所女性会の手で再現された。

動態的メディア文化は、「酒田舞娘」「商店街アイドル」「料亭文化」「洋のレストラン」などである。伝統アイドルから現代アイドルの要素、観光客と追っかけの登場。グルメブームのなかで、酒田に長く根ざしたフレンチレストラン、数多くの文学書にも登場した、もう一つのメディア文化（庄内産レストラン）である。一九七〇年代に培った酒田のメディア文化が、商店街活性化やまちおこしとして、スタイルを変え再生産された。いずれもメディア文化の街のラインアップに共通したおしゃれとカワイイの登録になる。

2 おしゃれとカワイイを登録する

♡伝統的カワイイ「酒田舞娘」の世界

酒田の伝統的なカワイイの代表が「酒田舞娘」である。お座敷に通され地元料亭などの食事が提供され、その後「酒田舞娘」の登場となる。四曲ほどの踊りを披露し、ゲストとの記念撮影会に移る。赤を基調としたお座敷、紅花色の畳を背景に、緑や紫の艶やかな着物を着て、舞っている姿は可愛らしく華麗。酒田はかつて港町として栄え、京都と交流した歴史的事実を感じる。(16)

酒田舞娘は、お座敷を離れ、各種のイベント行事にも出張する。そこで酒田舞娘と遭遇した人びとはその伝統的華麗さに感動する。現代的アイドルとしての要素を持ち合わせているのが

---

(16) 北前船による西廻り航路で貿易の中継点。

ポイントだ。

♡「獅子頭」と「梨（フルーツ）」のキャラクター化

二〇〇九年、酒田まつり創始四〇〇年本祭りの前夜祭。市役所の前の大きな獅子頭は「カワイイ」と登録された。酒田のシンボルである獅子頭をカワイイと登録することに、地元の高校生たちも共感した。[17] 獅子頭を酒田まつりに限らず、全面的に露出するスタイルをとることは大事である。いまではかなりの「獅子頭グッズ」が商品化されている。

酒田の特産物フルーツの「刈屋梨」と「獅子頭」をコラボさせて、キャラクター商品化する。獅子頭の一部ストラップやキーホルダーはすでに出回っているが、ストラップやキーホルダーという馴染みのあるもの以外に、手頃に持ち歩き可能な、インテリアの一部になるようなコラボグッズの提供である。

♡「刈屋梨」おしゃれなフルーツ

そして「刈屋梨」をおしゃれフルーツとして登録する。[18] 二〇〇五年フィールドワークを実施した時、中町の「梨まつり」に参加した。それ以来「刈屋梨」への思いは続き、シンポジウムでも「刈屋梨は、おしゃれなフルーツ」としてピックアップした。近年、「刈屋梨」のブランド化は進み、大都市でも人気を得ている。

酒田の特産をオリジナルな観点からみれば、酒田のフルーツ〝刈屋の梨〟は絶対。梨というフルーツはいちごやバナナのようなデコレーション的には弱いようなイメージがあるものの、女性たちが気にする「ダイエット」それに「ヘルシー」をカバーするには十分な魅力があるこ

---

(17) 仲川秀樹、二〇一〇年、調査結果。

(18) シンポジウムにて登録。

と。まさに梨は、おしゃれなフルーツとして登録する理由は大。地元の女子中高生たちとコラボレーションした商品として今後、より大きな目玉になる。今回のフィールドワークで得たもう一つのカワイイは「フルーツの梨」であった。

♡おしゃれ空間としてのレストラン

「グリーン・ハウス」と切り離せないのは「欅」と「ル・ポットフー」。酒田の代表的なフレンチレストラン。実際、両店でコース料理を注文し感じるのは旬や地元の食材を駆使したメニュー。一九七〇年代にすでに地産地消をウリにしていた歴史は根づいていた。店内の客も圧倒的に女性が多く、少しおしゃれなスタイルでランチも楽しんでいる。酒田を訪れたゲストも「食」スタイルからおしゃれな街を結びつけることになった。「フレンチ」イコール「おしゃれ」感覚もまたおしゃれとカワイイ空間に登録できる。

♡大火以前の酒田を知る

かつて酒田は港町として栄え、様々な文化が伝播する環境にあった。その歴史的な背景をあらためて認識した。「おしゃれ」や「カワイイ」と感じるスポットの多さの由来もそこにある。酒田の街を正確によみとるためにも、酒田大火以前、酒田の中心市街地にはどのような店舗があり、メディア文化の街の源流になったのかを知る必要も出てきた。

第3節　第2回中町シンポジウムからの提言

1　メディア・スポットはメディア環境

♡メディア・スポットの検証

酒田市を中心にした庄内地方は、映画やドラマのロケ地として数多くの作品がつくられてきた。代表映画『おくりびと』（二〇〇八）や『たそがれ清兵衛』（二〇〇二）など多数に上る。庄内地方にスポットが当てられ、数多くの作品がこの地で撮られることに注目した。今回、その理由を酒田の街に根ざす地域性、歴史的環境などから迫った。複数の場所を歩き、検証したなかでとくに興味深かったメディア・スポットをあげた。地元では慣れ親しんでいる風景ながら、はじめてこの地を訪れたゲストの印象として参考されたい。

♡印象的なメディア・スポット

メディア環境を構成するメディア・スポットとして、①中町商店街、②山居倉庫、③相馬楼（舞娘坂）、④日和山公園（旧小幡、港座、光ケ丘文庫）があげられる。

「中町商店街」は、衰退著しいといわれながら酒田の中心地。「清水屋百貨店」も中央に構えていた。

「山居倉庫」は、明治二六年に建設された庄内米の保管倉庫で、現在その中の一棟が庄内米歴史資料館として開放されている。また新井田側沿いの欅並木の景観は、酒田市のシンボルの一つ。そして二〇〇四年にオープンした資料や、飲食店・名産品などをあつかう「酒田夢の倶楽」は、観光ルートで外す事の出来ない重要なスポット。いずれの場所も観光スポットであると同時に、重要なメディア・スポットである。このエリアは、『多摩湖畔殺人事件』『十津川警部夫人の旅情殺人推理』『小京都サスペンスシリーズ』などに代表されるメディア・スポットとしても有名。[19]

江戸時代から酒田を代表した料亭である「相馬屋」を修復して二〇〇〇年に開楼された「相馬楼」。いわずと知れた「酒田舞娘」のホームタウンである。「相馬楼」正面は、「舞娘坂」と呼ばれる石畳の通に面する。映画やドラマでは必ず登場するメディア・スポットである。

日本海が展望できる「日和山公園」は、桜シーズンや酒田まつりでのメイン会場になり、地元では有数の公園施設である。周辺には、映画『おくりびと』のメインロケ地にもなった「旧割烹小幡」。日和山から「日枝神社」そして「港座」へ続く。また「海向寺」から「港座」「舞娘坂」を選択する流れは観光ルートになり、歴史的にはヒストリックルートとして位置づけられる。[20]

2　メディア・スポットの文化的価値

♡メディア・スポットから導き出されるスタイル

メディア文化の街として進化させ、映画やドラマのメディア・スポットとして注目されることで、その土地の魅力を最大限に引き出すことにもなる、「相馬楼」の場合、舞娘茶屋であるが、

(19) 酒田市中心市街地周辺をロケーションにした作品は数多い。

(20) 仲川秀樹、二〇〇六年、ルート検証参照。

一般的には「舞妓」といえば格式高く距離感もある。酒田の「舞娘」は身近で距離感も近い。食事を楽しみ。誰もが舞娘さんたちと触れ合う時間が用意されている。

伝統的な世界を酒田ならではのアレンジによって伝統的アイドルの「カワイイ」世界の演出となる。伝統文化にあたらしいスタイルを用いることであらたなポピュラー文化を誕生させる。それは凛とした原型の雰囲気はそのまま維持し、敷居を少し下げるパターン変化と考える[21]。歴史ある文化に外部のゲストも触れやすい感覚になる。現在の山居倉庫が典型的な例である。建造物にある外観の文化を残しながら、資料館や物産店を作ることによる集客。歴史文化と現代文化の融合したスタイルを完成させた。

映画『おくりびと』効果で見直された場所も多く出現した。映画というメディアから発信した文化に乗ることで文化的価値を高め、古き良きものをより高めていくことにつながった。観光客や外部のゲストの訪問により、地元だけでは気がつかないこと、地元の人たちだけでは見えなかったものも浮かび上がった。

♡検証からみえたメディア文化

調査では多くの酒田市民の人たちと接することで、地元の方々の抱くイメージを受け止めることも多かった。温度差はありながらも、地元意識にあらたなスタイルを導入する考えも伝わった。とくにゲストを迎え入れる姿勢には、華麗なスタイルを前面に押し出す地域性を強く感じた。伝統的アイドルだけではない、現代的アイドルとしてのプロジェクトだった「ＳＨＩＰ」の活動などは、酒田から発信したエンタテインメントの世界。外部から流入した文化を取り入れ、それをオリジナルな文化として再生産している。

(21) カジュアルにふれあうような設定。

トレンドに敏感な酒田の風土ゆえに、バラエティに富んだ進化も遂げている。逆に新規なコンテンツに流れ、既存のコンテンツを過去のものにしてしまうという動向も垣間見える。その修正として、既存の文化を活かし、新規な文化に融合させたコンテンツを登場させることで、伝統的な環境も残すことにつながる。新しもの好きな地域性をバランスよく機能させて欲しい。

Ⅲ　第3回中町シンポジウム（二〇一一）からの提言

第1節　共通テーマ「中心市街地シンボルのゆくえ―百貨店の重要性と存在価値[22]―」

1　中心市街地の百貨店をめぐる前提

♡百貨店は商店街と共存する

第3回中町シンポジウムは、中心市街地シンボル「中合清水屋」撤退による中心市街地危機をテーマに開催した[23]。百貨店の重要性と存在価値を論点としている。フィールドワークで明らかになったことは、郊外ショッピングセンター（以下ＳＣ）は商店街と競合する。モータリゼー

(22)　二〇一一年九月一八日（日）開催。

(23)　撤退報道下であり緊急テーマに設定する。

ションの影響をもろに受けた中町商店街がそれをものがたる。中心市街地にある百貨店は、商店街と共存する。百貨店は目的をもち出かけるという意味が強く、SCは「とりあえず空間」としての機能が強い[24]。中心市街地に位置する百貨店の有効性を取り上げ、商店街との相乗効果についても論じた。

♡百貨店は目的をもつ消費行動と選択が構築されている空間

地方都市の百貨店は、目的をもつ消費対応と、付加価値として食と娯楽（目的の場合あり）が用意されている。百貨店の消費にみる階層構造（ゲストの客層）が特定されている。「とりあえず（百貨店）」という選択は乏しい。SCとの差異はここにある。SCのように、地方都市の百貨店や商店街に「とりあえず（中町商店街）」という選択肢が存在したら中心市街地の動向も変わるであろう。

百貨店をめぐる消費環境は消費意識の分散で混乱をきたしている。大都市と地方都市の百貨店を一括りとして論じる風潮が一般的であること。専門ショップが乱立する大都市。かたや百貨店にその役割（専門ショップブース）を持たせる地方都市。この区別を明確にしなくては地方都市の百貨店を語ることは難しい。本シンポジウムでは、地方都市（山形県酒田市の地域性）に適応した百貨店のあるべき姿について検証した。

---

(24) 仲川秀樹（二〇〇五）参照。

2　百貨店におけるコミュニケーション空間

♡百貨店という空間

百貨店は商品も高価な大人の空間で、消費選択における範囲が限定されるイメージが強い。その背景は、目的をもつ消費行動（優待、贈答、日常―近隣、非日常―周辺）の多いことがあげられる。特別な空間という意識が長く存在してきた。若者単独での消費は限定される（消費モデルの特定）ために百貨店への関心が低い。

百貨店の特色として、全国的なエンタテインメントに関するイベント（催事、各種フェスティバル）が多く、非日常を演出してくれる娯楽性がある。従業員とゲストのあいだで専門品に関する相互作用が成立する。顧客になるほど深度も信頼性も機能し、百貨店に出向くメリットも生じる。優待・贈答に関する商品選択に役立ち、百貨店ブランドも追加される。

♡百貨店で成立するコミュニケーション

さまざまな人間関係が百貨店にはみられ、非日常的な演出が多い。ここならではのコミュニケーションの成立に注目した。①親と子の消費選択の相互性（子の欲求するブランド品等を親が充足させる）から親子間のコミュニケーションが成立する。②友人どうしにおける消費選択の相互性（トレンド商品の観察・購入をめぐる過程の楽しみ）から友人間のコミュニケーションが成立する③カップルにみる消費選択の相互性（カップルにのみ共有可能な消費環境の存在）からカップル間のコミュニケーションが成立する。(25)

それぞれの関係性に応じた百貨店側の空間提供により、百貨店機能が増加し、百貨店の付加

(25) 百貨店内にて成立するコミュニケーションの数々に注目。

価値が高まる。ただ、百貨店以外の消費空間（SC等）でも成立する形態であることは十分に承知しており、百貨店限定効果の面からの提言であることも付け加えたい。

♡百貨店の役割再考

若者が求めているコミュニケーション空間、同時に既存の客層もカバーするコミュニケーション空間。その空間提供には百貨店の得意とするファッション・トレンド性とエンタテインメント性の充実を提言する。いずれも地方都市においてメディア環境を形成するベースになる。

地方都市の百貨店に必要なものは、メディア環境を充足させる空間提供にある。充実したファッションと娯楽の提供は、酒田でも誇れるスポットになる。高校卒業後、酒田を離れても（東京に出ても驚かない、酒田にもあった環境と）振り返る。かつての「グリーン・ハウス」を経験した世代のプライドのような気持ちこそ必要である。大学生質的調査と、学生ユニット調査の分析から地元の高校生たちの想いでもあった。

第2節　中心市街地百貨店の存在価値

1　百貨店のシンボリック性

♡百貨店に求めるもの

中心市街地のシンボルとし、地元のプライドである百貨店「中合清水屋」の重要性と存在価値、その百貨店に求めるものを探ってみる。一般に、百貨店の存在価値は、その街の文化、社会的環境を凝縮している側面もある。山形県内での百貨店のある街は酒田市以外に、県庁所在地の山形市、そして歴史ある城下町米沢市である。この三市の歴史や位置関係からも百貨店が存在している理由と、その街の重みが感じることができる。全国的な百貨店分布もまた参考になろう。

首都圏とくに東京の場合、百貨店イコールその街がシンボリックに連動されている。その街に出かけることとは、その街のシンボルをめざすことでもある。その動向は結果的に周辺の施設にも影響を与える効果がある。近年は百貨店以外にその街のシンボルをみることができる。

♡時代の変化に応じた百貨店の重要性

かつて大きな買い物をする場所といえば百貨店だった。置いてある商品は時代の最先端でありトレンド性の高いものであった。しかし時代の変化は、消費行動の変化に反映された。価格が高く高級感があり、信頼性のある商品の需要も、百貨店を受け入れる階層も減少する。格安志向の近年、同じ商品なら値段を安く設定している店舗へ人は流れる。従来の百貨店に抱くイメージと、新しい消費選択のスタイルにズレが生じた。百貨店の存在価値は大きく後退を余儀なくされた。

学生の立場から百貨店利用を考えた場合、大事な人への贈り物や、少し贅沢をしての選択肢に限定される。百貨店の利用目的は、特別なものを子どもが親におねだりする時や、フレンドリーな友人への贈り物する時などの場面にみる。さらにそこには多様なコミュニケーションも進行している。価格以外に安心感が付加価値となり、価格が高くても商品購入の動機となる。また百貨店は、ファスト・ファッションにはない商品のクオリティ・高級感を実現していて、食品部門においてもファストフードにはないプレミア感を提供している。

2　百貨店の存在価値

♡百貨店の重要な機能

中心市街地百貨店の存在価値は、老舗として地域内の人びとの交流の場となり、コミュニティ形成をサポートすることにある。各種イベント（催事）の開催やトレンドの提供は、重要な役割となっている。「中町モール」でのコラボ企画や店内でのイベントなどを通じて、漫画や特撮、タレント・スターの写真展など既存の地方百貨店とは少し異なる文化展を増やし、既存の固定客層プラスあらたな客層から街全体の活性化は可能と考える。

「地方都市の百貨店に必要なもの、大学生調査報告」の報告をみても、中心市街地でのイベントへの期待は高い。[26]

♡中心市街地における百貨店の要素

通常、百貨店は、質の良いものを売り、品揃えが良く、サービスが良く、フード（惣菜）が美味しいという信頼の上に存在している。百貨店には広い世代の人びとに向けられた空間なのか、百貨店に出かけるプレミアムな要素があるのか、非日常的な空間だけなのか。その街のシンボリックな空間としての百貨店であるがゆえに、その街の人びとに応えるために複数の問題や課題を背負っている。

ところが地方都市の百貨店には、既存の老舗百貨店の機能とトレンドを発信する機能の両バランスが求められている。ファスト・ファッションの台頭は、価格だけではなく品質やデザインの良さも若い人びとの指示を受けている。高級感思考だけでは地方都市の百貨店は成り立たない。トレンドの価値を見直し、時代に沿った商品展開によりシフトすることも求められている。それが地方都市の百貨店の存在価値につながる。

---

(26) 仲川秀樹、二〇一二年、「大学生一〇〇〇人調査」。

第3節　第3回中町シンポジウムからの提言

1　地方都市のファッションとエンタテインメント

♡百貨店のファッション・ターゲット

ファッション・ターゲットを考える場合、その地域の階層構造つまり消費対象者のバランスをみなくてはならない。酒田市の階層構造をみるには、酒田市居住者の年齢構成、社会的属性、帰属による先有傾向を正確に知ることである。二〇〇〇年代に入り、酒田市民のもっとも多い年齢層は、およそ三〇歳から四九歳までで、全体の二六％前後を占める。つぎは五〇歳から六四歳までの二二〜二三％である。若者と呼ばれる一五歳〜二九歳までは一五％程度といえる。酒田市で元気なのは三〇歳以上のミドル世代からといえよう。(27) 地方都市、ここでは酒田市の消費者向けに沿った対応が必要と考える。

♡中心市街地のエンタテインメント

「メディア文化の街」「食文化の街」を最大限表現する場所として、デパ前（中町モール）との連動イベントの充実をあげる。安全で安心なコンパクトシティを象徴するエリアが、「中町モール」である。人が自由に集い、歩けるセーフティゾーン、その重要性は過去の調査結果でも明らかであった。予備調査中も、「清水屋」から「ト一屋」（地元スーパー）へ移動し、買い物をする高齢の方々を多数見かけた。時々立ち止まり、ローカル・コミュニケーションに浸る人も

---

(27) 酒田市の階層構造から算出。

多かった。その「中町モール」との連動イベントは、移動店舗（モール移動ショップ）というスタイルで、週末を利用するアイディアを以下のように提言したい。実際、「中町モール」では、酒田四大まつりや各種イベントで活用されてきたが、それを毎週ごとに実施する考えである。

〈中心市街地ショッピングカーによる「街」イベント〉[28]

「○○Ｄａｙ」というコピーを用い、移動ショッピングカーで乗り入れ、そこで関連商品の販売を実施する。「○○の部分」は、さまざまな世代の人に興味を持ってもらえるように、「原宿Ｄａｙ」「渋谷Ｄａｙ」「巣鴨Ｄａｙ」「新大久保Ｄａｙ」そして「アキバ（秋葉原）Ｄａｙ」から「渋谷１０９Ｄａｙ」でもいい。全国的にも有名な街、ブームになっている街に関連するモデルや商品を提供することで話題性ある企画になるのではないか。街以外でも、「キャンディＤａｙ」や「お菓子Ｄａｙ」「アニメＤａｙ」などが考えられる。

既存の百貨店の強みは、北海道展、京都展など物産展の開催にあった。毎年それを楽しみにしている人も多い。百貨店も、中町モールでの「○○Ｄａｙ」に合わせた服や商品の販売、展示は連動した企画となり、中町商店街を目的に出かける条件となる。「巣鴨Ｄａｙ」や「浅草Ｄａｙ」などは、高齢者の方々もその街を楽しむ実践的なイベントになる。

〈中心市街地年齢別イベント〉[29]

市内高校生調査結果に証明されたとおり、酒田の中高生たちにとって渋谷や原宿などの街は大きなあこがれになっている。「原宿Ｄａｙ」や「渋谷Ｄａｙ」などをおこなうことで若い世代が「中町モール」に足を運んでくれる。年齢が多方面にわたるものに、○○の部分に世界の地名や国名を入れ、「アジアＤａｙ」や「ヨーロッパＤａｙ」など、さまざまな国や地域の文化をあらゆる面から楽しむことができる。

---

(28) 中心市街地での「移動コンテンツ」企画。

(29) 酒田市内高校生調査。仲川秀樹、二〇一〇年、六二頁。

移動店舗や屋台では各国の食べ物を味わえ、また「清水屋」においてその国や地域の名産品や民族衣装などが購入できるなどまさに非日常を楽しめるイベントとして活かされる。出展が不可能な商品に関しては、カタログ通販制度を利用して（スクリーンに映し出して）リアル感を出すことも実現可能な方法になる。

2　多彩なコンテンツの提供

♡デパイチフード

「デパイチ」は、通常のデパ地下を1階で機能する表現として用いている。ます、百貨店の内部、各階のホールに目を向けてもらう。店内の活用方法は「食」という面からいくと、レストランやカフェテリアなどがあげられる。店内のロケーションを考え、晴れた日のお昼には「青空レストラン」、夜には「夜空レストラン」として〝鳥海山のみえる日は〟〝モールのイルミネーションを夜空に〟とか。常設の料理に加え、定期的に変わる海外の料理などの提供。酒田は、「食文化の街」であり、食材も豊富である。既存の縁日まつりや各種おまつり、○○大会などを再考し、街の人（とくに子どもやお年寄り）が参加しやすいイベントにすることである。親と子のコミュニケーションを深める空間になるよう、子どもたちが喜び、大人も出かけたい〝ウリ〟の用意である。

多くの「メディア文化」と「食文化」を生み出してきた酒田の街、中心市街地に位置し、シンボルである「清水屋」には、酒田の「メディア文化」の発信源、「食文化」の象徴としてその役割を担う責任もあった。

♡百貨店周辺にリンクしたコンテンツ

イベントの実施には多大な労力を必要とし、簡単なことではない。日常のワーキンググループからそこで実現可能なプロジェクトを企画し立ち上げる。商店主が日頃から考えていることでもある。いますぐ可能なプロジェクトの基本となる、ターゲットを明確にしながら、毎回、企画を繰り返す。エンタテインメントとは娯楽性の高い文化であり、そのモデルを消費する楽しみが存在している。本来百貨店とは、そうした娯楽性の高い文化を消費する場所であった。時代の流れに合わせ、百貨店が実施してきた取り組みを見直し、百貨店に代わるあらたなコンテンツを以下に提言したい。

♡「移動街」イベントの提言(30)

酒田市内高校生調査（人気の街順）。渋谷、原宿、お台場、秋葉原、新宿、上野・浅草、池袋、六本木、吉祥寺、銀座、中野。その他（東京タワー、東京ドーム、国会議事堂など）。地元高校生の出かけたい街ランキングから中心市街地「中町モール」でイベント企画。

具体的な「移動街イベント」としては、「渋谷Ｄａｙ」（一〇九モデルブランド商品）、「原宿Ｄａｙ」（ブランドモデル商品カタログ）、「お台場Ｄａｙ」（テレビ、エンタテインメント関連グッズ）、「秋葉原Ｄａｙ」（アイドルショー、コスプレショー、フィギア、アイドルグッズ）、「新宿Ｄａｙ」（首都関連資料、都庁グッズ、繁華街情報）、「上野・浅草Ｄａｙ」（定番伝統関連商品）、「巣鴨Ｄａｙ」（巣鴨商店街関連商品）、「池袋Ｄａｙ」（アニメ、サブカル）、「六本木

(30) 高校生調査に沿った「街」企画。

Ｄａｙ」（高級雑誌カタログ、アルコール、スイーツ）、「吉祥寺Ｄａｙ」（吉祥寺モデル）、「銀座Ｄａｙ」（大人、老舗オリジナル商品）、「中野Ｄａｙ」（中野マップ、サブカルチャー、エンタテインメント関連商品）、そして地元「酒田中町Ｄａｙ」（地元フード特集）をあげたい。

Ⅳ　第４回中町シンポジウム（二〇一二）からの提言

第１節　共通テーマ『コンパクトシティと百貨店のファッション性[31]』

１　コンパクトシティ中町とファッション・ストリート

♡コンパクトシティ中町

中心市街地中町の危機的状況は日常化しながらも、歴史的な変動は中心市街地に残る人びとの意識に変化を促す契機にもなった。意識の変化する世代や年齢層を対象にその先にあるのは、安全で安心な、便利な街の必要性である。車を最低限度におさえ、一つのエリアで生活が充足される、ＳＣに求めていた利便的な空間を機能させるそんな街の存在である。それが「コンパクトシティ中町」である[32]。

（31）二〇一二年一〇月七日(日)開催。

（32）仲川秀樹、二〇一二年、にて提言。

コンパクトシティ中町エリアは、市役所・金融機関・百貨店・スーパー・書店文具店、そして大小の公園など日常生活に必要な環境すべてがそろう中心市街地である。継続してきたこれまでの研究成果から見出された中心市街地問題に、一定の答えを出すことになったのが、「コンパクトシティ」の視点である。コンパクトシティは、地方都市の中心市街地そのものが背負う課題を現代的に機能させるための環境づくりになる。

♡百貨店のファッション性

中町においてコンパクトシティの鍵を握っているのは中心市街地のシンボルとして位置する「マリーン5清水屋百貨店」である。「清水屋」の存在そのものが中心市街地の利便性を高め、中心市街地を維持する象徴であり、コンパクトシティのために不可欠なスポットである。社会学から考える「コンパクトシティ」に必要なエンタテインメントの機能を「百貨店」に求めた。中町商店街が、全国有数の中心市街地再生モデルになる可能性を、百貨店のファッション性を軸とする共通テーマから導き出したい。

本シンポジウムでは、コンパクトシティのシンボルでもある百貨店のファッション性を中心に論じるものである。ファッション性とは、衣服のファッションに限定せず、トータルコーディネイトとして衣食住の文化的パターンを総括して考える。地方において百貨店の意味するものは、おしゃれをし、目的をもち、人が集まる空間である。百貨店というステージをファッション空間的に考え、そこから発信されるメディア文化にスポットをあてる。日常、人が集まらない厳しい現実と困難のなかで、あらたな「中町スタイル」を創造するには百貨店の社会的機能を再考しながら、中心市街地中町におけるその存在価値を示したい。

2　百貨店のファッション（文化）性

♡地方都市の百貨店事情

大都市の百貨店との比較を考えるのではなく，その地域（ここでは酒田市）のスタイルに沿った百貨店としてみることを大前提とする。過去のフィールドワークの経験も活かしたい。最初に酒田入りしたメンバーからは，酒田に人がいない，東京の百貨店とは違うという指摘があった。社会学から考えるとこの指摘は該当しない。その理由を確認しあらためて地方の百貨店の存在価値を考えてみる。

地方百貨店は，東京の百貨店のようでありながら，大都市とは異なる店舗運営の必要性に迫られる。大都市には，百貨店に類似した専門ビル，駅ビル，専門ショップなどが並列しての棲み分けもできるほど消費空間は充実している。ゆえに大都市百貨店は，顧客などの対象者を特定しながら店舗運営ができる。

♡百貨店から発信する文化

地方都市の場合，ＳＣのような郊外型でない中心市街地の百貨店は，取り扱う商品のラインアップも当然違ってくる。よく地元で「清水屋」は，デパートらしくないという声も耳にする。しかし地域性を考えれば不思議でも何でもなく，むしろ地方都市の百貨店らしさを反映している。中心市街地であるがゆえに，近くのスーパーマーケットとの相乗的機能が果たされている。百貨店の存在がコンパクトシティの鍵になっている部分をいま一度再考してほしい。

百貨店がコンパクトシティ中町の鍵をにぎる意味は，その場所が文化を発信する場所であることにある。地方都市での文化的発信は多彩なエリアでなされるものの、メディア文化的様相をもつファッション性は百貨店のブランド商品やイベントコーナーなどに象徴される。百貨店のファッション性を浮かび上がらせることになる。

第2節　酒田の若者のおしゃれ意識

1　ファッション・ブランドとおしゃれ発信

♡若者のおしゃれ意識

本節は中高生の若者文化とおしゃれ意識から検証した。検証1は、酒田の女子高校生が主として読む雑誌。検証2は、どこで買い物をしたいか、どのようなお店が欲しいか。検証一に関してみると、酒田市内女子高校生の読む雑誌は、『SEVENTEEN』と『Popteen』が圧倒的だった。以下に、カジュアル系やストリート系、コンサバ系と続き、総合的に首都圏の女子高生と比較し、約半年ほどのタイムラグ（購読時期）程度の結果であった。

検証2については、女子高校生のほとんどが中町にファッション関係のSHOPが欲しい、「渋谷109」的な商品の揃うブランドショップがあればいいという結果だった。衣料関係のSHOPに対する願望は強い。欲しい商品は仙台まで出向く理由が理解できた。(33)

(33) 仲川秀樹、二〇一〇年、参照。

♡百貨店に関する地元の誤解

最初に確認しておきたいのは、中町にファッション関係のＳＨＯＰが欲しいという結果についてである。ブランド別商品ラインアップを考えるなら、実際、「清水屋」内にヤングカジュアルの店舗があるのに、「清水屋」ではそうした商品の買物という認識が地元女子高校生たちにはないということである。若い人は百貨店には来ない、出かけるのは郊外型店舗であるという動向を裏づけている。「清水屋」のターゲット層は三〇代後半以上である。

ここで重要なことは二〇代以下の女性の「清水屋」ファッション商品ラインアップに関する情報認識がないということである。実際には、２階ヤングカジュアルフロアをみると、一〇代をターゲットにしたブランドがたくさん入っている。

前回のシンポジウムの報告でも、「１０９」に憧れている高校生はかなり多かった。「１０９」に入店しているブランドや、雑誌などに載っているブランドは人気が高い。一方で「清水屋」の商品ラインアップを理解していない。地元市民の認識は、「清水屋」には若者向け商品がないという誤解がある。

2　ファッション意識の共有

♡世代間ファッションの理解

百貨店＝高級なイメージは払拭できない。客の年齢層も高く、若い人が気軽にファッションをみるには少し気がひける。若い人が百貨店に足を運ぶ機会として、親子での買物がある。家族で百貨店に出かけてもらうための商品陳列の見直しである。

前回シンポジウム同様、親と子のコミュニケーションの場としての百貨店の意義である。親子での来店により、清水屋のターゲット層である三〇代と、若い人との両立がなされる。親世代のおしゃれ感覚は、子世代へと継承し、相互の交流した消費も可能。大都市百貨店との異なる部分を強調し、地方百貨店独自の試みを強く認知させる広報活動を積極的に進め、若い人に知ってもらう必要がある。

♡百貨店ファッションのイメージ一新

若い人はイメージを優先する。最初、「清水屋」へ足を運んだ時、ブランドの区別が不明だった。東京の店舗と、「清水屋」店舗の内装が大きく異なっていたからである。この経験により店舗の雰囲気はかなり大事だと強く感じた。ファッションはトータルコーディネイトなので、環境面を再考し、可能な限り、おしゃれな、スタイリッシュな、少し高級感のあるといった雰囲気を出すと、若い人も入りやすいのではないだろうか。

「清水屋」の場合、四〇代女性をターゲットに店舗運営がなされている。ゆえに高校生などの若者向けには年齢差もある。2階ヤングカジュアルの充実に対する広報戦略の見直しを図らねばならない。

♡メディア文化の街のおしゃれ環境の維持

中心市街地のおしゃれ意識は、メディア文化の街独自の「中町ファッション」、ファッション・ストリートの伝統は、そこに根ざした人びとのおしゃれ感覚にも反映される。ブランド別ファッション提供に、装飾品やおしゃれ空間としてのカフェやレストランの存在も、ファッションはトータルコーディネイトであることの証明でもある。トレンディなファスト・ファッションスタイルへの移行も視野に入れる。時代ごとの文化的な生活パターンや行動パターンを追うことで、ファッション・ストリートの維持につながる。

第3節　第4回中町シンポジウムからの提言

1　ファッション・ストリートの認知活動とリピーター獲得

♡ファッション・ストリートの発信

高級感漂わせるレストランエリア、ランチやデザートをおしゃれに楽しむカフェエリア、ボリューム感やレトロさを感じる食事エリア、中高生を対象にしたケーキやドリンク充実のフードエリア、ブランチとアフターを短時間でカバーするパン工房エリアなど多彩なフードストリートを外部発信する必要がある。

衣と食はファッションを楽しむセットのようなもの。この空間にいかなる店舗があるかは、外に向けて発信する重要課題。百貨店でのファッション・ブランド一覧、百貨店でのレストラン・フードエリア一覧。いずれも広報活動の一つであり、外部へ向けての売り込みである。「清水屋」に入店し、ブランド店舗があり、食事や休憩するエリアがあることの認識である。

常連や顧客はともかく、はじめてここに足をふみ入れた人たちを、今後もリピーターとして獲得するにはインフォメーションに長けたメディア戦略は不可欠。

♡中町に漂う空間へ誘い出す

一歩中町に足を運び、リピーターになってもらうためには、老舗的な感覚と新鮮な感覚をバランスよく配置したメディア環境の認知活動にある。「昔の中町は」という郷愁的な記憶をもつ市民と、「いまの中町は」という衰退的意識をもつ市民いずれにもインパクトある誘発を与える努力である。四大まつりなどで中町に立ち寄った人びとを逃がさない方法、リピーターにするための仕かけである。(34)

かつての中町のイメージに代わる、いまの中町の現実を四大まつりの場で（中町の）魅力あるシーンを映し出す（見物客をつかまえる）。中心市街地に漂う充足感を誘発するコンテンツの提供である。リピーター獲得の場は、年四回ある。

2 誘発の鍵は娯楽的機能

♡コンパクトシティ中町の時間と空間の開放

コンパクトシティ機能をもつ中町の大きな課題は、エンタテインメントと文化を発信する拠点としての「清水屋」的環境である。そして社会人・ＯＬ、中高生を対象とした空間の開放性を決定づける店舗営業時間の問題を考える。週末や休日、市民の多くは「とりあえず空間」へ

---

(34) 中心市街地に一度でも立ち寄った時点で「ふたたび帰る」。

集中する頻度は高い。時間を気にせず自分のペースで消費できる。

中町の場合、平日の時間帯、仕事帰りの大人、部活動帰りの高校生などの若者へ提供する時間的空間として、店舗開放時間（営業時間）の延長は不可欠。休日では、イベント関係の時間的制約はあるが、それ以降の開放時間にひと工夫欲しい。

♡コンパクトシティの本質と百貨店

百貨店が大人だけというイメージが強いものの、地方百貨店の場合、食事環境一つみてもレストラン的なものからランチや、お茶やデザートなどのフードエリアがうまく分化されているおもしろさがある。ファッションの充足は、トータルコーディネイトを本意とするために、分化した空間を個人の嗜好で取り込み完結する。コンパクトシティでは可能だ。

中心市街地におけるコンパクトシティ最大の条件は、エンタテインメント機能にある[35]。中心市街地再生のキーとなる百貨店環境は、コンパクトシティ中町のシンボリックな役割を担っている。安心安全の中町エリア、「中町モール」を中心に、徒歩で生活ができ、社会生活を可能にする環境が整う街。そこにメディア文化を発信するエンタテインメント環境が完備されることを提言したい。

---

(35) メディア環境の充足につながる。

V　第5回中町シンポジウム（二〇一三）からの提言

第1節　共通テーマ「中心市街地から発信するメディア文化 ―ファッション・コミュニケーションと百貨店[36]―」

1　ファッション・ストリートの一体感

♡中町と百貨店の関係

昨年のシンポジウムでは、コンパクトシティ中町のシンボルでもある百貨店から発信するファッション性を中心に論じた。ファッション性とは、衣服のファッションに限定せず、衣食住によるトータルコーディネイトとしての文化的パターンをさす。地方において百貨店の機能は、おしゃれをし、目的をもち、そこに集まること。百貨店というステージをファッション空間的に考えることで、そこから発信されるメディア文化に注目する。

あらたな中町スタイルを創造する百貨店の役割を再考し、中心市街地中町と百貨店とゲストの三者関係から考えてみる。そこで登場するのが本シンポジウムの共通テーマ、「ファッション・コミュニケーション」である。

(36) 二〇一三年一〇月六日(日)開催。

♡ファッション（フード）ストリート

中心市街地には「清水屋」店内をはじめ、中町ストリートには、多くのカフェ・レストランがある。中高生が集まりカジュアルにデザートやランチを楽しむ。社会人などは少し味と満足感を得たランチをとる。さらに喫茶店特有のコーヒーに軽食を楽しむ、その場に合った楽しみ方の選択（百貨店のファッション性の延長）ができる。

「清水屋」の存在と中町商店街との関係性は表面的にはわかりやすいが「清水屋」本体が周辺に対して発信するコンテンツの成果が反映されていない。ファッション・ストリートという位置づけを整理し、中町全体の底上げを図るべきである。

♡中町全体での広報活動の強化

中町全体での店舗数はそれなりに充実しているものの、単独での広報活動が主であり、中町全体でのまとまり感に欠けている。それが広報活動の消極性になっているのではないか。とくに、メインとなる「清水屋」の広報活動はかなり課題が多い。中心市街地へのリピーター獲得のためには、各店舗と中町全体の二方向に向けた積極的で明確な広報活動が必要である。「清水屋」であれば、レストラン・フードエリア一覧（フロアガイド、各階の案内板、ジャンルによる色分け）などである。

中心市街地の店舗別案内の充実は、個々から全体へと連動する。個々の集まりは相互に影響を与え大きな集合体となる。四大まつりがその例である。個々の屋台は８００ｍ商店街全体を包み、「酒田まつり」イコール「中町」という認識が定着した。[37] 中町全体の広報活動をより強化されたい。

---

(37) 逆にみれば「酒田まつり」だけが「中町」という認識。

2　ファッション・コミュニケーションの場

♡ファッション・ストリートとファッション・コミュニケーション

さまざまな目的をもち人びとは中心市街地に訪れる。ファッション・ストリートで成立するコミュニケーションをファッション・コミュニケーションと呼びたい。ここではファッション・コミュニケーションを「ファッションを中心としたエンタテインメントにコミュニケーションを組み合わせた環境を提供する場所」と規定する。[38] おしゃれをしてお出かけするというノスタルジックな中町を回顧するのではない。中心市街地で買物や食事などの空間での相互作用そのものをファッション・ストリートとして位置づける。

♡多彩なコミュニケーションが成立

昨年のシンポジウムで論じられた世代間のコミュニケーション。それにファッション的スタイルを含んだあらたなコミュニケーションスタイルをファッション・コミュニケーションと呼んだ。少し大げさな表現になるが、目的に応じてコミュニケーションを分類することでその空間の説明が容易になる。店舗と客の相互にわかりやすい案内にもなる。

どのような人間関係なのか、家族・友人・会社関係、それぞれに適したコミュニケーション空間を提供する。その延長上にコミュニケーションを分けた理由がある。百貨店のようにカテゴリー別のフロアでは、多様な人間関係による消費行動をみることができる。コミュニケーションが成立する場の提供こそ、人が集まる条件となる。

---

(38) メディア文化的なコミュニケーション形態。

第2節　中心市街地から発信するメディア文化

1　ファッション空間とサポート

♡アパレルファッションの現状

二〇一三年五月の予備調査で酒田を訪れた学生たちは、酒田まつり開催期間と重なり各地から人が集まる状況を目にした。それでも東京との違いは明らかであった。予備調査期間中、学生たちの生活の中心となっている都市との違いを確認することができた。滞在中何度も喫茶店に出入りしていた。喫茶店を日常的に利用することはまずない。学生たちはそこに居心地の良さを感じていた。

今回の予備調査のメインとなる地方百貨店で、東京とは異なるアパレルショップの現状の検証に入る。「清水屋」1階に設置されている小物売り場にはタイツやストッキングが置かれており、種類は東京でもみられないほど豊富であった。人口が限られている地方都市でこれだけの種類が売れるのだろうかと疑問に思った。店舗スタッフは、地元の若者のリクエストに応じて用意したブランドや三〇代のおしゃれな方を中心に揃えたブランドなど、さまざまな世代の要望に応えたラインアップで商品提供をしている結果だった。

♡世代間の傾向とファッション感覚

若者をターゲットにしたショップをみると、通常、ここの来店する客層は、平日の場合、三〇代前半から後半、休日は、一〇代から二〇代が多い。売り上げのほとんどは、平日の客層が対象であり、若者世代の購入は少ない。また、消費者傾向として、自分の世代のブランドや系統が分からず、ファッションの組み合わせや着こなしが混乱している。

その結果、何系かが分からないスタイルで完成してしまっている若者が多くいることも明らかになった。地方の場合、ファッション意識がありながらもそれをサポートする体制がない。その役割を「清水屋」が担い、地元のファッション意識を高めるための企画・催事を定期的に開催する必要性を痛感した。

♡ファッション意識とメディアの関係

ファッション意識の向上は、その情報認知能力と関連する。地域性をみれば、マス・メディアからダイレクトに情報をキャッチする直接的ファッションが多い。雑誌だけのコーディネイトは、バランスに欠ける場合が多い。周辺のファッションを確認し、自分に合うかなどを配慮した間接的ファッションだと、安心感もある。こうしたコーディネイトを浸透させる積極的な役割提供も百貨店に求められる。

女性誌に掲載されている商品を広告などで紹介し、店舗の前にその雑誌を置いたりすることで認知度も増える。この手法は、カジュアルをウリにする店舗などで多く用いられ、専門ショップなどでも雑誌を店頭に並べるのは一般的である。

それと地方の現状から、雑誌に記載されている商品は直接購入できないと考える若者も多い。メディア環境が不足していることに地方の若者はタイムラグを感じている。それに応えるファッション意識向上のサポート体制も課題となった。

2　メディア文化の発信は続く

♡ファッション空間と文化の発信

ライフ・スタイルの中心にあるのはファッションである。文化スタイルは、ファッション空間を充実させることで、人びとの文化度を高める環境づくりにもなる。中心市街地の店舗に必要なのは洗練されたブランドの提供である。郊外ＳＣとの違いは高級感の提案。高級感とはただいたずらに高額な商品を提供するのではなく、消費する環境を高めることである（この時点ではＳＣとの差別化は必要だった）。

地方でも大都市と変わらない商品を広く認知させることで、それが消費者の選択に影響をおよぼす。シンポジウム後半で予定しているミニファッションショーは、大都市にいかず、地元の百貨店でブランド商品をコーディネイトして、おしゃれを楽しむことを提案する[39]。中心市街地に根差した文化の発信をファッション空間に置くことも考えてみたい。

♡ファッション・コミュニケーション発信の場所

百貨店から発信するメディア文化、娯楽性の高い文化は、メディア環境に長けており、ビジュアル的な露出度も高い。若者はどうして大都市をめざすのか、そこにはメディア環境の備わった条件が存在する。地方都市にそれを求めるのは困難であるものの、メディア文化的条件の機能する企画が一つでも加われば、地方でも人びとの欲求に応える条件になる。百貨店の企画やイベントは、それを発信させる可能性に富んだモデルが多い。

とくに、いまのトレンドを表出させる衣服や装飾品のファッション動向は重要である。個人

(39)「清水屋」店内の商品をコーディネイトし、学生がモデルとなって実施。

や集団さまざまな消費にかかわるコミュニケーションスタイルから、ファッション・コミュニケーション空間が形成される。百貨店から発信される文化の検証は続けられる。

第3節　第5回中町シンポジウムからの提言

1　ファッション・コミュニケーションを提供する空間

♡「食」はファッションとコミュニケーション

実際、人が集まることが可能な街であるにもかかわらず、日常、人がいないのは、そこに存在するトレンドの有無と関係する。渋谷や原宿を代表に主要スポットの特徴は、そこが流行の発信地という歴史はあるものの、一年中人が集まり賑わいをみせている。それらの街は、つねにマス・メディアによって取り上げられ注目されている。この問題を酒田市の中心市街地におきかえてみたい。具体的に掲げるのは、中心市街地中町から発信する食に関するトレンドである。日常生活において、食事をする場所の選択と衣服はセットになっている。さらに食事をする相手やメニューと、場の雰囲気も関係する。食はファッションであり、コミュニケーションを誘発する媒体ともなる。

昨年のシンポジウムにおいて、百貨店における親と子のコミュニケーションについて報告された。一般に百貨店は商品の値段も高く、子どもにすれば親に買ってもらうのが一般的である。

そこで百貨店という場における親と子のコミュニケーションが成立し、それをより実践できる空間を用意することがあげられた。

具体例として、百貨店を会場に開催されている料理教室である。親子間のコミュニケーション、友人間のコミュニケーションと相互作用は多彩である。その中心となる、その媒体こそ、良好な人間関係を構築するものとしての「食」というコンテンツであった。「食」をとおした教室空間である。主要なホテルやデパートにおいて企画される料理教室の人気は高い。著名な料理人から直接指導を受ける魅力もそうだが、料理教室はライフ・スタイルの形成に大きな影響を果たしている。そこで指導するシェフと生徒たちはみな思い思いのクッキング・スタイルで楽しみながら自己の向上も果たす。

♡ファッションとおしゃれ空間

過日、天然ガス主催のパティシエとスイーツをつくる教室があった[40]。母親とその子どもたちが中心となりケーキ作りに励んでいた。参加者たちのクッキング・スタイルは、みなおしゃれでカワイイスタイル。料理教室に参加することは、単に料理を習うことだけではなく、そこにかかわる意識や衣服を含んだトータルコーディネイトであり、ファッションと同じである。さらに、親と子のケーキ作りをめぐってのコミュニケーションの成立、それは家族間のコミュニケーションへと広がっていく。料理教室は、ファッション・コミュニケーションとして、エンタテインメントやおしゃれを発信する空間である。

(40) 酒田天然ガス株式会社主催にて、市内有名シェフが講師となり開催。

♡料理教室という空間から生まれる付加価値

料理教室の目的や役割をあらためて再考したい。料理教室はその指導だけを目的としたものではなく、多彩なコミュニケーションの道具として機能している事実である。人びとが「食」を通じて楽しく話題を共有できる場所である[41]。

一般に、専業主婦は、社会（組織）から取り残される機会が多く、人との関わりも減ってしまいがちである。そのため、料理教室はママ友との交流を深めるだけでなく、そこで身に付けた調理技術を活かし、日々、食事をともにする家族たちと美味しいごはんを食べながら、家族の基本でもある団らんの楽しい時間を過ごすことにもつながっていく。中心市街地での親と子のコミュニケーションが成立する空間の提供を提言したい。親どうしの相互作用は家族の充実につながっていく。

2　エンタテインメントとコミュニケーション空間

♡エンタテインメント発信空間

おしゃれやカワイイを共通テーマにしたシンポジウムから四年が過ぎた。中心市街地中町には何もなく、出かける魅力もない。地元の高校生調査から浮かび上がった課題だった。中町にファッションの店舗があれば、本屋さんやおしゃれなお店が欲しい、調査結果にはそんな声が多くあがった。

中心市街地に位置する百貨店の「清水屋」では、あらたな百貨店を運営するために、二〇一

（41）付加価値が料理教室以上の効果を生む。

二年三月のプレオープン、一〇月のグランドオープンを経て一年、調査結果に応えるように、店内にエンタテインメント空間の提供を続けてきた。大型書店導入、ステーショナリーコーナー、キャラクターコーナーなどである。そしてこの夏、中高生向けに絶大の人気を誇るプリクラ機を設置した本格的プリコーナーをオープンさせた。

♡キャラクターコーナーとカワイイ発信

プリコーナーと前後するものに、同じフロアのキャラクターコーナーについて考えたい。キャラクターコーナー4階宮脇書店に隣接する。予備調査時の検証では、対象は小中学生のように感じた。とてもオープンな空間で書店の流れでキャラクターコーナーに立ち寄ることができる。また、5階からエスカレーターで4階フロアに降りてすぐにキャラクターコーナーが目に入る。キャラクターの種類は豊富で品揃えもよい。小中学生向けのキャラクターだけでなく小さな子ども向けの商品も多い。とくに、シールの種類が充実しており、シールの置かれている場所も細かく分かれていたため楽しく見やすい。小中学生向きでも、向かいの宮脇書店サイド、ステーショナリーグッズに、輸入菓子のコーナーが設置されたことで、高校生の姿も見受けられた。

キャラクターは一見、低年齢層にみられがちだが、一九八〇年代後半以降、ブランド化したキャラクターの大人バージョンの充実、癒し系からいまではキャラクターのハズシとしての機能も高く、大人でもそれを手に取り「カワイイ〜」と発することは多い。友人間のコミュニケーションが成立する空間である。

♡エンタテインメントとコミュニケーション空間のカワイイ

娯楽的なモデルは数多いが、それをカワイイと結びつけることで発生する消費空間は、若者を中心に拡大している。郊外型ＳＣでは豊富にそろうゲームセンターやコーナーでも、それが中心市街地で格調高くつまり文化的充実度が備わればあらたなエンタテインメントの誕生である。ＳＣとは異なる感覚も必要。そこに人びとが集まることで生じるさまざまな人間関係は、多様なスタイルをもち、コミュニケーションも活発化する。

「カワイイ」は年齢を問わずつねに人びとの意識にある。郊外とはまた異なり、年齢層も高くなることで、大人カワイイ的なスタイルの選択もできる。中心市街地からメディア文化として発信するモデルには限りない可能性が潜んでいよう。中心市街地から発信するカワイイは、大人も子どもにとっても魅力あるコンテンツであり、それに沿う環境づくりを提言したい。

〈第１回～第５回中町シンポジウムを振り返る[42]〉

本章は、二〇〇五年から二〇一三年にかけて開催されたシンポジウムのダイジェスト版である。当時から一〇年以上経過し、中心市街地もメディア環境も大きく変わった。中心市街地のシンボル「清水屋百貨店」の閉店。スーパーマーケット「中町ト一屋」閉店。アナログ媒体からデジタルとして、インターネット、ＳＮＳなどのソーシャル・メディアを駆使した広報戦略で中心市街地の各店舗も進化した取り組みになっている。

「清水屋」を中心に中町商店街を検証したシンポジウムであるものの、中心市街地に何を望んでいるか、ゲストの願望に応えるためのコンテンツは、それ以外の店舗でも共通した見方であろう。中心市街地の基本的な視点は、「メディア環境」の充実にあることは変わりなく、そ

---

(42) 中心市街地をテーマに継続しているため重なり合う内容は多い。

の原型は維持しながらも時代に応じたパターン変化から中心市街地の検証を続けていく。シンポジウムは継続しているために繰り返しや同一の表現も多数用いられている。固有名詞などの表記の多くはフィールドワーク当時に準拠している。

次回以降のシンポジウムも同様であることをあらためてお断りしておきたい。

参考文献

・伊奈正人、一九九五年、『若者文化のフィールドワーク―もう一つの地域文化を求めて―』勁草書房
・仲川秀樹、二〇〇五年、『メディア文化の街とアイドル―酒田中町商店街「グリーン・ハウス」「SHIP」から中心市街地活性化へ―』学陽書房
・仲川秀樹、二〇〇六年、『もう一つの地域社会論―酒田大火30年、「メディア文化の街」ふたたび―』学文社
・仲川秀樹、二〇一〇年、『〝おしゃれ〟と〝カワイイ〟の社会学―酒田の街と都市の若者文化―』学文社
・仲川秀樹、二〇一二年、『コンパクトシティと百貨店の社会学―酒田「マリーン5清水屋」をキーにした中心市街地再生―』学文社
・仲川秀樹、二〇一四年、『ファッション・コミュニケーション・エンタテインメント―ローカル百貨店の挑戦―』学文社

第7章

メディア文化の街のおしゃれとコミュニケーション空間

I　第6回中町シンポジウム（二〇一四）からの提言

共通テーマ『中町でおしゃれしよう！—社会学から考える—』[1]

第1節　メディア文化の街でおしゃれを考える

1　ファッションとおしゃれの舞台

♡百貨店のファッション性を継承

第4回から第5回シンポジウムでは、中心市街地におけるファッション性を「マリーン5清水屋百貨店」を軸に考えてきた。「清水屋」は閉店したが、あらためてそれに代わる中心市街

(1) 二〇一四年一〇月一二日（日）開催。

地を維持する象徴の登場を待たねばならない。同時に、時代は変化してもかつての「清水屋」的スタイルを振り返ることも、メディア文化の街の地域性を再確認する上で必要と考えた。

また中心市街地中町に漂う「中町ファッション」的な要素も、気の合う仲間とそこで共有する楽しみとして現在も無視することはできない。「中町ファッション」としてのコミュニケーションを可能にする「清水屋」以降の具体的な「舞台」構築を視野におかねばならない。(2)

♡ファッション・コミュニケーションの舞台

百貨店のファッション性を、「衣服のファッション」に限定せず、衣食住の各側面にあるトータルコーディネイトの文化的パターンとして考える。基本的に百貨店を利用する時、目的をもち、おしゃれをし、そこに集まる。百貨店という「舞台」をファッション空間的にそこから発信されるメディア文化にスポットをあてる。

あらたな中町スタイルを創造するために百貨店の残した役割を振り返りたい。それは中心市街地中町の未来にも関係する。そして今後登場するであろう「舞台」での「ファッション・コミュニケーション」に結びつける。

♡「中町でおしゃれしよう」という視点

中心市街地こそ、おしゃれを楽しむエリアである。第六回シンポジウムの共通テーマは『中町でおしゃれしよう』であった。本シンポジウムでは、流行やファッションなどの基礎理論をベースに、世代間の問題、女性の消費行動、女性誌にみる時代性などを追いながら、ここ中町と百貨店を具体的に検証した結果を学生たちの視点で考えた。二〇年の時を費やしてきた中心

(2) 中心市街地にシンボルは不可欠。「清水屋」に代わる施設。

市街地研究、中心市街地問題と課題を導くには困難極まりない。出口はないようにも思える。二〇二一年夏、中心市街地のシンボルは終焉したが、残したメディア文化は再生産できる。それが人びとのライフ・スタイルごとに成立する「ファッション・コミュニケーション」である。

♡ファッション意識を高める

地方都市の若者のファッション意識を検証した結果、女性誌などの媒体を参考にコーディネイトすることは基本であるが、比較する他者が大都市に比べ絶対数が少ない。自分の世代のブランドや系統がわからず、コーディネイトそのものが混乱している現実をみる。そこで若者たちのファッションをサポートし、ファッション意識を高める役目を担っていたのが百貨店である。

中心市街地の店舗の役割として、洗練されたブランドと高級感（消費する環境の向上）を提供するということがある。その試みとしてファッションショーが開催された。大都市に出向きにくくても、地元の百貨店でブランド商品をコーディネイトして、日常のおしゃれを楽しむことができるという実践的な企画となる。現代のファッションコーディネイトではＳＮＳ中心のサポート体制が充実しているが、実際の店舗スタッフとの確認作業も重要であることはいうまでもない。

2　ファッション空間と文化の発信

♡ファッション・コミュニケーションを提供する空間

百貨店の企画やイベントから発信されるメディア文化。その条件が機能する企画が加わることで、地方の人びとの数ある欲求の一つに応えられる。たとえば、食はファッションの一つと考える。理由は、食をとおしてコミュニケーションを誘発する媒体ともなるからである。食には、親子間、友人間など、良好な人間関係を和やかにするコミュニケーション機能がある。その機能は、百貨店で開催される料理教室などにもみられる。著名な料理人から直接指導を受ける魅力と料理を媒介にした人間関係は、個々人のライフ・スタイル形成に大きな影響をおよぼした。そこに参加し、ファッションやおしゃれをリンクさせながらエンタテインメントを楽しむ空間から食とコミュニケーションの成立をみる。

過去に百貨店で開催されていた料理教室は、料理指導だけを目的とせず、多彩なコミュニケーションの道具になり機能する。料理教室に参加することは、そこにかかわる意識や衣服などのコーディネイトの完成。さらにファッション・コミュニケーションのおしゃれを発信する場としての付加価値をともなう。百貨店のメディア文化的役割の一つであり娯楽的な時間を提供するには格好の場であった。

♡エンタテインメントとコミュニケーション

いまではいささか時代遅れな話題になるが、プリクラコーナーは、友人と遊んだ際にプリクラを媒体にしたコミュニケーション空間としての役割を担った。カフェやパウダーコーナー併設など、若者が集まるには格好の空間となる。プリクラをとおしてコミュニケーションを誘発させた。

またキャラクターコーナーなどもそれに該当する。一九八〇年代後半以降、ブランド化したキャラクターの大人バージョンの充実、癒し系から、キャラクターのハズシとしての機能も加わった。一見、低年齢層にみられがちなキャラクターも、幅広い年代に好まれている。SCなど種類豊富なゲームセンターでは、かわいいバージョンのグッズなどが充実しており、大人も楽しんでいる。

♡中心市街地でのメディア文化の発信

SCでは娯楽性に富んだおしゃれスポットが充実している。それを中心市街地におきかえた場合、歴史的文化的充実度も備わり、あらたなエンタテインメント空間の提供となる。古くからの店舗や懐古的な空間から年齢や世代を超えて、人びとのファッション的な感覚を呼び戻すことや、新規なコンテンツの開発は、郊外とは異なる大人カワイイ的なスタイルの選択を誘導する。それに若い人たちも追随するようなコンテンツを結びつける。中心市街地から発信するメディア文化は、衣・食・住の各場面でのコミュニケーション空間として広がる。

第2節　おしゃれコミュニケーションへ向けて

1　食の空間でおしゃれコミュニケーション

♡カフェ・ランチ・アフターティー・ディナー

日常生活で重要な位置を占めているのが食に関する時間である。食事と言っても、どのような人と、どのような場所で楽しむのかに応じたファッション選択も異なる。食はファッションと大きな関係をもつことを知る。おしゃれな場所でおしゃれな食事をするということは、人びとにとって一つのステータスであり、ファッションの一部となっている。食の空間では、会話も心地よく、コミュニケーション可能な場所である。ゆえに食の空間は、「おしゃれ」と「コミュニケーション」を兼ねたファッションのトータルなスタイルにつながっていく。

つぎに、食の空間でおしゃれコミュニケーションという視点から、中町におけるおしゃれ空間を探ってみた。

♡カフェ・アフターティーで、おしゃれコミュニケーション

カフェというのは、通常の食事をする場所というよりも、日々の生活過程におけるしばしの休息である。その休息には多様な意味が存在している。アフターティーとして食事後の別空間に移動できる「清水屋」には、「ＰＯＥｍ」と「ブラッスリーロアジス」という喫茶・Ｃａｆｅがあり、それぞれコーヒーや紅茶などのドリンクと共に、スイーツなどのデザートを提供し

ていた。
中町商店街には、ジェラートやイタリアンの軽食を提供している人気スポット「モアレ」がある。ここは地元の中高生から大人まで集まり、その空間を楽しんでいる。これらのカフェ空間は、買い物客以外にも、学校帰りの高校生などの利用も多い。酒田市役所前「さざんか」は、大人向けの伝統的な喫茶店でスイーツ系のデザートの充実度には驚く。希望ホールでの芸術系イベント開催時前後では、常連客が集まりコミュニケーションを楽しむのは定番。(3)

♡ランチでカジュアルなコミュニケーション

日常ランチは、家族でというよりも、仕事の合間などに友達や同僚、あるいは一人で出かける場合がほとんどである。多くの店がランチタイム価格でディナー時よりも安く、気軽に外食を楽しむことができる。食事をとおした人間関係は、コミュニケーションの一つであり、ランチは気軽にコミュニケーションを楽しむ場である。「清水屋」レストラン「ロアジス」のランチでは食の親善大使である太田政宏グランシェフプロデュースのフレンチのコースを低価格で楽しむことができた。(4) フレンチのコースを低価格で楽しみ、おしゃれなひと時になる。ここは、気軽なカジュアル・ランチのコミュニケーション空間である。

♡ディナーでおしゃれコミュニケーション

ディナーというと、多くの場合、ランチより価格は上がるが、特別な食事としての位置づけにもなる。ディナーに出かける時、多くの人は衣服もよりコーディネイトして出かけ、店の雰囲気などを重視する。たとえば「ロアジス」のディナーは、照明やインテリアの雰囲気も変わ

(3) コンサート等の開催時は、同類のコミュニティが形成される場所。

(4) 「グリーン・ハウス」とセットになるレストラン「ル・ポットフー」「欅」の総料理長を歴任。

り、メニューもより一層豪華になる。おしゃれな場所で豪華なディナーを楽しむのもファッションである。

課題として、予備調査で中町を回り、多くの店舗の閉店時間が早くディナーをゆったり楽しめる店が少ないことだ。ディナーというのは、特別な時に利用することが多い。そういう場合に時間の幅があればより楽しめる。予約時限定として、ディナーをゆったり楽しめる時間の設定が必要である。

♡多彩なおしゃれコミュニケーション

食事をとおしてのおしゃれコミュニケーションについて考えると、食事をする環境の重要性が感じられる。中心市街地「中町でおしゃれしよう」はいろんなスタイルで実現可能。中町でのレストラン認知度にプラスで必要とされるのは、中心市街地におけるイベントホールである。「清水屋ミュージアムホール」のような空間である。(5) 食事以外にもおしゃれコミュニケーションを活かしてくれる空間である。

たとえば、市内レストランの試食会。ケーキや軽食の試食会。会費制のビュッフェスタイルとして各店舗商品を紹介する場も設ける。店舗メニューを知ってもらう宣伝効果となる。それに試食会は、イベント性も高く、関心も高く、誰もが誘い合って参加しやすい。一度も入ったことのない店でも、試食会を機に身近になりやすい。試食会は、おしゃれをして友人どうしで集まり、おしゃれな空間で、おしゃれな食事を楽しむなら、そこはもう立派なおしゃれコミュニケーションの場になる。

---

(5) 中心市街地で重要な多目的空間だった。

2　カルチャー・エンタテインメントとおしゃれコミュニケーション

♡中心市街地のエンタテインメント空間

中心市街地における人の集まれる空間の確保であり、メディア文化の発信場所になる。衣（ファッション）食（コミュニケーション）住（エンタテインメント）がバランスよく配置され、それぞれが機能すれば申し分ない。かつての「清水屋」のミュージアムホールのような、おしゃれカルチャーを発信する空間が欲しい。そこでは実践的な地域紹介ができた。

各種物産展との提携もあり、多彩なイベントでコラボする。物産展のオープニングあるいはファイナル時でのイベント。その土地の文化に触れる催し物の開催との連動[6]。物産展で販売している食材を使い、料理を提供し、それを味わい、地域を（実演・映像にて放映、地域文化の提供する）イベント終了後に、催事場の商品案内でカバーできる空間。そこでのコミュニケーションは普段の買い物とは異なる満足度がある。

♡伝統文化とおしゃれコミュニケーション

既存の茶道教室プラス着物イベント。着付け教室プラス茶道教室のジョイント、着物姿で中心市街地に出かける（既存のイベントの拡大）。若い世代を対象とした和服イベントと着物・浴衣着付け教室開催。非日常的な自分がそこにいるし、着飾る思いも伝わる。着物の着付けが出来る方や、和服店舗のスタッフとの協力は欠かせない。

着物イベントの企画は、着物を持っていない参加者に貸し出しサービスを実施することで新規の客を獲得し、伝統文化の拡散や、それを楽しむ場へとつながる。和をとおしたコミュニケー

（6）文化的なイベントを中心に開催された。

ションの成立は、酒田まつり人力車パレードに参加した学生たちが着付けして実際に体験することで感じた。

第3節　おしゃれとファッション・コミュニケーション空間の発信

1　食をとおしてのコミュニケーションとファッション

♡コーヒーと紅茶のおしゃれコミュニケーション

コーヒーや紅茶を使用したイベントから、市内関係店舗の商品を用いたTea Timeを企画する。[7] そこでのスイーツなどは和菓子と洋菓子をミックスさせ、地元老舗菓子店の商品を使用。ゲストは自由に選択できる。

「グリーン・ハウス」の「緑館茶房」にあった特定のコーヒー豆を使用したコーヒーは、現代のイベントでも欠かせない。郷愁だけではなく、市内コーヒー店のオリジナルブレンドなどを楽しむイベントも効果がある。茶舗店の抹茶なども気軽に提供できれば、和洋混在したTea Timeでのコミュニケーションも成立する。カテゴリーに合わせたTea Timeでは、そのスタイルに合わせコーディネイトし、そこに集うゲストたちと、共通の話題が広がる。

---

(7) 多目的な空間だからこそ多彩な企画ができた。

♡地元日本酒と料理のコラボによる大人コミュニケーション

酒田は歴史的な蔵元を多く抱え、世界的に地酒も有名である。定期的に地元の日本酒を味わうイベントは近年、「中町モール」での地酒イベントの企画などで賑わっている。日本酒に合う、おつまみや料理をアレンジし、市内の料亭料理を再現する。ここで新規の客を獲得し、商品を提供したお店へ足を運ぶ効果を生む。「清水屋」では店内店舗の料理を提供し、「ミュージアムホール」にて各種イベントを開催していた。中心市街地で同じ企画を継承するには、「中町モール」をいかに有効活用するかにかかっている。

2 エンタテインメント空間とファッション

♡ミュージックと子どもダンス

エンタテインメントのイメージは音楽に関するものも多い。かつての「ＳＨＩＰ」のような商店街発アイドルとは別に、近年、めざましい活躍をみせる市内ダンススクールの「Ｚｉｐｐｙチアダンスクルー」は、地元の子どもたちの音楽イベントに出演し人気を得ている[8]。家族や関係者も集まり、「清水屋」や「中町モール」で活躍している。酒田四大まつりの一つで秋に開催される「どんしゃんまつり」や、夏休み縁日まつりなどでも出演している。「中町モール」は最高の舞台環境になっている。

(8) 年齢別に複数のユニットが活動。地元高校チアリーディング部コーチ指導。

♡プラス子どもスイーツ

音楽イベントに合わせて各種のサービスを実施する。たとえば、店舗特製スイーツの提供。子どもたちも楽しめるかわいいスイーツや、若者や大人たちにも魅力あるスイーツを用意する。これも各店舗の宣伝活動として相乗効果を生み出す。年間をとおして、お正月・子どもの日・夏休み・ハロウィーン・クリスマスなど多彩である。さらに各種スイーツと「子ども音楽フェスティバル」とのコラボレーションも楽しい。スイーツには、和洋菓子の他に、地元パン店特製の商品も含むことでファンも喜ぶ。

♡高校生ダンス対決

全国的なダンスブームの背景には、高校生ダンスチームの活躍によるところが大きい。地元高校生たちなどの出演するイベントの盛り上がりは日頃の成果を表明する重要な場になる。参加を募るチームごとのダンス対決などの企画は、単にみせるだけでなく、オリジナルなスタイルを広げることになる。

高校生ダンスチームが登場する以前から、大人のフラガールなどの積極的な活動は地元でも有名[9]。ダンスの活動もトレンドになり、メディアを賑わすことも多く、地元でのメディア特有の楽しみを実現する場所の提供を中心市街地に求めたい。

♡いつでもおしゃれして中心市街地へ

すべてのイベントに共通するのは、おしゃれをして中心市街地に集う。ある意味かしこまるドレスコード的な意味を離れ、カジュアルも含んだカテゴリー別にコーディネイトを楽しむこ

---

(9) 地元婦人グループによる恒例のイベント。

とを意味する。自分の嗜好に合うファッションに身を包む。ファッションカテゴリーの理解にもなり、さまざまな場面で役に立つ。特別なコーディネイトが必要となれば、店舗スタッフにサポートを依頼する。

「中町でおしゃれしよう！」に応える空間の提供をめざしてほしい。中心市街地に人びとを誘発するための提言である。

Ⅱ　第7回中町シンポジウム（二〇一六）からの提言

共通テーマ『ローカル百貨店から考える地方創生
――中心市街地商店街のショッピングモール化[10]――』

第1節　メディア文化の街の現在

1　中心市街地のあらたな取り組み

♡中町でおしゃれするために

前回のシンポジウムは『中町でおしゃれしよう!――社会学から考える――』を共通テーマに掲げた。シンポジウムでは、流行やファッションに関する社会学基礎理論を中心に、世代間、メディアとの関係、消費の次元から、中町と百貨店を検証した。その結果を学生たちの視点で問題提起と分析を図った。

また、二年連続のミニ・ファッションショーの開催は、地元ショップで購入した商品をコーディネイトし、市内でも十分なおしゃれができることを証明した。仙台や東京などの都市に出かけることなく、トレンドを求めることは可能であることを伝える意味もあった。それは二〇

(10) 二〇一六年一〇月九日(日)開催。

〇九年の地元高校生のおしゃれ意識に対する一つの回答でもある。(11)

♡酒田大火から四〇年

二〇一六年は、酒田大火から四〇年。中心市街地の現状を追った。「メディア文化の街」本体は、さまざまな取り組みを続けてきた。毎回新鮮で斬新な取り組みも多かった。ところがその取り組みは、少し時代の先を進み過ぎるきらいがあり、いつしか他の都市に模倣されてしまう。(12) それは酒田の街におけるメディア文化の下地の裏づけでもある。

酒田大火復興のシンボルである「獅子頭」も、いまは計一六体の獅子頭ファミリーを形成している。そしていま、「もしぇのん」「あののん」という、あらたなキャラクターを誕生させた。併せて中心市街地独自のキャラクターも登場した。

「グリーン・ハウス」は消失したものの、「港座」の月一上映会は、多くの顧客を有した。「港座」では、国際映画、日本映画、ドラマなどのロケーションも高い頻度でおこなわれている。

一九七〇年代、全国に先駆け誕生した地元産重視のフレンチレストランも進化し続ける。伝統を継承した市内西洋料理店の質は、酒田の食のエンタテインメントとしていまもメディア文化の街を支えている。

---

(11) 仲川秀樹、二〇一〇年。地元高校生の調査結果の回答参照。

(12) 先発効果に長けているが協力者が続かず他の都市に追い越される。

2 中心市街地ショッピングモール化の布石

♡老舗百貨店を軸とした地方創生

地方創生というネーミングは、行政主導からビジネスを兼ね備えた意味へと変わっていった。その成果は、全国での観光の中心とした場所の提供にみることができる。地方創生は、イベント開催、まちおこし、地域活性化などの合言葉にもなっている。

しかしここ酒田では、中心市街地のエンタテインメント発信エリアとして百貨店の存在が地方創生の娯楽的部分をカバーする。百貨店のようなシンボルから地方創生のあり方を探った。中心市街地商店街中町から発信するためのメディア文化的環境整備である。

♡ショッピングモール化

安全・安心のセーフティゾーンとしての中町に必要なのは、飲食と観光施設を採り入れた新規の商業施設に沿った「ショッピングモール」である[13]。山居倉庫エリアには観光施設があるものの、ここ中心市街地には十分な観光施設は存在しない。コンパクトシティ機能はあるにもかかわらず、観光施設と飲食施設をセットした設備は不十分である。「中町モール」の改造が計画されているなか、プラス中心市街地のバスターミナル化に沿った商業施設の誘致こそ、中心市街地の再生に他ならない[14]。

さらに、中町商店街の一部店舗をあらたに建築するビルに移す試みを提案し、シャッター街を超越した中心市街地「ショッピングモール化」を図る。百貨店と商業ビルをセットにした中心市街地こそ、エンタテインメント重視の地方創生の可能性を秘めている。

---

(13) 大通りから中通り商店街そして中町中和会商店街の先、日和山公園までの区間。

(14) 「清水屋」に代わる「商業施設」を置き「バスターミナル化」につなげる構想。

第2節　中心市街地の実情

1　酒田大火から40年「中町」のいま

♡中心商店街機能の問題

中心市街地には複数の商店街組合の存在がある。商店街組合間にはある一定の温度差が存在している。それはそれで商店街組合の特色カラーを前面に出していることが、結果的に相乗効果の促進であれば問題はない。現に酒田四大まつりのメイン会場としてつながりをみせている。問題は八〇〇m中心市街地の虫食い状況（ビジュアル的問題）である。[15] その商店街のスプロール化を再利用する手はずはないものか。中町商店街に限ったことではなく、全国の商店街の「空き店舗」状態と重なっている。せめて空き店舗・空地をスマートな視覚になるような対応と、商店や病院の開店前の集合場所（バス利用者の休憩や待機場所）として利用できれば中町を訪れるゲストへの配慮になる。資金面の問題が大きな課題である。

そして商店街イベントの認知度をいま以上活発にする。広報チラシ効果の再検討（ＨＰアドレスの拡大表記、ＨＰ常時迅速な更新）、「中町の日」などの拡大（中町を離れた出張イベント情報）は、ソーシャル・メディアを活用し頻繁に更新する。

（15）中心市街地に散在する店舗跡地の有効活用。

♡「中町モール」の重要性

中心市街地のイベント空間として重要な位置を占める「中町モール」は、四大まつりの中心地プラス各フェスティバルのメイン会場。誰もが認めるエンタテインメント空間である。ホール部分は全天候型であるゆえに利用範囲も広い。イベントなし（通常）時におけるモールの活用としては、地元の中高生の自習や待ち合わせ場として利用されている。大きなイベントを確実に実施できる空間であることが最も重要性に富んでいる。全天候型エリアが完成すれば、その機能はかなりのものになる(16)。

また、セーフティゾーンとしての機能も健在である。高齢者や子どもたちも安心して過すことができる空間となっている。今後、欲をいえばよりイスや畳などの和洋休憩空間を設定することで活用の場も広がる。フォーシーズン（四季）をとおして、四季の変化に応じた取り組みは人を集める条件となる。

2 「マリーン5清水屋百貨店」にみる新店舗導入と新規顧客の獲得

♡コンパクトシティのメディア環境

「清水屋」は、二〇一三年七月プリクラコーナー「ラ・カワイイ」をオープンさせ、中高生や大人女子のカフェやパウダーコーナーの充実を図った。二〇一五年一一月に回鮮寿司「トポス」開店、本舗がウリの百貨店レベルの江戸前を提供。夕方からは「中町モール」側へ、あらたな屋台的な店舗展開を試みる。中町商店街は夕方に閉店する店舗が多く、中心市街地の灯は

---

(16) 二〇一八年に完成し、現在機能的に活用されている。

消えるため、「中町を明るく」のスタイルを取り入れた。

「清水屋」は、エンタテインメントの発信として北海道物産展・京都展などを開催。内容も大都市百貨店同レベルのブランドメーカーの出展となっている。物産展イートインや京都四大花街ゲストを登場させたエンタテインメント環境も充実させた。

店内フロアでのファッションショー開催では、ブランドショップ勢揃いし、若者のファッション環境サポートの取り組みも増加した。ヤングカジュアルの客層取り込みやカジュアル店舗との相乗効果を求めての企画。郊外ＳＣに合わせたゲームを豊富にそろえたコーナーの設置。アニメ・サブカルチャー空間の拡大イベントにより若者の集客をめざした。

♡若者向け店舗に照準

当時の予備調査では「清水屋」ヤングカジュアルコーナーを集中的に検証した。そこで率直に感じたのは、ヤングと言える若者向けファッションコーナーは、三店舗しかなかったことである。予備調査中、これら三店舗には、若い人びとが足を止め、店内に陳列されている商品に目を向けていることは確認できた。

しかし、それ以外の店舗は対象年齢がいずれも三〇代以上で、さらに六〇代向け商品も混在していた。中学・高校・大学生、二〇代の流行に敏感な若い人に向けた店舗が存在しない（酒田市の人口動態を承知で）ことは、若い人の集客は見込めない[17]。そこで、これまで入っていた店舗を一掃させ、あらたな店舗導入を視野にいれると仮定すれば、どのような店舗を入れたらいいのか、いま、多くの若者から支持されているファッションブランドを整理しながら、新規なファッション環境の見直しも急がれる。

---

(17) たとえば「モアレ」はプラス付加価値の店舗の代表的存在。現在は日和山周辺店舗。

♡ファッションブランドの必要性

若者が選択するブランドもハイファッションからファスト・ファッションと、選択肢も多様化している。SC系のモールに入っているような店舗など、百貨店ブランドに固執することはできなくなった。若者もデザイン性、トレンド、価格含め、一〇代後半でも購入しやすいブランド設定を望んでいる。

最近は、女性誌よりもWEBサイトを利用しながら消費者に対応したアイテムが買えるような店舗導入の促進が求められている。中心市街地でも多くの若者の需要に応えられるコンテンツも必要である。逆にSC系では手に入りにくい少し高級感のあるこれらの店舗を導入することができれば中心市街地のヤングカジュアル・ファッションのコーディネイトに役立つであろう。

第3節　老舗百貨店の遺したもの

1　中心市街地の人びとの関心と人の集まり

♡地方都市の百貨店事情を把握する

「清水屋」に集まる人びとは、店内のどこに関心を向けるのか。学生たちは予備調査とシンポジウムの合間に調査した。最初に清水屋を訪れた時、一階に食料品、四階に書店、五階にはゲームコーナーがあり、本来あるべき百貨店の姿とは思えなかった。どちらかというと複合施設のような印象を受けた。本来あるべき百貨店というのは、大都市の百貨店であり、複合施設というのは専門の商業ビルを意味していた。

確かに第一印象はそうだったが、この疑問はフィールドワークに入り、大都市の百貨店を地方都市にそのまま移行すればよいという単純なものではないことを知った。「清水屋」は二〇一二年、かつての中合系列から独立し、あらたなスタイルに移行し、地方都市にあったローカル百貨店としての機能を重視し開店した。四年前の「清水屋」は、書店もない、食料品もスーパーの延長、アミューズメントエリアもない、かなり中途半端なものであった。

通常、大都市には、百貨店の他に、駅ビルや専門ビル、ショッピング施設など多彩な商業エリアが存在している。しかし、地方都市でそのような施設は皆無に近い。そのため「清水屋」では、複合施設のような専門分化した店舗の運営を続けてきた。その事情を把握しなければ地方百貨店のレイアウトを受け入れることはできない。

♡焦点はヤングカジュアルの動向

ローカル百貨店の専門分化は地方ではやむを得ないとしても、やはり中心市街地の衣料関係は、ヤングカジュアルの動向にかかわる。ここしばらく百貨店の衣料部門の売り上げは減少を続けている。ヤングカジュアルの動向にかかわる。一九九〇年代後半以降、「安くカワイイ」をテーマにしたファッションが主流になった。ファスト・ファッションの台頭は、百貨店に大きな影響を与えた。時代性に沿い若い人の消費選択も変化した(18)。

ヤングカジュアル向けとしても一〇代二〇代の女性が着るようなファッションブランドが圧倒的に少ない。これは、酒田市の人口動態、二〇代女性のバランスも承知の上での指摘である。

(18)「リアル・クローズ」のような商品をあつかうSHOPを待望する。

「ヤングファッションブランド」の店舗運営いかんにより、ファッションを目当てに若い人の集まりになる。二〇代女性向けの「SHOP」に注目する。どのような配置にすれば、その世代の人びとが足を運んでくれるのか対策は急がれる。

2 百貨店の専門店街化と中心市街地ショッピングモール化

♡専門店街化への道

つぎのような指摘を参照したい。

一九八〇年代末に、大規模小売店舗法による大型店の出店規制を緩和して以降、各地でシャッター商店街化が進んだ。いまさらかつての勢いを取り戻そうとしても多くの地方に余力はない。「生活世界」が「システム」に置き換えられる動きを「近代化」ないし「形式合理化」と考えることは、より便利で豊かになるための手段として「システム」を使うということである。その結果は、既存のスタイルは空洞化あるいは消滅する。

具体的には、「デパートが廃れたのと同様、大規模スーパーもいずれ廃れる」「デパートが専門店街化によって生き残ったのと同じく、スーパーも地元商店街を模したショッピングモール化を図る[19]」。

結果的に既存の大都市デパートとは異なる機能を有する地方デパートである「清水屋」のエンタテインメント機能を再構成し、専門店街化にシフトした中心市街地再生への道である。

(19) 宮台真司、二〇一四年、『私たちはどこから来て、どこへ行くのか』幻冬舎、二一八、二四四頁。

♡中心市街地生き残りとしてのショッピングモール化

ローカル百貨店を軸とした地方創生の試みは、「清水屋」にみるエンタテインメント化を、中心市街地商店街の一部店舗とセットにする。その場所が「中町モール」である。さらに中町再開発、バス発着所とした交通拠点としてのターミナル化。そこにショッピングモール施設を用意する。コンパクトで利便性ある安心・安全な中心市街地セーフティゾーンの完成となり、ローカル百貨店と中心市街地商業施設（観光・飲食）プラス一部商店街店舗をセットにしたあらたな中心市街地ショッピングモール環境である。

♡人びとの関心と人の集まりへ「八〇〇mの商店街をコンパクトにまとめる」

中心市街地にある商店街に人が集まらない。どうすれば人を呼び込めるか。「八〇〇mの商店街をコンパクトにまとめる」[20]

中心市街地に商業ビルをつくる（商店街の中からいくつかの主要店舗を選び、商業ビル内の店舗としてまとめる）。そこ（商業ビル）では必要な商品は入手できる。商店街とは違ってフロアの入り口に隔てるもの（ドアや階段）がないため、目的以外のお店にも目を向けやすく興味を持つきっかけが増える。一つのビルにコンパクトにまとめた方がより多くの人の出入りが可能。

中心市街地のシンボルであった「清水屋」が遺したものの是非を整理する。そしていまの人びとの消費意識に応えるような商業ビル（商店街をコンパクトにまとめる）機能をもつ、「ショッピングモール」の実現である。[21]

---

(20) 中心市街地再生の切り札。「酒田まつり八〇〇m露店」は壮観。

(21) 八〇〇mをショッピングモール化。最初はフラッグの設置だけでも。

参考文献

・伊奈正人、一九九五年、『若者文化のフィールドワーク―もう一つの地域文化を求めて―』勁草書房
・宮台真司、二〇一四年、『私たちはどこから来て、どこへ行くのか』幻冬舎
・仲川秀樹、二〇〇五年、『メディア文化の街とアイドル―酒田中町商店街「グリーン・ハウス」「SHIP」から中心市街地活性化へ―』学陽書房
・仲川秀樹、二〇〇六年、『もう一つの地域社会論―酒田大火30年、「メディア文化の街」ふたたび―』学文社
・仲川秀樹、二〇一〇年、『〝おしゃれ〟と〝カワイイ〟の社会学―酒田の街と都市の若者文化―』学文社
・仲川秀樹、二〇一二年、『コンパクトシティと百貨店の社会学―酒田「マリーン5清水屋」をキーにした中心市街地再生―』学文社
・仲川秀樹、二〇一四年、『ファッション・コミュニケーション・エンタテインメント―ローカル百貨店の挑戦―』学文社

第8章

メディア文化の街の伝統からあたらしいポピュラーな文化へ

I　第8回中町シンポジウム（二〇一七）からの提言

共通テーマ『ショッピングモール化を軸とした中心市街地再生
―伝統からあたらしいポピュラーな文化の発信[1]―』

第1節　前回シンポジウムの重要事項を検証する

1　百貨店の専門店街化・スーパーのショッピングモール化

♡第7回中町シンポジウムの重要な論点を振り返る

前回のシンポジウムにて重要な指摘の引用から再開したい。

(1) 二〇一七年一〇月八日(日)開催。

一九八〇年代末に、大規模小売店舗法による大型店の出店規制を緩和して以降、各地でシャッター商店街化が進んだ。いまさらかつての勢いを取り戻そうとしても多くの地方に余力はない。「生活世界」が「システム」に置き換えられる動きを「近代化」ないし「形式合理化」と考えることは、より便利で豊かになるための手段として「システム」を使うということである。その結果は、既存のスタイルは空洞化あるいは消滅する。

具体的には、「デパートが廃れたのと同様、大規模スーパーもいずれ廃れる」。「デパートが専門店街化によって生き残ったのと同じく、スーパーも地元商店街を模したショッピングモール化を図る[2]」。

既存の大都市デパートとは異なる機能を有する地方デパートとしてのローカル百貨店「清水屋」は、専門店街化を採り入れたスタイルをめざしていた。「清水屋」が遺したエンタテインメント性は、再生産可能なコンテンツとなる。

♡中心市街地生き残りとしてのショッピングモール化[3]

ローカル百貨店を軸とした地方創生の試みは、「清水屋」によるエンタテインメント化を、中心市街地商店街の一部店舗とセットにする。その場所が「中町モール」である。さらに中町再開発、バス発着所とした交通拠点としてのターミナル化。そこに「ショッピングモール」施設を用意する。コンパクトで利便性ある安心・安全な中心市街地セーフティゾーンの完成となる。

ローカル百貨店と中心市街地商業施設（観光・飲食）プラス一部商店街店舗をセットにしたあらたな「中心市街地ショッピングモール」環境。既存のショッピングモールとは一線を画したスタイル。全天候型「中町モール」を軸にした「中町モール」「清水屋ミュージアムホール」

（2）宮台真司、二〇一四年、『私たちはどこから来て、どこへ行くのか』幻冬舎、二一八、二四四頁。

（3）八〇〇mのルートを景観からはじめる。「清水屋」跡地を中心に形成する。

「健康増進プラザフリーエリア」(4)を利用した各種のイベント開催によりあらたな人びとを集める。伝統からあらたなポピュラーな文化を発信させる。

2 重要な部分を実践的に検証する

♡実践的な試み

ショッピングモール化を軸とする中心市街地再生に欠かすことができないのは、人の集まりである。酒田には多くの伝統文化が存在している。その「原型のパターン変化」にみるあらたな文化を、ポピュラーカルチャーにシフトさせて展開する。既存の世代に限らずあらたな世代を中心市街地に呼び込むことを可能とする。地方都市にもそのスタイルが浸透し、伝統的な文化を再編し、いまでは親しみをもつようなコンテンツが多く誕生した。

今回のシンポジウムは、前回に示した内容をさらに実践的に掘り下げた。実践的な検証をするために四つのグループピング化により、「伝統」と「現代」の文化的連続性を、「原型のパターン変化」から具体的に提示する。

♡実践的検証第一弾予備調査第一グループ（五月一八日~二一日）(5)

第一グループは、創始四〇〇年を超す伝統的な「酒田まつり」に参加しながら、通常とは異なる中心市街地の様相、人の集中をみる。伝統の重みと意味を考え、あらたに登場するポピュラーな文化の連続性を探った。伝統の酒田まつりにみえるあらたな文化の意味は、出店してい

年齢を問わず使用可能なセーフティゾーン。年に12日間人を集める空間。

(5) もっとも賑わう中心市街地検証。

る露店の内容から今日的商品とコンテンツ（既存の商品に付加価値がっいた商品の数々）。伝統的な山車パレードにあたらしいスタイルの導入（人力車の今日的意味）を鑑みる。伝統の維持とあらたな文化の融合はどのようなパターンから発生しているのか。そこには、酒田まつり（四大まつり）のみ人が集中する中心市街地。中心市街地ローカル百貨店の賑わい、そのために中町に出没する人びとの行動と背景を検証した。

中心市街地「中町モール」、酒田まつりにおけるメインストリート、「健康増進プラザ」フリースペース（中町での休憩スペース確保）は、高校生調査で中町に休憩するスペースが欲しいという願望に応えた形になった。さらにオプション思考として「中町モール」プラス「フリースペース」プラス「清水屋ミュージアムホール」のトリプルエリアから発信するポピュラーカルチャー企画を提起する。

♡実践的検証第二弾予備調査第二グループ（六月二日～四日）(6)

第二グループは、四大まつりの賑わいとは異なる通常の中心市街地空洞化をみる。「なぜ人が集まらないのか」という不変的な理由はすでに検証してきた。今度は「人が集まるには」からの視点でとらえた。

まず酒田港に根ざした伝統的な「いか釣り船団出航式」は、船団家族中心の伝統的出航模様に、漁船関係者と行政そして一般市民が相互に楽しむあたらしいスタイルを駆使したイベントとして定着している。そのイベント内容とコンテンツを確認し、伝統文化の認識に娯楽的要素を加えたメディア文化的なものであることがわかった。

「いか釣り船団出航式」は、単なるフェスタに終わらない付加価値を生み出した。それがポ

(6) 通常の中心市街地と行政主催イベント検証。

ピュラーな文化へとつなぎ、地元の人びとをその対象へと向かわせるための条件づくりになる。具体的には酒田港から「中町モール」へ付加価値を誘導する。(7) 酒田港伝統イベントを、今度は中心市街地に呼び込むスタイルを考えたい。漁業関係の状況や港町酒田の理解を深めることになる。漁業関係者その家族以外に、あらたな世代を取り込む絶好の機会にもなろう。伝統がポピュラーな文化に置き換えるコンテンツを生み出す。

♡実践的検証第三弾予備調査第三グループ(六月九日〜一一日)(8)

最終グループは、「酒田まつり」、港町酒田「いか釣り船団」、伝統プラスイベント(付加価値)の意味をイベント効果に連続させた。酒田市のキャラクター、中心商店街のキャラクターにみるあたらしい文化を中心市街地に集約することで起点とする。

もう一方のメディア文化としてのサブカルチャーを導入したイベント開催により、若い世代を中心市街地に集める下地を用意する。とくに、中心市街地中町における三大フリースペースをいかに活用するか。多くの伝統的なイベントは既に定着しているために、あらたなポピュラーな文化を動員したイベントをそのエリアで開催する。その結果、これまでとはまた異なる世代が集まり、あらたな文化を形成する機会になる。

---

(7) イベントメンバーを中心市街地に呼ぶことで、いか釣り船団の理解につながる。

(8) 第一と第二グループの収斂をめざす。

第2節　伝統からあたらしいポピュラーな文化

1　伝統文化の検証からその先へ

♡酒田の伝統文化のカテゴリー

酒田の伝統文化と酒田市民の文化的パターンとして、①地域に根ざした「衣・食・住」を中心とした生活様式・行動様式。②地域・領域ごとに維持する伝統。③環境景観の維持（庄内平野・最上川河口・新井田川沿い）。④周辺地域との連携（日本海・鳥海山・飛島）県境地域（羽越本線の秋田・新潟）などから多彩なコンテンツを導き出すことができる。

実際、酒田は県内内陸部より新潟・秋田両県の文化流入もみられる。鳥海山麓や日本海沿岸ラインは、両県との交流も盛んであり、交通ネットワークに関するイベント交流も多い(9)。

♡伝統文化に沿った実践事例

歴史と話題性に富んだ、一九七〇年代誕生「地元フレンチ」（地産地消の草分け）。港町の本格的江戸前寿司「日本海近海産」（酒田寿司店舗競演）。あらたなブランド「酒田ラーメン」（人気・味・メディア露出急上昇）。歴史遺産協賛の「鳥海山・飛島ジオパーク」にみるオプション構想（プラスあらたな観光資源(10)）。いずれも伝統文化の付加価値となる伝統イコール日本遺産（観光資源プラスエンタテインメント性）の演出からあらたな文化が算出される。それにちなむ広報活動から生まれた付加価値としての関連グッズ、親しみあるキャラクターなどを用い、

---

(9) 新潟と酒田に「ＳＬ」や「特別急行」の記念運転など実施中。

(10) エンタテインメントとアカデミックのコラボ。

若者や子どもたちの共感を得る。ここでもあらたな文化の登場である。

2 伝統からあらたな文化的スタイルを考える

♡伝統四大まつり（既存スタイル）[11]

既存のスタイルとしての「酒田まつり」「港まつり」「どんしゃんまつり」「日本海寒鱈まつり」を設定する。その伝統四大まつりに沿ったあらたな文化の実践（エンタテインメント性）を試みる（現在進行中のスタイルを含む）。

それぞれ工夫した「酒田まつり」創始四〇〇年以上の伝統に現代的アレンジとしての獅子頭ファミリープラス人力車プラス八〇〇m露店（人力車パレード）。「港まつり伝統的花火大会」における映えを重視した打ち上げ花火のデザイン変遷プラス観覧環境の提供。地上からの観覧以外に遊泳を取り入れた空中観覧の企画。

「どんしゃんまつり」酒田の収穫として地元産食材のあらたな展開（シェフ・料理人の新メニュー競演）などは現在実践中。「寒鱈まつり」の鍋変遷。基本的（原型）な寒鱈汁から趣向を凝らした鍋（パターン変化）メニューなどは現在実践中。毎回、あらたな取り組みは急速に広まっている。

♡中心商店街プラスフェスタ（既存スタイル）[12]

中心市街地商店街の既存イベントとして、「GW子どもフェスタ」（スタンダードイベント）。

---

(11) 四大まつりの既存スタイルを確認。

(12) 商店街フェスタの既存スタイルを確認。

「縁日まつり」（プラス夏の帰省客）地元幼稚園・近隣キッズ団体参加。「中町わくわくマーケット」（トレンドイベント）地元高校生・近隣団体参加。「中町マルシェ」（地元プラス県外食材グルメ）地元高校生参加。「イルミネーション点灯」（冬のモニュメント）は行政機関と商店街協賛。

周辺地区「平田」「松山」「八幡」各地域イベント（伝統プラス地元オリジナル）の中心市街地への協賛。現在も実践中。

♡あらたなポピュラーな文化の発信「中町ショッピングモール」の夢

ポピュラーカルチャーは、「民衆文化」（ポピュラーカルチャー）と「大衆文化」（マスカルチャー）の区分がなされてきたが、いまは「メディア文化」（エンタテインメント要素）としての「ポピュラーカルチャー」に一括りする。本書で規定したようにポピュラーカルチャーとは、「メディアを中心とし、大多数の人びとの支持を得た、娯楽性の高いモデル（商品）それを消費する人びとのスタイル（行動パターン・生活パターン）」である。

酒田の伝統プラスあらたな文化の実践は、既存イベント以外にアップツーデイトなスタイルを導入することで発信ができる。その場所こそ中心市街地各フリースペースである。現在もイベント実行中の中心市街地三エリアのさらなる有効活用を促進し、そこから中心市街地商店街と連動する「中町ショッピングモール」構想である。[13]

(13) 既存スタイルにポピュラーな文化を実践する空間構築。

第3節　あたらしいポピュラーな文化の発信

1　伝統「酒田まつり」の継承と変革

♡伝統文化イベント

酒田の伝統を象徴的にあらわしている「酒田まつり」は、一六〇九（慶長一四）年から一度も休まず続いている。創始四〇〇年を超え、一九七九（昭和五四）年には、酒田大火復興記念として名称をいまの「酒田まつり」とした。

伝統的なこのイベントが、地元市民とどのような関係を築いてきたのか。伝統へとつながるためには一体、何がポイントなのか。伝統とその周辺に位置する今日的な意味を考え、伝統に根ざした文化を支えに中心市街地に人が集まる状況を探ってみたい。そして、伝統文化の意味とそこから広がるあたらしいポピュラーな文化を、シンポジウム共通テーマに沿い論じた。

♡「獅子頭」にみる伝統

全国各地にみられる獅子頭に獅子舞は、防災や平和・繁栄などの願いを込めて奉納されてきた。酒田の獅子頭は、「酒田大獅子」と呼ばれている。酒田大獅子の「山王」「日和」「松」「桜」の親獅子登場は、酒田大火からの復興と防災の象徴だった。その後、一九八八（平成一〇）年、一九九九（平成一一）年とそれぞれの夫婦に仔獅子が生まれ、「みなと」「まい」「海」「小波」と名づけられた(14)。

(14) 伝統にポピュラーになるキャラをアレンジ。

そして八体のあかちゃん獅子、「けん」「丘」「宙」「輝」「福」「笑」も誕生する。親獅子は、酒田市役所並びの「希望ホール」エントランスにてみることができる。酒田の伝統になり、あらたなキャラクターとしての役割も担って、ポピュラーな文化を形成する。表情も豊かで、全獅子の表情が異なり、獅子頭ファンはそれぞれのキャラクターを理解しており、あたらしい文化として認知されたことをみる。

♡伝統の付加価値

あるスタイルは長くその場所に根づき正統性を勝ち得て、一つの生活様式として定着する。それは生活や行動の様式であったり、個々の形として継承される形態など、あるいはコンテンツであったりする。酒田まつりでは伝統的な神事を司り、市民が一体となり楽しみ、そんな空間に人びとは集まる。一般には、イベントイコール露店という付加価値に、人は集いそれを消費する。さらにパレードや、獅子頭の登場に子供たちも家族も寄りそう(15)。

創始四〇〇年のスタイルも時代ごとに変化を繰り返し、その時勢に沿った試みも取り入れられる。新規なコンテンツの登場が多いなか、かつての酒田まつりで登場した山車などの復活もなされ、それは伝統の継承と変革の歴史でもある。

---

(15) 伝統の山車にエンタテインメント効果。

2　あたらしい文化としてのキャラクター

♡キャラクター導入による地域活性化

伝統的な獅子頭を現代的にアレンジした酒田市公認キャラクターの誕生。全国各地でその地域性に沿ったキャラクターが登場して久しい。一般には「ゆるキャラ」というネーミングが用いられ、地元広報活動などに従事している。地域活性化などのシンボルとして位置づけられている。

本書で登場する対象は、ゆるキャラという概念から少し離れ、「伝統のスタイルから現代的スタイルにアレンジし、その地域に人を集めるシンボルとしたキャラクター」と位置づけて用いる。[16] ここでは伝統の獅子頭から現代の獅子頭ファミリーとして存在するキャラクターがそれに該当する。

♡酒田市公認キャラクター登場

酒田まつりのシンボル「獅子頭」の妖精として登場したのが「もしぇのん」（黒獅子）＆「あののん」（赤獅子）である。一般に「おもしろい」という表現を酒田の方言では、「もしぇの」となる。また、話を切り出す時に発せられる「あのね」が酒田の方言では「あのの」となる。それぞれの方言をモチーフに「もしぇのん」＆「あののん」の（黒獅子・赤獅子）のキャラクターが誕生した。[17]

標準語を原型とし、方言をパターン変化としてキャラクター化する。伝統としての方言を由来として現代的なポピュラーなカルチャーとして活用することで、既存の獅子頭に親しみ感を

(16) 伝統を現代的にアレンジしたキャラクター。

(17) 酒田市HPから広報誌、各種の書式に使用し浸透を図る。

もたらしている。酒田市のHPや広報誌に必ず登場し、いつしか市民との一体感がめばえ今日にいたっている。

「もしぇのん」&「あののん」のキャラクターは、二〇一一年（平成二三年）、酒田市のイベントチラシでデビューし、市の関係行事等のモデルとしてポスターや冊子等で活躍をみせ、東京吉祥寺の「酒田Ｄａｙ」などにも出張した。[18]

♡中心市街地商店街公認キャラクター登場

中心市街地中町中和会商店街振興組合でも、「もしぇのん」「あののん」に遅ればせながら「チュワちゃん」というキャラクターが誕生する。中心市街地のイベント「中町わくわくマーケット」で名前を一般公募し、つぎの「中町マルシェ」のイベントチラシで名前が発表された。[19] 二〇一七年四月に登場し、六月に公募、七月に決定というプロセスを経た。

「チュワちゃん」誕生のエピソードがまた酒田の伝統「獅子頭」に由来する。「酒田ラーメン」と「寒鱈」が大好物という紹介も地元らしく、中心市街地商店街独自のキャラクターとして活躍している。

3　キャラクター効果の二面性

♡知名度アップとネット映え

「もしぇのん」「あののん」は、「チュワちゃん」ともに酒田まつりに参加し、商店街イベン

(18) 武蔵野市政イベントに参加。吉祥寺で地元名産品の販売活動にあたる。

(19) キャラクター誕生までをドキュメンタリー的に伝えた。

トでは常連である。県外の活動としては、東京吉祥寺や北区のイベントに登場し、活動範囲を広げている。今後も、SNSなどを用いて知名度を上げることで効果も期待される。このキャラクターのSNSなどから酒田の街やイベントについても知ってもらう機会になる。

また、「もしぇのん」「あののん」、「チュワちゃん」の詳しいキャラクター設定をすることで、若い人の関心が少しでも中心市街地に向いてもらえれば集客の効果も期待できよう。

♡キャラクターから地元をイメージ

「もしぇのん」「あののん」は、「獅子頭」。「チュワちゃん」は、ほほにある、なるとマークから「酒田ラーメン」が連想できる。両キャラクターの存在は何を伝え、何をアピールしたいか分かりやすい。シンボリックな側面は、大人や子供たちに酒田の地域や商品の特徴を伝わりやすくしている。キャラクターを通じて地元との魅力をアピールし、中心市街地のイメージ高揚につながれば、イベントへの集客やPRなど効果がみられよう。さまざまな活動を通じて「もしぇのん&あののん」と「チュワちゃん」のファンが増えることによって、酒田を全国区にする可能性は残っている。

「おしゃれとカワイイ」（第二回中町シンポジウム）で登録された、「獅子頭」と「刈屋梨」に、両キャラクターをリンクさせた試みは、よりキャラクター活用の世界を広めることになるだろう。実際、コラボ商品も出回っている。(20)

---

(20) 山居倉庫「夢の倶楽」。

第4節　第8回中町シンポジウムからの提言

1　「人が集まらない中心市街地に人を」1年に12日間集める

♡「街に人がいない」からの脱却

事実として地方都市には「人口・市内居住者・交流人口が少ない」、これにつきる。街に人がいない、中心市街地に人がいない、中町に人がいない。何十年にわたり受け継がれたこの言説に返す言葉はない。「日常的に」人がいないのだから、むしろ人が歩いていない中心市街地に「人がいない」と特定するには短絡的過ぎる。(21)

「商店街の時代は終わりだ」、もう「郊外型の時代だ」に応えるのは「とりあえず○○空間」を確保すること以外にない。地方都市に限らず大都市にいたっても、「とりあえ○○をめざすは」あたりまえのこと。とりあえずの時間（猶予の時間）に、つぎの選択を考えている（食事でのメイン料理を決める前の注文のように）。ある意味とりあえず○○は、ジャンルを問わない。

♡人がいないのに人が集まるのはなぜか

普段、人がいない中心市街地に人が集まる状況を思い出してみる。酒田四大まつりのメインでもある「酒田まつり」の賑わいは何を意味するのであろうか。毎年、中心市街地に一〇万人とも二〇万人ともいわれる人が集まる事実に学生たちは注目してきた。地元の人たちの言説は、「郡部や周辺地域から〝まち〟に集まってくるから」と、当然のように語る。この当然のよう

---

(21) その言説で決着しその先に進まない。

な語りには、人口が少ない（人がいないという言い訳）という課題を超越させる（人を集める）ヒントが隠されている。[22]

♡さらに四大まつりを考える

「酒田まつり」（五月）をメインに、「港まつり」（八月）、「どんしゃんまつり」（一〇月）、「日本海寒鱈まつり」（一月）のいわゆる四大まつりを検証する。それぞれに共通した人の集まりをみる。とくに、中心市街地百貨店の人の動きは、店内の賑わいに洗面所（トイレ空間）の行列にそれをみることができる。年間を通して、ローカル百貨店の賑わっている時を集中的に追った。そこでは必ず何らかの中心市街地でのイベントの実施がある。

二〇一一年から継続してきた「清水屋百貨店」の動向調査は、中心市街地のシンボルであるゆえにまちの賑わいを判断するバロメーターになっている。中心市街地に「めざすもの」の確定である。

♡市内居住者以外の人びとの存在

「めざすもの」こそ、「とりあえず〇〇へ」から「目的をもって〇〇に出かける」という積極的な人びとの行動に反映されている。[23] それを受け入れる準備をすることが中心市街地再生に必要だ。日常と非日常の人の流れを混乱させ、人がいないから〇〇だという帰属処理の結論から脱却しなければならない。

東京との比較でもなく、他の都市との比較でもなく、一〇万都市である酒田市そのものの現実をみる。そこに起点を定めて中心市街地を検証すれば、「めざすもの」が浮かび上がってくる。

---

(22) 「酒田まつり」に来る人を「1年に12回」のミニフェスへ誘導。

(23) 効率よく12回のテーマを設定する。

人びとが積極的に中心市街地をめざしたくなる「目的」「動機」を用意することだ。

2 「四大フェス」プラス「ミニフェス」&イベントの発想

♡プレ四大まつりにリンクさせたミニフェスティバル

ミニフェスの具体的な例として、四大まつりの関連行事にリンクさせた内容のイベントをあげる。告知イベントのような性格をもちながら酒田まつりを盛り上げる。いまの神事(神宿)などに子どもたちや若者たちが気軽に参加する、酒田まつり本番のプレイベントの企画である。[24] 港まつりなどの前夜祭に開催される「花火ショー」などと似たような性格をもっている。同じようにどんしゃんまつりには、収穫を絡めた「生産者ツアー」などの組み入れ、「日本海寒鱈まつり」では、酒田港や漁業関係者との交流イベントとして、現在企画している寒鱈解体実演などは賑わっている。それぞれのまつりにリンクさせることは付加価値をつけることである。メインの内容とサブの内容を重ね合わせることで多世代にわたる楽しみが中心市街地で満喫できよう。

♡ミニフェスプラス生産者との関連イベント

四大まつり以外に、酒田市の伝統である「いか釣り船団出航式」に合わせたイベントも盛大におこなわれ、漁業関係者や家族のみならず、一般市民たちも楽しむ機会になって久しい。「松山薪能」や「平田」「松山」「八幡」地域のまつりを、中心市街地に告知し、プレイベントを市

(24) 「プレ酒田まつり」として前後にミニフェスの企画。

内で実施し、関心を高める。それで各地域のイベントに足を運ぶ市民も増え、関係地区の人も中心市街地に集まり、相互に効果をともなう。参加し合い地域ごとの交流にもつながり、その地区を知ってもらうことなる。あらたなミニフェスである[25]。

中心市街地商店街のミニフェスイベントは、四大まつりの延長に、中心市街地商店街の協力があってこの効果は倍増する。それ以外に年間をとおして、「GWこどもまつり」「わくわくマーケット」「中町マルシェ」「縁日まつり」「イルミネーション点灯」は、中心商店街による重要イベントである。

♡1年に12日間、中心市街地に人を集める[26]

四大フェスタは、酒田の地域性や風土・文化的スタイルに根ざしてきた伝統的な行事である。それを維持しながら、子どもたちや若い世代が、よりそれを継承し、関心を抱くために、伝統にあらたな伝統を駆使したスタイルも採り入れてみる。それがポピュラーカルチャーとしてのあらたな文化を中心市街地から発信させる試みである。

「酒田雛街道」プラス「カワイイ」イベントとして、雛人形、京文化、京菓子、舞娘、他プラス今日的にアレンジした「人力車」によるカワイイイベント。伝統からポピュラーな文化の典型的な実践を提言したい。そしてもう一つの伝統としての地域キャラクター、行政サイドによるキャラクター「もしぇのん」「あののん」。商店街サイドによるキャラクター「チュワちゃん」。両キャラクターは、中心市街地から発信するポピュラーカルチャーのシンボルとして活動が広まることになる。

「1年に12日間、中心市街地に人を集める」をメインに掲げたのは、観光立国化の影響で多

---

(25) 酒田まつり来訪者を年に12回分散させる。

(26) 年齢嗜好など属性に応じた12パターンのイベント企画。

くの関係者が疲弊している現状は否定できない。まずはそこから離れて、「1年に12日間、中心市街地に人を集める」ことを提言したい。

参考文献

・伊奈正人、一九九五年、『若者文化のフィールドワーク―もう一つの地域文化を求めて―』勁草書房
・宮台真司、二〇一四年、『私たちはどこから来て、どこへ行くのか』幻冬舎
・仲川秀樹、二〇〇五年、『メディア文化の街とアイドル―酒田中町商店街「グリーン・ハウス」「SHIP」から中心市街地活性化へ―』学陽書房
・仲川秀樹、二〇〇六年、『もう一つの地域社会論―酒田大火30年、「メディア文化の街」ふたたび―』学文社
・仲川秀樹、二〇一〇年、『おしゃれとカワイイの社会学―酒田の街と都市の若者文化―』学文社
・仲川秀樹、二〇一二年、『コンパクトシティと百貨店の社会学―酒田「マリーン5清水屋」をキーにした中心市街地再生―』学文社
・仲川秀樹、二〇一四年、『ファッション・コミュニケーション・エンタテインメント―ローカル百貨店の挑戦―』学文社

第9章 メディア文化の街と中町モールを軸とした中心市街地再生

Ⅰ 第9回中町シンポジウム（二〇一八）からの提言

共通テーマ『中町モールを軸とした中心市街地再生
―メディア文化の街とエンタテインメント空間ふたたび―』(1)

第1節 前回振り返りと中心市街地での文化発信

1 伝統からあたらしいポピュラーな文化を発信する

♡人の集まりと伝統文化

ショッピングモール化を軸とする中心市街地再生に欠かすことができないのは、人の集まり

（1） 二〇一八年一〇月一四日（日）開催。

である。酒田には(酒田に限らないが)多くの伝統文化が存在している。その原型のパターン変化とした、あらたな文化、ポピュラーカルチャーとしてそれを展開することで既存の世代に限らずあらたな世代を中心市街地に呼び込むことが可能となる。前回のシンポジウムは、伝統文化としての獅子頭にアレンジしたあらたな文化「もしぇのん」「あののん」を追った。キャラクターをとおして先人から若い世代に、伝統に溶け込むような環境を形成する様子を探った。行政機関の取り組みに合わせるかのように民間でも中町中和会商店街発キャラクター「チュワちゃん」を誕生させ、中心市街地の人の集まりに貢献させた。そして、シンポジウムのもう一つの目玉に、全国的な盛り上がりをみせて久しい、コスプレ・アニメ・若者たちの具体的事例も紹介した。(2) 実際、コスプレを身にまとったゲストも登場していただき、酒田に潜在するメディア文化のスタイルを掘り起こす機会になった。

♡「中町モール」に注目

第9回シンポジウムでは「中町モール」の進化に注目する。二〇一八年四月に完成した「中町モール」は、これまで安全・安心エリアであることから子どもたちや高齢者の方々にとって、ゆとりをもった時間を費やすことができるセーフティ空間である。同時に、多彩なイベントを開催し、人を集める空間でもある。

「中町モール」周辺には、行政・金融機関・病院・スーパー、そして百貨店というコンパクト機能をもつ環境を備えている。二〇一七年四月に「健康増進にぎわいプラザ」が開設され、市民生活をサポートする機能性の高い設備も整ってきた。中町で懸案だった中高生のフリースペースも設けられ、中町を訪れた中高生たちのコミュニケーション空間の機能も有している。「中

(2) 第8回中町シンポジウムではアニメ・コスプレグループの方々が参加。

町モール」にドーム型天井の完成。子どもたちも楽しめるフロア改装も進められた。その結果、夏、猛暑の中で噴水の水遊びに集まる多くの親子連れの姿は、「中町モール」のあらたな風物詩ともいえよう。安心・安全な水遊びが中町でできる「中町モール」は、地方都市の中心市街地を象徴する新しい空間をめざしている。

2 ポピュラーな文化発信のために

♡「1年に12日間人を集める」

酒田市中心市街地中町エリアには、かつてのメディア文化の街を象徴する環境が備わっていた。しかし、酒田大火以降その姿も失われつつあった。それでも「中町発アイドルプロジェクト」「中町シネ・サロン」上映会など、メディア文化の街としてのプライドは続いていた。近年では、キャラクターを駆使し、全国のゆるキャラブームとは一線を画した取り組みも功を奏している。

酒田まつりの「人力車」、酒田のシンボル「獅子頭ファミリー」は、伝統文化にあらたな要素を加え、若者や子どもたちに絶大な人気を誇っている。このあらたな文化こそ、ポピュラーな文化であり、メディア文化の街酒田と結びつくものである。中心市街地中町に根ざしたメディア文化の街の意味をふたたび探りながら中心市街地に人を集めるための条件を提示したい。昨年のシンポジウムでも提案した「1年に12日間人を集める」ことの実践となる(3)。

酒田まつりを例として、四大まつりにプラス「中町モール」での各種のイベント開催により

(3) あらたな文化に沿った属性別イベント企画で年に12日間集客を。

中心市街地への市民の集客は、「1年に12日間人を集める」ことを可能とする。それは酒田の地域性と市民性に合わせることで実現する。本章では実践例を提言したい。

♡プレ「メディア文化の街」ふたたび

昨年度のシンポジウムの論点は「伝統からあたらしい文化の発信」においた。高齢者や子どもたちも安心な中心市街地に若者や、あらたな階層を呼び込む文化的な発信を強く求める内容となった。酒田市には、数多くの伝統文化が存在し、それが国内のみならず世界に向けて活動を繰り広げている。観光立国日本ならではの風景であり、特別めずらしいことではない。しかし、酒田市は、日本遺産登録から国際的な交流、学術的な催し物など、幅広い内容は、単に観光のみに限定されていない特徴がある。国内から酒田に立ち寄り（寄港し）、酒田の伝統文化を感じ取っていく人びとは多い。その伝統文化から学術的な文化に並列させるあたらしい文化、つまりポピュラーな文化の発信を考えることで、あらたな階層にも注目される。中心市街地のまちづくりにも影響を与えるであろう。

「中町モール」の完成によりメディア文化の街酒田を実践する環境も整った。そこで二〇一八年のシンポジウムでは、「中町モール」で実施するエンタテインメント企画を考えながら、中心市街地再生を図っていきたい。

例えば、「マリーン5清水屋ミュージアムホール」で開催されている文化イベントの広がりである。ポピュラーカルチャーとしてのメディア文化としての若者向けイベント。最近では、アニメや映画などに関する世界を展示・発表することであらたな集客を見込む。昨年GW期間中に東京以外初開催され、連日予約でいっぱいだった「英国風メイド喫茶」（秋葉原などのメイドカフェとは異なる）は、酒田市内の紅茶屋さんの商品を使用したことで、その商品は東京にも広がりをみせた。東京や県内外からも人びとがかけつけた。(4)
コンテンツ内容は、年齢層によって見方は異なるだろうが、映画やアニメの世界のコスチュームをコーディネイトし、それを共有する地元の若者の存在は見逃せない。市内各地で開催されたメディア文化的なイベントを、中心市街地で幅広く開催し、中町に人を呼び込む。それは「中町モール」を将来の「ショッピングモール化」に連動させ、伝統文化からあたらしい文化をシーズンごとにその色合いをみせる空間として積極的に機能することを望む。

「メディア文化の街、酒田」それを象徴したのが、一九七六年まで中心市街地中町に存在した洋画専門館「グリーン・ハウス」であった。二〇一七年一〇月開催の「山形国際ドキュメンタリー映画祭」にて、『世界一と言われた映画館―酒田グリーン・ハウス証言集―』が公開された。そして二〇一八年四月一四日に酒田市での特別先行上映、その後、鶴岡市、山形市で上映が開始され、多くの人びとが訪れ、予定外の上映延長がこの夏までなされた。そして九月には奈良での特別上映、二〇一九年年明けには、首都東京、映画の伝統有楽町での公開も決定している。(5) この映画の背景「メディア文化の街、酒田」としてふさわしい試みを考えてみたい。

二〇一八年第9回中町シンポジウムでは「メディア文化の街ふたたび」を共通テーマにした。その先にあるのは「メディア文化都市〝酒田〟」である。

---

(4) 東京池袋「ワンダーパーラーカフェ」二〇一七年五月三日〜五日出張営業。

(5) 本書、第二章参照。

第2節　二〇一八年の実証研究

1　メディア文化の街にみる人の集まり

♡実践的予備調査第一グループ（五月一八日〜二一日）(6)

「人がたくさん集まる中心市街地」を対象に検証する。過去のフィールドワーク同様、中町（清水屋店内状況、酒田まつり露店状況、中町モールイベント状況）とメディア・スポット（山居倉庫界隈、日和山界隈）を歩きながら、年度ごとの変化を確認する。

最初に、「酒田まつり」人力車イベントに参加し、メインストリートを回った。中町全体がおまつりの準備、多少のバラつきはあるが、各所に人が多く集まる状況を確認。中心市街地の存在感、キーパーソンの方々と偶然お会いする機会が非常に多かった。「中町に来れば誰かと会う」、かつて「ＳＨＩＰ」ファンとの合言葉どおり、コンパクトシティとして機能する中心市街地中町を感じた。

「酒田まつり」のイベント集客力にあるのは、一大イベントにおける人の集中する目的と動機であった。これが「一年に一二日間人を集める」のヒントとなる。

♡実践的予備調査第二グループ（六月八日〜一〇日）(7)

「人があまりいない日常の中心市街地」を検証する。中町（清水屋店内、各商店街、酒田市交流ひろば）では、まばらな人の動きを確認。さらにメディア・スポットの状況は、「白ばら」

---

(6) 酒田まつり賑わいグループ。イベント参加。

(7) 日常的な街グループ。メディア・スポット検証。

（日本最北端のグランドキャバレー）、「山王くらぶ」（酒田の料亭文化・歴史を紹介する施設）、「港座・旧小幡」（映画『おくりびと』の舞台）そして「日和山公園」界隈の観光客などの動向を検証する。中心市街地からかなり離れるが、伝統スポット（松山・薪能の会場）にも足を運ぶ。

結果として、天候もかなり影響し中町に人をみることは少ない。ただ、キーパーソンの方々とお会いする機会はあった（中心市街地の存在感）。商店街、「清水屋」店内では、人が集まるブースと人が集まらないブースは明確である（過去のフィールドワーク同様）。一部人の集中する店舗の存在は従来どおり、全体をとおしてみれば中心市街地中町に人は集まらない。酒田まつり開催中の第一グループとの大きな差であった。

♡実践的予備調査第三グループ（六月一五日〜一七日）[8]

今回は、日常の中心市街地とイベント開催時の中心市街地の比較を試みた。日常の検証は（第二グループと同様）の他、「中町モール」での「わくわくマーケット」のイベントを検証する。モールには多くの出店ブースに人が集まり、オープニングの「ZIPPYチアダンススクール」には家族連れの声援が多く飛んだ。続いて日和山公園での「ポケモンGO」イベント中に、一時的ではあるが多くの市民が集まった。

「中町モール」のイベント効果は、ある程度の予想はあったものの、スムーズに歩けないほどの賑わいをみせており、集客は安定している。年に一二回人を集めることの実現はイベント内容の選択によるところがかなり大きいと確信した。

（8）中町ミニフェス検証。一二日間集客の実現可能。

2　中心市街地中町イベントにおける集客

♡重要な市民の一体感

やはり「酒田まつり」の集客は断トツで、年に一度の伝統的イベントとして創始四〇〇年を超えた歴史をものがたっている。今回は、「酒田まつり」メインの山車行列に加わり、人力車でのパレード参加となる。着付けをし、「清水屋」前から人力車に乗って約三時間、中心市街地を一周する。人力車に乗っている時、パレードの沿道にいる人びとに笑顔で手を振りながら、沿道の市民と会話をし、人力車から降りて子どもたちにキャンディーを配布し、市民との一体感を味わう。

人力車パレードからみる市民との一体感こそ、伝統的なまつりに対する市民たちの参加意識の高さの証明となる。中心市街地にかつてない市民が集まる状況に、1年に12日人を集める現実性に、手ごたえも感じはじめた。

♡いくつかの複合的な要因

予備調査の四日間のうち、第一日目（準備日）と第二日目（初日）は天候の影響と市内小中高も通常授業のためか、酒田まつり初日の「露店」や「清水屋」店内に人が少なかった。とくに若者が少ないという印象を持った。本まつり当日は天気も回復し、山車パレード沿道に多くの人が集まった。若者の姿も多く見られた(9)。

地方都市に限らず、曜日や天候条件などによる人の集まりには、共通性がある。地方と大都市の単純な比較はできないが、ただ言えることは、イベント内容と良好な環境が揃うこと

---

(9)　地元中高生、周辺集落、一般客の属性を振り分けると人の動きが理解できる。

によって大勢の市民が中心市街地に集まることは既に実証済みだ。中心市街地「中町モール」の完成に合わせたイベントで、「1年間に12日間人を集める」ことは期待できる。

♡若者たち（子どもたち）の居場所確保「中町モール」

「中町モール」の魅力は、「にぎわい健康プラザ」内フリースペースである。毎回中高生の姿が多くみられる。個人学習したり、会話をしたり、自由なコミュニケーションが可能になるエリア。二〇〇九年市内高校生調査結果にあった「中町に自由な場所が欲しい」という中高生の願いに、酒田市が応えてくれたエリアである。(10)

そして猛暑であったこの夏、もっとも市民の期待に応えてくれたのが中町モール噴水であった。家族連れの子どもたちが自由に水遊びを楽しみ、その脇で親たちが見守っている風景、どんなに微笑ましいことであったか、こんな安全で安心なフリースペースが中心市街地にあることは地元市民の財産の一つであろう。知名度アップに関係機関はより積極的な広報活動を願う。

---

(10) 中心市街地中町に居場所の要望は強かった。

第3節　美味しい美しい快適な「中町モール」演出の提言

1　美味しい「中町モール」の演出

♡酒田チャーハンからダンスイベントまで

酒田には山の幸から海の幸、多彩なフルーツ、地酒など全国的に代表する多くの特産物が存在している。その特産物を使用し、酒田風オリジナルな新しいメニューを考えてみた。つぎに、中心市街地中町には、健康プラザのオープン、フリースペースの設置、ドーム型屋根の完成で全天候型イベント開催、注目度が一役増した「中町モール」。これまでのフィールドワークと今回予備調査の経過から、「中町モール」を盛るダンス企画を考えた。

♡庄内米で「盛る」美味しい「中町モール」の演出

山形県はラーメンの消費量全国トップクラス。内陸地方の「冷やしラーメン」から酒田の「ワンタンメン」などご当地ラーメンが数多く存在する。とくに酒田は、老舗のラーメン店が多数構え、各店独自の味を提供し常連客を確保している。年間に「ラーメンサミット・ＥＸＰＯ」などの大イベントを開催し、味も注目度も抜群である。(11)

そこで酒田の特産物にスポットを当て、庄内米と合わせたメニューを提案したい。「中町モール」でのイベント時に提供することで、「酒田ラーメン」と並び、あらためて庄内米の価値を高めることになる。同時に「美味しい中町モール」の演出になると考えた。

(11)「酒田チャーハン」に期待したい。

メニュー	使用する食材
酒田チャーハン	庄内米、庄内豚、赤ネギ
	庄内米、鮭、赤ネギ
	庄内米、蟹、パプリカ
	庄内米、海老、イカ
酒田チャーシュー	三元豚、もち豚
まるごと酒田ソーダ	庄内砂丘メロン、刈屋梨、庄内砂丘いちご、庄内柿
酒田パイ（ニュージーランド）	刈屋梨、庄内豚、海鮮

♡「酒田チャーハン」「酒田チャーシュー」「酒田パイ」「まるごと酒田ソーダ」

「麺（ラーメン）が有名ならお米はどうなのか」という学生どうしの会話から生まれた「酒田チャーハン」。庄内米を使用し、地元特産の野菜や同じく地元豚肉、日本海の海鮮をふんだんに使用した内容として、地元民から全国各地に広がる可能性をもつ。

バリエーション豊かな「酒田チャーシュー」は、銘酒ぞろいの酒田で何か酒のおつまみをという発想から生まれ、豚肉の有名な酒田ならではの一品。おつまみとしてだけでなくラーメンのトッピングとして「酒田ラーメン」とのコラボレーションも実現可能。

懐かしさの漂う「まるごと酒田ソーダ」の提案[12]。庄内地方の酒田市は日本海に面し砂丘地も広い。そこで庄内砂丘メロンや刈屋梨を一個丸々使い、果肉の部分をくり抜き、そこにソーダを注いだ「まるごと庄内砂丘メロンソーダ」「まるごと刈屋梨ソーダ」、庄内砂丘いちごや庄内柿を使ったソーダ等の飲み物を提供することであらたな特産品になるのではないか。「インスタ映え」という言葉がトレンドの現代では、キャッチーな見た目にすることで人びとの注目を集めることができる。さらに若者の集客にも繋がる。

(12) サイダーは山形県そして酒田の味。

そして国際レベルで「酒田パイ」を提案する。酒田市は二〇一〇年東京オリンピック・パラリンピックのニュージーランドのホストタウン。ニュージーランドと酒田市は学術・文化交流などを進めている。そのニュージーランドで国民食的に親しまれている食べ物が「パイ」。おかず系からスイーツ系までさまざまな種類が並ぶ。そこでパイの中身に酒田の特産物を使用し、「海外コラボレーション」というキャッチフレーズのもとで売り出したら注目を浴びるのではないか。フルーツを使用した「刈屋梨パイ」はもちろん、蟹やイカを使用した「海の幸パイ」、海老を使用した「ガーリックシュリンプパイ」など、ニュージーランドの食文化を採り入れることにより、さらに両都市の交流が深まる。

2　美しい「中町モール」の演出

♡ダンスイベントで「盛る」美しい「中町モール」

屋根がつき、「にぎわい健康プラザ」のイベントスペースと直結させ、一体的に動き回れるようになった「中町モール」では、今まで以上にさまざまなイベント開催が可能となった。それを機に中高生から若者のあいだに全国的に広がった「ダンスイベント」に焦点をあててみたい。

近年ダンスは中学校の授業において必修となり、ダンス部をつくる学校も増えて注目を集めている。そこで酒田市内の高校ダンス部（サークル）に声をかけ、「中町モール」ダンスイベントの開催を提案したい。ステージをモール中央に設置し、三六〇度鑑賞可能にすることで、大勢の人と一体感が楽しめる。ステージが中央のため、モールの両脇が通路となり、通りすがりの人が足を止める可能性も出てくる（「中町モール」のよさ）。高校との共催イベントにすることで「友達のダンスを観に来た」などの理由で、「中町モール」に若者が集まるメリットも生まれる。関連商品などのブースをつくることで、若者たちの積極的消費にもつながる。何より「中町モール」の知名度も上昇する。

♡「中町モール」で「盛る」

「美味しい中町モール」「美しい中町モール」のようなスタイルを浸透させることで、酒田の特産とトレンド要素が広がる。チャーハンやソーダの具材などを用いた商品は、一般的にも魅力あるメニューとして根づく要素はもっている。とくに地元特産品をふんだんに使用することで、生産者や料理人のあらたな発想も期待できる。

「食」と「美」を追究するイベントの先には、メディア文化の街特有のコンテンツを生み出すことにつながる。「中町モール」の開催は、中心市街地で積極的な消費行動が展開されよう。イベントごとに中町に人が集まり、その結果、「中町モール」を「盛る」ことになる。(13)

3　快適な「中町モール」で映画上映の演出

♡あらたな風景を「中町モール」で

トレンドに敏感でそのスタイルに酒田の地域性をみる。酒田大火以降その勢いが沈滞しているなかでも数々のイベント企画は続けられた。本書でも紹介したようなメディア文化的イベン

(13)「盛る」は「映え」にソーシャル・メディアに連動。

トは、全国的にも先行し、つねに先陣を切りながら、いいところは他の地域にもっていかれる。それも地域性だとして諦め帰属処理で済ますことは多く、ジレンマは続く。

あらたな風景を中心市街地で企画できないだろうか。「中町モール」も完成し、本書のタイトルにもつながるこの空間で映画のイベント上映ができないだろうか。今回のシンポジウムでの重要な「原風景のパターン変化」の取り組みとして「中町モール映画上映企画」である。いずれもすぐに実現可能な企画として提案したい。[14]

♡「中町モール」映画上映会

〈「にぎわい健康プラザ」の集いのスペース〉

すでにテーブルや椅子などが用意されており、加えて音響や映像設備も備えられている。イベントなどで利用できる空間が用意されている。そのあらかじめ完備されている場所ならセッティングも容易であり、数日間にかけてイベント上映を開催することができる。

〈「中町モール」空間内〉

まさに中心市街地での映画上映。スクリーンとスピーカーを設置し、野外上映会を実施する。近年、野外上映型映画祭が増えているということを受け、映画館がシンボルだったこの地で、あらたな風景を実現することになる。ベンチ以外に和の要素を取り入れ、畳シートでくつろぎ、快適な「中町モール」での映画鑑賞を考えたい。

♡あらたなシネコン環境の誕生

「中町モール」での映画上映は、四シーズンに合わせた環境の提供を基本にする。上映前後

---

(14) 中心市街地に会場確保。あとはボランティアの存在。

にその季節の旬のスイーツを移動販売し、それを片手に映画鑑賞を楽しむ。野外鑑賞の醍醐味を、地元の名品を味わいながら、中心市街地であらたな風景を演出する。
○春到来「お花見上映会」（新年度フレッシュな感覚でのイベント。お花見スイーツ）
○夏の夕「夕涼み上映会」（真夏のイベント。地元和洋菓子店のスイーツ）
○秋月見「月をテーマにした上映会」（秋の夜長のイベント。月見スイーツ）
○寒い冬「テント内で暖を取り映画をみる」（真冬の強風の酒田を逆手に温かいスイーツ）
などの提供は、かつての「グリーン・ハウス」館内にあったような施設を想い出させる。

四季のイベントは映画上映に付加価値をつけることになり、シネコン感覚を中心市街地で味わうことができよう。季節に合わせた料理や飲み物・デザートを販売・提供し映画を楽しむことであらたなシネコン環境の誕生となる(15)。

日常、人がいない中心市街地中町ながら、いざイベントが開催されると多くの人が集まるという非日常に注目したい。メディア文化の街としての封印をあらためて解きながら、酒田をふたたびメディア文化の街としてシンボライズする、「中町モール」での映画上映企画は、大きなインパルスになるのではないか。


♡新しい提案とともに歴史的過程から中心市街地の原型を活かす

毎回のシンポジウムではつねに新しい試みを提案しているわけではない。中心市街地中町の伝統を活かしながら、「原型のパターン変化」（ここでは伝統文化を現代的に活かす試み）としてのコンテンツを絶えず考える。地元のよさを否定せず、外部の人間が抱く客観的な想いを取り込みながら、地元の若い人たちがそれを継承する。そんな魅力あるポピュラーな文化の必要

(15) 複合型施設そのもの。

性を求め続けることである。(16)

述べ9回を数えた中町シンポジウムも、内容は歴史的連続性に沿ったものであること。酒田の歴史的過程そのものを連続的に大局的に検証した結果であること。その時々のトピックを取り上げるだけでなく、それを連続しながら完結させることを目的としている。「中町モール」と「中町ショッピングモール化」の検証は続く。

参考文献

・伊奈正人、一九九五年、『若者文化のフィールドワーク―もう一つの地域文化を求めて―』勁草書房
・宮台真司、二〇一四年、『私たちはどこから来て、どこへ行くのか』幻冬舎
・仲川秀樹、二〇〇五年、『メディア文化の街とアイドル―酒田中町商店街「グリーン・ハウス」「SHIP」から中心市街地活性化へ―』学陽書房
・仲川秀樹、二〇〇六年、『もう一つの地域社会論―酒田大火30年、メディア文化の街ふたたび―』学文社
・仲川秀樹、二〇一〇年、『おしゃれとカワイイの社会学―酒田の街と都市の若者文化―』学文社
・仲川秀樹、二〇一二年、『コンパクトシティと百貨店の社会学―酒田「マリーン5清水屋」をキーとした中心市街地再生―』学文社
・仲川秀樹、二〇一四年、『ファッション・コミュニケーション・エンタテインメント―ローカル百貨店の挑戦―』学文社

(16) 地元のよさに新規な取り込み、伝統の進化につながる。

第10章

メディア文化の街と中心市街地のゆくえ

Ⅰ　第10回記念中町シンポジウム&ワークショップ（二〇一九）からの提言

共通テーマ『地方都市中心市街地のゆくえ
——メディア文化の街はどこへ向かうのか[1]——』

第1節　酒田フィールドワーク・中町シンポジウムの経過（二〇〇三—二〇一九）

1　フィールドワークからみえた中心市街地の現実

♡すべては二〇〇三年

中心市街地の現実を学生たちと向かい合ったのは二〇〇三年六月のユニット別調査であった。

(1) 二〇一九年一〇月一九日（日）開催。

続いて九月に全体でのフィールドワークを実施する。そして準備期間を経て、二〇〇五年、記念すべき第1回中町シンポジウムを開催する。(2) そして二〇一九年中町シンポジウムは、第10回を迎え、記念シンポジウム&ワークショップとしての開催となった。

過去のシンポジウム共通テーマは、第1回「メディア文化の街と商店街の進化」(二〇〇五年)、第2回「おしゃれとカワイイスポットを探そう」(二〇〇九年)、第3回「中心市街地シンボルのゆくえ―百貨店の重要性と存在価値―」(二〇一一年)、第4回「コンパクトシティと百貨店のファッション性」(二〇一二年)、第5回「中心市街地から発信するメディア文化―ファッション・コミュニケーションと百貨店―」(二〇一三年)(3)。第6回「中町でおしゃれしよう!―社会学から考える―」(二〇一四年)、第7回「ローカル百貨店から考える地方創生―中心市街地商店街のショッピングモール化―」(二〇一六年)(4)。第8回「ショッピングモール化を軸とした中心市街地再生―伝統からあたらしいポピュラーな文化の発信―」(二〇一七年)(5)。第9回「中町モールを軸とした中心市街地再生―メディア文化の街とエンタテインメント空間ふたたび―」(二〇一八年)である。(6) いずれも社会学の視点から検証を続けてきた。

♡中心市街地の進化に注目した

初期の頃は、中心市街地商店街の活性化のその先、進化の部分に注目した。「グリーン・ハウス」世代による「商店街発アイドル」プロジェクトからメディア文化の伝統を確認した。つぎに、中心市街地らしくファッションを対象に「おしゃれやカワイイスポット」を探し、中町商店街に若者が集まる企画を提案した。その頃、中心市街地のシンボル「清水屋」撤退問題が起こり、ローカル百貨店継続へ向けて、フィールドワークとシンポジウムでその必要性を集中

(2) 予備調査の結果報告の場として開催。
(3) 本書、第六章参照。
(4) 本書、第七章参照。
(5) 本書、第八章参照。
(6) 本書、第九章参照。

的に取り上げた[7]。とくに百貨店のファッション性はコンパクトシティ中町の位置を示す重要な論点であった。フィールドワークを重ねるうちに、中心市街地をめぐる環境も大きく変化する。「中町モール」の完成前後に、中心市街地生き残りをかけた「中心市街地ショッピングモール化」の条件づくりにとりかかった。伝統文化をベースにあたらしいポピュラーな文化の発信を中心市街地に求める必要性である。今回のシンポジウムはこれまでのフィールドワークにおける研究成果の集大成として、「中心市街地再生の切り札」を提言する運びである。

♡永遠の研究対象「中町商店街」

二〇年にわたる実証研究の対象は、山形県酒田市中心市街地「中町商店街」である。地方都市の中心市街地とはいえ、「世界一と言われた映画館『グリーン・ハウス』」があった街、「中町ファッション」をコーディネイトして出かける街、「商店街発アイドル」を誕生させた街。メディア文化的な地域性をもつ「メディア文化の街」と位置づけた。その中町を対象とした研究は、多彩なプロジェクトと中心市街地進化のために費やされた時間と二〇年のあいだ目まぐるしく変わる中心市街地にどのように標準を合わせ続けるか困難を極めた。シンポジウムでも問題や課題に対して、反復の対応が続いた。同じようなことばかりやっているように映ってしまうのは否めない。共通テーマの内容が重なってしまうジレンマはいまだに続いている。

中心市街地中町の未来を考えるために解決せざるを得ない、ひしめき合う潜在的で現実的な問題・課題は処理する間もなく、より複雑性を増していく。人間が存在する限り、その時点における人びとの嗜好にどのように応えるのか。それは永遠に続く問題である。

---

(7) 「清水屋百貨店」を集中的に取り上げた。

2　フィールドワークから感じた「原型のパターン変化」

♡メディア文化の街と向き合い17年

10回目のシンポジウムを迎え、17年間のフィールドワークで感じることは、毎回学生が異なることにある。入学し卒業し、その繰り返しだった。この間、四年生は三年生にフィールドワークの記録を伝え、三年生は四年生から引き継いだ記録をつぎの新三年生へ渡す。その間もつねに中心市街地は揺れ動き、既存の対応では追いつかないことも多かった。ただ学生は若いため、適応能力が速く、変動する中心市街地の課題に対し、シンポジウムでは毎回その問題解決に学生なりの成果を出し続けてきた。

そして現在、中心市街地のシンボルが消滅し、コンパクトシティ構想のゆくえも不透明な状態が続いている。これまで「清水屋」が支えてきた中心市街地が激震し、さらに郊外型店舗に押され、衰退の流れを受けながらも中心商店街のメディア文化的イベントは内容を進化させながら持ちこたえている[8]。第九回シンポジウムで提言した「1年間で12口間人を集める」。決して不可能なことではない。むしろ酒田市民の新規さに敏感な気質に合ったバランスのいい試みになるであろう。願望でなく、「中町モール」の活用によってそれが実現できると確信する。その理由は、先発組である「清水屋」および「中町中和会商店街」を中心とした長いあいだの努力が、「中町モール」の完成によって、「中通り商店街」などとのコラボからあらたな賑わいをもたらす企画を実現させているからである[9]。

(8) 四大まつりに準ずるミニフエスにかかる。

(9) たとえば「北前朝市」。

♡あえて中心市街地の郷愁へフィードバックしたい

トレンドに敏感で新規なコンテンツに走る酒田市民。ここは流行の周期を逆手にとることで、期待感を分散させる行動に移す。12日間の限定イベントは酒田市民の移り気に対応する時間差になると考えた。そこでどのような内容にするのか。すでに前回のシンポジウムで具体的なコンテンツを示した。「美味しい美しい快適な中町モール」のコピーを前面に打ち出した限定企画にある[10]。既存のスタイルに新規さを重ね収斂したテーマこそ酒田市民の期待に応えるのではないか。中心市街地のノスタルジックな想い、振り返りながら新規を探るテーマは、まさにメディア文化の街にふさわしい取り組みである。

今回の記念シンポジウム&ワークショップでは、あえて中心市街地のレトロ空間を呼び戻し、既存のメディアにはみられない酒田らしさ、酒田の原風景を探しに出かけた。原型を再考することは、時代のパターン変化に合わせたスタイルを提供することになる。限定イベントの効果も発揮できる。市民の気質に沿う場所、中心市街地の未来へ向けてのパースペクティヴとしたい。

♡「ワークショップ」

シンポジウム後半では「どうしたら酒田が盛り上がるのか」をテーマに、はじめての「ワークショップ」を企画した。過去のシンポジウムで、フロアの参加者と学生たちの交流機会がなく、参加いただいた市民の方々の意見を得ることができなかった。それを受けて「カフェ&座談会スタイル」によって開催された。「ワークショップ報告」&「Halloween 中町」へ向けて、なども話し合われた[11]。

ユニット1　酒田を語りましょう①「日常と非日常の中心市街地」

---

(10) 酒田市民の地域性と関心度に合わせた新規な試みを提供。

(11) 毎回フロアの参加者との意見交換の時間が不足していたのを受け実施。

一般参加者 × 学生ユニット

ユニット2 酒田を語りましょう②「中心市街地のレトロ空間」

一般参加者 × 学生ユニット

ユニット3 酒田を語りましょう③「雑誌にはない中心市街地の空間」

一般参加者 × 学生ユニット

「ワークショップ」では、予備調査のテーマに合わせた学生ユニットを構成し、そこにシンポジウム参加者から意見を賜わる。各ユニット代表にワークショップで話し合われた内容の要点は今後の中心市街地に関する資料としたい。また、翌日、一〇月二〇日（日）に開催される、「中町 Halloween」イベント活動を反映する内容となった。

第2節　二〇一九年の実証研究

1　中心市街地の原風景を探す

♡実証的予備調査第一グループ（五月一八日～二二日）(12)

「人が集まる、賑わいのある中心市街地検証」。

ここ数年来継続しての「酒田まつり」パレード参加。人力車に乗車し、中心市街地を一周する。前日までと違い大勢の集まる中町を実体験した。また郊外の八幡町升田地区「玉簾の滝」

(12) 中心市街地と郊外の関係性もみる。

周辺スポットを散策し、中心市街地との関係性などを検証する。

♡実証的予備調査第二グループ（六月七日〜九日）(13)

「ガイドマップ記載以外の周辺スポット検証の旅」。伝説のカクテル「雪国」体験。大人のカクテルをはじめて経験する。酒田市主要イベント「いか釣り船団出航式」参加。酒田市行政機関、商工会議所、中心商店街などの全面サポートによる大がかりな出港式典に参加。埠頭での魚介類の販売、飲食テント、地元舞娘の踊りなど、出航式にふさわしいイベントであった。港町酒田の伝統を感じる時間となる。とくに中心市街地商店街の店舗の移動販売をみて、出張販売のようなスタイルが、多くのイベントを盛り上げていることを確認した。中心市街地商店街の役割は中町以外にもあることを再確認する。

主要イベント以外に、学生自らガイドマップに記載されていないエリアを歩く。光が丘運動施設周辺から、新規開店の飲食店などリポートし、既存の店舗にはない若者向けネット環境の整備事情などをまとめる。ソーシャル・メディアに応える環境構築は今後に活かせる内容だった。

♡実証的予備調査第三グループ（六月一四日〜一六日）(14)

「人のいない日常の中心市街地検証の旅」。海鮮市場朝食、北前横丁屋台村、酒田ラーメン。ブランド「刈屋梨」産地、刈屋地区。

イベント開催なしの日常の中心市街地をツーリストの立場で検証する。海鮮市場に出向き朝食をとり、酒田ラーメンの店舗では、ワンタンメンの歴史を知る。屋台村では、狭いブースでの店主と客とのあいだにある関係を実際に経験する。酒田のブランドフルーツ「刈屋梨」の産

---

(13) ガイドマップ抜きに思いのまま歩いて感じる。

(14) 観光客の目線で歩いてみる。

地に出かけ、生産者の方に説明を受ける。何もない普段の酒田から得るコンテンツの多さに、酒田の日常を知る。

♡実証的予備調査第四グループ（六月二一日〜二三日）(15)

「酒田のレトロ空間スポット検証の旅」。喫茶店散策（昭和のチョコレートパフェ・玩具）。「庄内豚」厚切りロースかつ提供店。

原風景を探す旅という想いから、中心市街地の懐かしさ漂う空間を学生目線でたどる。中心市街地には「喫茶店」が多く存在し、店内装飾とメニューに昭和のレトロ感をみる。デザートなどの美しい盛りつけに思わず「発信したい、分かち合いたい」の思いにかられ「映え」につながった。「パブ」や「レストラン」を訪ね、同じくメニューやインテリアにナチュラルで懐古的な感動を味わう。また、「清水屋」店内洋食店「トポス」での厚切りロースカツ膳（二五〇グラム）に圧倒されながらもボリューム感に満足する。

2　予備調査共通エリア(16)

♡中心市街地共通スポット

毎回、フィールドワークで周る中心市街地は「マリーン5清水屋」「中町モール」「中町中和会・中通り商店街」「柳小路」「日和山公園」「海向寺」「山王くらぶ」「港座」「旧小幡」「山居倉庫」を対象にしている。ユニットに応じて「酒田港」「海鮮市場」から、学生独自の「光が

(15) レトロ空間に絞り探求の旅。

(16) 過去20年にわたりフィールドワークで共通エリアを設定。変化の大きさを感じた。

丘運動場周辺」「八幡・升田地区」「松山地区」「平田地区」などにも足を運ぶ。メディア・スポットとしては、これまで映画やドラマのロケーションエリアを中心に回る。同じ場所を回っても参加する学生たちは毎回異なるために受け止め方の違いを知ることは重要だった。

♡食のスポット

食の部分では、酒田市内（和洋菓子店、和洋飲食店、喫茶カフェ）主要グルメ・スポットを回りながら、歴史的に名を刻んだキーパーソンの品々などを味わう。伝統銘菓を現代的にアレンジした新しいスイーツなどから、時代感覚を感じ取ることも必要と判断し、共通スポットにしている。この二〇年間で共通スポットの変化を比較検証できた。

第３節　中心市街地から生まれるコミュニティの提言

1　メディア文化の街にみる人の集まり

♡日常と非日常のギャップ

昨年に合わせ、中心市街地の日常と非日常の違いを再検証する。第一グループは酒田まつりと同時期に予備調査を実施し、人で賑わう酒田市の中心市街地を追った。酒田まつりの前日は、祭りの準備をする人のみでとくに混雑は見受けられなかった。ところが酒田まつり当日その姿は一変した。人のあいだを縫って進まないと通れないほどに、中心市街地は大勢の人で溢れていた。このギャップは何だろう。ふだんガラガラなのに、どこから人が集まるのだろうか。地元の人でさえ毎年驚く様子を垣間みた。

酒田まつりは慶長一四年（一六〇九年）から一度も休むことなく続いている伝統的な祭りである。今年の酒田まつりは創始四一〇年、令和最初の酒田まつりとなった。酒田まつりの来場者数は、昨年度（二〇一八年）で約二五万人となっている。酒田市の人口が約一〇万であるため、酒田まつりは人口の約二倍以上の人で溢れかえっていることになる。酒田まつりでは八〇〇mほど続く露店、獅子頭ファミリーによるパレード、花魁道中、酒まつりなど、様々なイベントが開催されている。

そこで人が集まる時の様子を「非日常的な酒田の街」とし、その魅力を伝えてみる。逆に、人が集まらない「日常の酒田」の理由を検証する。その比較のなかにメディア文化の街、酒田のゆくえ、その意味が隠されている。

♡大人の空間

酒田は全国でも有数の日本酒が有名な街である。これを満喫するのが「酒まつり」イベントである。一度にいろいろな日本酒を味わうことができるために、中町では日常では見られない数の大人たちが「中町モール」に集まっていた。実際に酒まつりの開始に遭遇したが、時間が経ち人の出入りも増えた。子どもたちが屋台で盛り上がりを見せている中で、酒まつりは昼からお酒を飲むことができ、大人が楽しむイベントである。お祭りといえば子どもたち中心に楽しむ場を想像するが、大人も楽しむことができるイベントの存在は、お祭りの付加価値になる。

大人の空間のさらなる延長として、酒と酒田の名物を使ったつまみや、お酒を買ってくれた人に後日使用できるクーポン配布などのサービスの提供も必要。大人がこれほど一度に中町を訪れることは貴重な機会であり、別の動機から「酒田まつりの中町に出かけよう」と誘いたくなるような状況も生まれる。

♡獅子頭の進化と獅子頭ファミリー

酒田まつりには獅子頭ファミリーと呼ばれる人気の山車行列がある。この山車行列では子どもを大獅子の口の中に入れ、噛んでもらうために子ども連れが並行して歩いている。獅子頭ファミリーは大獅子に加え、仔獅子、赤ちゃん獅子など、酒田の町を象徴するシンボルとして登場し、多くの人に愛されている。酒田の「獅子頭」は、酒田大火復興の象徴として位置づけられた伝統の一つである。

現在、この獅子頭ファミリーは伝統的な文化に親しみを込めた現代文化としてのキャラクター化も進み、子どもや若者にも人気な「愛され」という意味での、キャラクターとしての存在価値をもつにいたった。この二つの要素を持ち合わせる獅子頭ファミリーは、あらたなポピュラーな文化の象徴として重要な役割を担っている。

2 中心市街地コミュニティ空間

♡非日常の酒田まつりにみるコミュニティ

酒田まつりは酒田市を支える、重要な伝統文化である。中心市街地は日常的に人が多く集まることは少ない。イベントを開催することで各地から人が集まり注目される。人が集まるのは偶然ではなく、人が集まるには理由があり、その目的には明確に存在する裏づけがある。伝統的なお祭りに人が訪れ続けるのは、伝統だけでなく、時代に応える新しい試みが、来場者の潜在的な欲求を満たしているからだと考える。

酒田まつりも、酒田の有名な酒を紹介し、利き酒するのではなく、「酒蔵飲み比べ」という試みを採り入れている。パレードも山車を引くだけでなく、獅子パックンのように楽しめるものであり、地域の人が自由（仮装・デザイン）なスタイルで、パレードに参加できる。地域一体でお祭りがおこなわれているのも魅力的である[17]。酒田まつりは、日常、人が集まらない中心市街地が一転してイベントを通して一つになる。そこで地域の人が協力し助け合うコミュニティの存在もみる。酒田まつりはこうした地域の人を結びつける媒体のような存在にもなっている。非日常から生まれる地域コミュニティのまとまりである。

♡地域コミュニティのまとまり

人は魅力を感じ関心を持つ対象に集まる。人びとが感じる魅力や関心は、時代やその時勢により変化を続けている。今年選択されても、来年も選択されるとは限らない。人を集めるということは、その時代の人びとの欲求が充足される対象に焦点を当てることである。酒田まつり

(17) 主催者と参加者が一体になることで中心市街地は確実に賑わう証明。

は中心市街地にもっとも人が集まるイベントで、長年続く伝統である。しかしその伝統を毎年同じように継承していては変化する時代の方向に合わせることが困難になる。つまり人を集めるには、伝統の中にいまの時代に適応されるものを取り入れ、その嗜好に合わせていく必要がある。嗜好とは多くの市民が待ち望んでいるスタイルである。伝統とあらたなスタイルの融合は今後の酒田の発展を左右する。

それを可能にするのは、パレードに参加している各ユニット、地域、小中高校、企業、各種団体、つまりそれぞれのコミュニティである。(18) 酒田まつりでは、地域コミュニティとしてのまとまりが、その時代に沿ったスタイルを提供し、人の賑わいに貢献する可能性をもっている。そこには伝統の上に現代的な伝統を重ね合わせ、より進化したコミュニティが継続され、あらたな非日常を形づくる。今回の提言の一つである。

第４節　地元民の求めるものと観光客が求めるもの

1　ガイドマップとは異なる発見

♡観光雑誌と正確な情報

山形県はその特徴ある気候や土地柄からさまざまな食材がおいしく豊かに育ち、果実大国として知られている。ほかにも山の幸から海の幸、地酒や県民に愛されつづける郷土料理など「お

(18) 参加するための一体感こそコミュニティ形成になる。

いしい山形」として名高い。さらに、豊かな自然に囲まれた山形県では、春夏秋冬を問わず美しい景色を堪能でき、トレッキングや温泉めぐりなども満喫できる。

毎年、順位をめぐって全国各地でさまざまな論争を巻き起こしている「都道府県魅力度ランキング二〇一八」（認知度や魅力度、イメージなど全八四項目の調査）が発表された。山形県は三〇位にランクインし、東北地方の中では最下位となってしまった。調査の質問にある旅行したい動機は、「旅先のおいしいものを味わうため」が最も多く、続いて「ストレスからの逃避、リラックスのため」、「自然を鑑賞、体験するため」という結果だった[19]。

このランキング結果に一喜一憂するだけでは本質を知ることはできない。それでもその理由を検証する必要はある。山形県は、県のもつ多種多様な魅力を十分に活かしきれているのであろうか。地元の情報ばかりでは自画自賛の記事が多く、地元民は正確な状況を把握できないでいるように思う。そこで「酒田」の存在性を高めるための方策を考えていく。

♡観光スポットのギャップ

まず予備調査では、観光雑誌などの媒体に記載されている情報を参照し、市内主要スポットを訪ねた[20]。酒田には日本海の海鮮料理を満喫できるお店や、ワンタンが特徴的なラーメン店、歴史的な建築物などみどころも多い。しかし、実際に検証し、学生たちが気に留めたスポットは、雑誌での取り上げが少ないエリアだった。もちろん既刊の前後に発売された特集記事などでは掲載されたかもしれないし、他の媒体では盛んに紹介はされているとも考えられる。そこで酒田を訪れたゲストはどこに注目していたのか、それを判断する学生たちの目線から追ってみた[21]。

---

(19) 「ＪＴＢＦ旅行者調査二〇一七」サイト参照。

(20) 『るるぶ山形』（ＪＴＢパブリッシング）。他観光雑誌参照。

(21) 客観的な視野で追った。

参考1として店舗販売の商品。

素朴でありながら心がほっとするお茶。このお茶を中心に掲げた和喫茶などを企画したら人気が出そうだと感じた。世代問わず、存分にリラックスしながら会話を楽しむことができるだろう。(飲んだ時、県花である紅花がかわいらしく浮かんでいることに、味だけでなく視覚的にも幸せな気持ちになることができた)。

参考2としてレトロ。

地元では有名でメディアにも頻繁に紹介される中町の屋台村。地元の食材を使った多種多様のテイストのお店が軒を連ねる。どの店舗も活気にあふれ、雰囲気がよくどのお店も入ってみたくなるような雰囲気を醸し出している(店構えをみた時から学生たちは必ず入店するという意識のあった店舗)。鉄板焼き屋で実際に食事し、客同士の距離が近いこと。自然と隣の人と会話の弾む場所。

参考3としてネット環境。

新規に開店し、ネット環境にも対応し、いまの若い人の利便性に応えている。女性が好みそうな豊富なメニューと素敵な内装が施してある。コンセントが完備してあり快適に仕事も長居もできる。店内も若い女性客が多くそれぞれ充実した時間を過ごしているのを感じた。東京のお店にもここまで客目線で、サービスの行き届いた設計がなされた喫茶店は少ない。今後こうした環境の店舗が若者たちを呼び込み、レトロな店舗と共存することで、中心市街地の居場所になる可能性は大きい。

2 隠れたスポットの発信

当然のことではあるが、雑誌であまりピックアップされていない魅力的なスポットは多い。地元メディアでは地域の魅力を「当たり前」として発信するであろうが、外部からのゲスト向けとしては、多大な情報の中で埋もれてしまっている。

近年の旅行形態は団体から個人、少人数へと変化している。つまり、今までの物見遊山的な観光から、より自分の嗜好や本当に観たいもの、感じたいものに焦点を当てた観光を選択するようになった。フィールドワークを通して、意外に、観光客が好きと思うものと、地元の人が好きと思うものは同じなのではないかと思った。地元民だからこそ知っているマニアックな「酒田のいいところ」を観光客に伝えることは重要だと感じた。そのためにもインターネットなどの情報発信は不可欠。

♡外部への積極的発信(22)

メディアを通して「酒田」を伝える。シティプロモーションとして酒田市では、「もしぇのん」「あののん」の存在や「酒田市プロモーション動画」の配信などをあげている。メディア社会、私たちがメディアから受け取るものの影響力は計り知れない。「山形県」から抜け出し「酒田」ブランドを築くためには、メディアの力を最大限利用し、いまあるままの酒田をさらに効果的にプロモーションすることにある。すでに多くの関係機関が手がけてはいるが、より一層の積極的外部発信を待望する。

---

(22) メディア戦略の見直し。アナログ媒体の記録度とソーシャル・メディアの速度をバランスよく活用する。

♡地元民が求めるものは観光客の求めるもの

酒田には食べ物や自然、歴史・文化などあらゆる分野で、現段階で有名なものから無名なものまで、観光客にニーズのある魅力がそろっている。それに地元民が気づいていない、もしくはプロモーションをより充実させる必要があると考えられる。観光形態が変化しているいま、ターゲットの動向の意をくみ取り、分析し、柔軟に対応することで「酒田」が観光地としてより繁栄することにつながると考えられる。

他県他市と差別化を図り、「酒田」をつくるためには尖ったプロモーションを企画する必要がある。酒田には何があるのか。ラーメンなのか、滝なのか、はたまた「人」なのか。ないならないで「ない」を別角度からみることでそれもまた魅力になるはずである。学生たちがみた酒田は、素朴で、丁寧な暮らしそのものだった。酒田がさらに発展するためには、酒田の魅力を再度認知し、「地元民が求めるものは観光客の求めるもの[23]」としての考えの浸透を望み、より観光客の気持ちに寄り添った「酒田」ブランディングを提言したい。

---

(23) 自然なスタイルで地元のウリを伝える。

第5節　中心市街地のレトロ空間の発信

1　レトロ空間再考、あえて昭和〝映え〟を前面に

♡体験したレトロ空間

予備調査第四グループとして、酒田市で体験したレトロな空間、あえて〝昭和映え〟に注目したい。さらに、昭和の空間を逆手に取り、レトロブームを強みにした若者をターゲットとし、あえて昭和映えを求めた観光対策と環境維持を提言したい。

近年、一〇～二〇代の間で「レトロブーム」が巻き起こっている。「ＦＵＪＩＦＩＬＭ」の使い捨てカメラ「写ルンです」を皮切りに、古いものが爆発的に注目を集めている。昭和～平成初期を知らない若者がそれらのものを逆に「新しい」と感じ、愛着を持つ。このレトロブームに沿いながら酒田の魅力的でレトロな空間を紹介し、あらたな中心市街地の姿を発信する。フィールドワークで、数日間で回っただけでもレトロ感を漂わせるスポットの多さには感銘を受けた[24]。

♡中心市街地のレトロな空間の発見

酒田市に到着して最初の夕食は、中町「浪漫亭」。魚介の昔ながらのナポリタンと大きくて凄くジューシーな浪漫亭特製メンチカツ（ランチで一番人気）。店内は、レトロな雰囲気と昭和な音楽（有線）。浪漫亭の料理はどれも美味しく、何より落ち着いたアットホームな空間と

（24）前提を抜きにその場での体感や感触。

ご主人の暖かさが、都会にはない魅力的な空間として映った。有線の響きが大きなポイントだった。(25)

食事後、酒田市役所向かいの喫茶店「さざんか」に向かった。(26) そこでは、ココアフロート、チョコレートアイス、コーヒーぜんざいを注文した。店内はレトロなソファー、コップやグラス、飾りや写真など、細かいところまで、すべてがレトロでコーディネイトされていた。そして、店内に置かれていたレコードや万華鏡、からくり人形などをマスターに紹介していただき、普段は体験できないようなレトロな時間を味わうことができた。同時に、何より一番インスタ映えをすると感じたのは、マスター創作のデザート。ふだん、学生たちが知っているココアフロートやチョコレートアイスではない。一般のレストランとは全く違うレトロでシンプルさがありながら色彩豊かで、おしゃれで可愛いものだった。

2 外部に発信したくなる欲求に応える

♡自慢したくなる空間

ごく普通の昔ながらの喫茶店が若者たちにとってはおしゃれで新しいと感じてしまう。それにインスタ映えという付加価値もある。実際に、マスターがつくったデザートとお店のレトロな雰囲気をインスタグラムに投稿した。というより、投稿せずにはいられなかった。翌日に、柳小路「ケルン」で大きなチョコレートパフェを注文。(27) あまりのボリューム感に驚く。この感覚にあるのは昭和の喫茶店と定番「パフェ」なのだろうと想像する。さらに、山王クラブ周辺

---

(25) ネオ昭和的な感性を呼び込んだ。

(26) 「グリーン・ハウス」元スタッフ。

(27) 昼はスイーツや甘味。夜はメインカクテル「雪国」を提供。

の昭和映えスポットや「ボストンクラブ」といったレトロで味のあるスナックを検証する。しばしフィールドワークをわすれてこの空間の心地よさに浸っていた。地元では当たり前のような風景が実は、ゲストにとって新鮮であることの証しでもあった。

都内ではなかなか体験できないこのレトロな雰囲気のただ中にいるということを友達に自慢したくなってしまう。その願望こそネットワークを通じて、酒田のよさを発信することにつながる。昭和な空間を逆に魅力的だと考えるのは酒田の強みではないか。地元で気がつかないことを（実は気がついて日常化している）、外部の人間が感じ、伝えることは重要なことだ。大都市に住んでいる人間とて、比較対象がなければ、本来のよさを知らず、ただ都会にあるから満足で処理されてしまう。

♡中心市街地レトロ空間再考の提言

酒田市で発見したレトロな昭和映えを、多くの若者に体験してもらうには、まず認知活動が絶対条件。その方法として、観光ガイドマップにレトロな喫茶店として若者が目を引くようなレイアウト。それにあえて昭和映えをするインパクトあるスイーツの写真を掲載。来店客に「ハッシュタグ#お店の名前」をつけてインスタグラムで投稿してもらうサービスを勧める。そのハッシュタグを見た人が、関心や興味を持ってくれることで、酒田市のレトロな魅力の認知になる。

酒田にこれほど素敵でインスタ映えをする喫茶店やスナックがたくさんあるにもかかわらず、実際にインスタグラムでハッシュタグ#酒田市と検索しても出てこない[28]。地元にレトロでおしゃれな喫茶店があることを外部の人間は知らない。自然体で営業を続けていることに意義もあ

（28）ＳＮＳ発信による外部認知。

り、それを特別発信する必要もないと考えることも理解できる。地元で当たり前の空間で、レトロというグルーピングもどうかと思いながら、それでも情報の是非を考えれば発信を再考すべきではないか。観光客次元で考えていながらも、実際、学生たちでさえこの魅力を他者に知られていないことに悔しさも感じていた。少しでも多くの人に興味や関心を持ってもらうことで酒田のよさは広がるのだから。

♡中心市街地のゆくえにつなげる

同じカテゴリーでの情報発信をすることで、山形県の有名な銀山温泉を観光目的に訪れた人たちにも、「せっかくだから酒田市のレトロな喫茶店に寄って帰ろうか」となるかもしれない[29]。流行連鎖のように、共通した嗜好をもつ人びとに拡散するためにも。ささいな動機から酒田に向かう人たちに応える空間と環境づくりをより進めて欲しい。

実証的予備調査各グループの報告をとおして第一〇回シンポジウムは開催された。今回、「レトロな体験と昭和映え」、酒田の隠された魅力を発見したと同時に、一般的にはそれが認知されていないことに悔しさを覚えた。酒田の人たちは新規なコンテンツに対しての受容能力に長けている。トレンドへの積極的な選択意識と行動も速い。逆に、レトロな空間に対する認識にもう少し時間を割くことで、メディア文化の街という地域性を甦らせることは可能になる[30]。

「トラディショナル」をベースに現代的なスタイルをアレンジする、今回のシンポジウムでの提言としたい。第10回シンポジウムの重要な論点は、次章、結びの部分でまとめながら本書の完結を試みた。

---

(29) 観光場所を追加させる魅力の発信。

(30) メディア文化の空間の掘り下げと探求。

参考文献

・伊奈正人、一九九五年、『若者文化のフィールドワーク―もう一つの地域文化を求めて―』勁草書房
・宮台真司、二〇一四年、『私たちはどこから来て、どこへ行くのか』幻冬舎
・仲川秀樹、二〇〇五年、『メディア文化の街とアイドル―酒田中町商店街「グリーン・ハウス」「SHIP」から中心市街地活性化へ―』学陽書房
・仲川秀樹、二〇〇六年、『もう一つの地域社会論―酒田大火30年、「メディア文化の街」ふたたび―』学文社
・仲川秀樹、二〇一〇年、『おしゃれとカワイイの社会学―酒田の街と都市の若者文化―』学文社
・仲川秀樹、二〇一二年、『コンパクトシティと百貨店の社会学―酒田「マリーン5清水屋」をキーとした中心市街地再生―』学文社
・仲川秀樹、二〇一四年、『ファッション・コミュニケーション・エンタテインメント―ローカル百貨店の挑戦―』学文社

結び

メディア文化の街はどこへ向かうのか

I　社会学から考える地域社会―理論と実践の20年―

1　メディア文化の視点から追った

♡これまでの研究テーマを振り返る

メディア文化の街として位置づけた「酒田」の中心市街地を対象とした実証研究は二〇〇三年のグループ別予備調査そして全体調査からはじまった。研究開始から20年になる二〇二三年、あらためて研究テーマを振り返ると一貫してメディア文化の街の現実に沿った内容となっている。「商店街発アイドル研究」「中心市街地の進化」「中心市街地のおしゃれとカワイイスポット」「中心市街地のシンボルと百貨店の重要性」「コンパクトシティと百貨店のファッション性」「中心市街地から発信するメディア文化」「中町でおしゃれを考える」「ローカル百貨店から考える地方創生」「伝統からあたらしいポピュラーな文化の発信」「中町モールを軸にした中心市街地再生」「地方都市中心市街地のゆくえ」である。[1] いずれも社会学から考える地域社会論に、メディア文化的側面の必要性を掲げての20年である。

♡メディア文化の街という位置づけ

研究対象としてきた中町商店街は、歴史的にも酒田市の中心市街地という事実がある。本書で何度も論じたように中町は「メディア文化の街」を伝統とした「メディア環境」の機能をもったエリアである。酒田の伝統文化を基盤に、あらたな文化を発信し、さらなるメディア環境の充実を図るための具体的な試みもこの中町から発信されてきた。しかし、それが現実的に酒田の将来を見据えた場合、いままで以上に継続的に機能する保証があるのだろうか。かつての栄光だけで中心市街地中町の未来を考えることには困難も多く、そこにはひしめき合う潜在的な問題・課題を見逃すことはできない。

♡メディア文化の街の意味

すでにメディア文化を概念規定してきたが「メディアから発信しているエンタテインメント（娯楽性）の消費可能なエリアが構築された空間」そのものがメディア環境である。メディア文化の街を探るには、中町商店街におけるメディア環境を歴史的に一九七〇年代までさかのぼって、酒田の街をみることが必要であった。市内に根ざした数々のメディア環境（特異な映画館・屋上遊園地完備の百貨店・地産地消フレンチレストランなど）は、酒田市民の誇りでもあった。[2] 大都市に勝るとも劣らない、メディア環境で育った人びとのスタイルは、その後の酒田市民に継承されていった。その様式こそ「中町スタイル」[3] に象徴される中心市街地のメディア

（1）20年間のフィールドワークの共通テーマ。

（2）他に類をみないメディア文化が集中していた地方都市の中心市街地。

（3）メディア環境を楽しむコーディネイト。

文化として発信されてきた。

一九七六年酒田大火後、しばらく潜在していた文化は、二〇〇〇年代、大火以前その環境で過ごした世代が中心となり、あらたなメディア文化的プロジェクトを立ち上げた。それが全国の先がけとなる地方アイドル「商店街発アイドル」である。[4] 酒田にはそのようなメディア文化を発信させる土壌がまだ残っていた。酒田のメディア文化は、時代のトレンドよりも一足先に進む様子をみることができた。そこにあるのは、酒田の伝統を活かしながらつねにトレンディなスタイルを取り入れる地域性でもある。逆に流行の先走りも多々あった。

♡中心市街地ストリート

中町を楽しむコーディネイトしたスタイルは、通称「中町ファッション」とも呼ばれていた、周辺地域から中心市街地中町に出かけるおしゃれスタイル。[5] ここが非日常的な街であることの象徴でもあった。中町は、ローカル・コミュニケーション（第一次的人間関係）に特定された既存の商店街と並行に、ファッション・ストリートの条件である百貨店と娯楽的設備のある特別なストリートとして機能していた。日常生活に必要な機能をもちながら、非日常的なスタイルで訪れるエリアとしての集客を誇っていた。

時代性という表現は一般的かもしれないが、一九九〇代以降、人びとは高級感をもち、目的が明確な特定の消費を試みるスタイルから一変し、利便性の追求、また安価で大量の消費を一ヶ所で志向するスタイルへシフトした。その流れは、地方商店街の危機を生み、郊外型ショッピングセンター（以下ＳＣ）と量販店進出の加速、人びとは利便性を求める生活に移行する。人びとのライフ・スタイルの変化は、時代の変動に沿ったものであるから酒田中町だけの問題

（4）仲川秀樹、二〇〇五年、参照。

（5）仲川秀樹、二〇〇六年、参照。

では片づけられないものの、かつての中町という街の機能や役割が後退する状況に陥ってしまった。

2 中心市街地のシンボルと変化

♡中心市街地の消滅の危機

景気高揚と停滞を経て、一九九〇年代後半以降、人びとは余暇時間の充足のために目的をもった行動ではなく「とりあえず〇〇」という動機による選択範囲の増加を余儀なくされた。その選択を充たす空間が「とりあえず空間」としてのショッピングセンターであった。[6]「とりあえず空間」の全盛は、首都圏や大都市以上に地方都市の中心市街地に大きな影響を与えた。豊富な商品ラインアップ・低価格・まとめ買い・複合型施設、車一台で休日の一日を過ごすことが可能な空間は、利便性中心の家族生活をカバーするには十分な環境となった。

大都市のようなメディア環境の乏しい地方都市では、なおさらＳＣの勢いは強い。限定的な人口の多くを郊外に引っぱることで、中心市街地と呼ばれた商店街エリアは大きな打撃を受け、店舗閉鎖いわゆるシャッター街現象を増大させた。利便性を求める時代感覚の前では、地方都市の商店街衰退は止めることができない。すでに酒田の場合一九七六年酒田大火以降、中町商店街の危機的状況は延々と語られ続けていた。理想だけではどうすることもできない消費行動と消費環境の変化の先にあるのは、地方都市中心市街地の消滅の危機である。

---

(6) 仲川秀樹（二〇一〇）参照。

♡コンパクトシティ中町構想

中町の危機的状況は日常化しながらも、中心市街地に残る人びとの意識に変化を促す契機にもなった。二〇〇〇年代以降、人びとのライフ・スタイルはより多様化し、生活意識も大きく変化するようになった。そこで多様な世代や年齢層を対象に安全で安心な、便利な街が注目されるようになった。車を最低限度におさえ、一つのエリアで生活が充足される、既存のＳＣで機能している利便的な空間を、中心市街地で機能させる試みである。

それが「コンパクトシティ中町」である。コンパクトシティ中町エリアは、市役所・金融機関・医療機関・百貨店・スーパー・書店文具店、そして大小の公園など日常生活に必要な環境すべてがそろう中心市街地である。(7) 自然科学的に景観を重視する視点と異なり、そこに集まる人びとの快適性を追求する社会科学的な方法を駆使した考え方である。二〇一二年のシンポジウムでは、中心市街地問題解決の一つの答えを「コンパクトシティ」に求めた。コンパクトシティは、地方都市の中心市街地そのものが背負う課題を処理する一つになると考えたからである。

♡中心市街地のシンボル

中町においてコンパクトシティの鍵を握っているのは中心市街地シンボルにある。一九七〇年代のシンボルは『グリーン・ハウス』であった。最近では「清水屋百貨店」がそれに該当した。(8)「清水屋」の存在は中心市街地の利便性を高め、中心市街地を維持する象徴であり、コンパクトシティのために不可欠なスポットである。中町商店街が、社会学から考える「コンパクトシティ」と「百貨店」として、全国有数の中心市街地再生モデルになる可能性を、百貨店のファッション性を軸とする共通テーマによって進めてきたのが二〇一三年のシンポジウムであ

---

(7) 安心安全で利便性のある街。

(8) ポイントはエンタテインメント発信施設の存在。

った。

中町ファッションに内在するメディア環境は、地元の若者意識から探る必要もあった。それが第2回中町シンポジウムで報告したように、「おしゃれとカワイイ」の意識である。二〇〇九年に、酒田の若者を対象としたメディア調査にあらたな可能性もみえた。[9] 地元高校生たちのおしゃれ意識の高さは、大都市の高校生と相違なかった点である。しかし、ローカル百貨店「清水屋」をめぐる問題は、百貨店は高級店というイメージがあり、若者は近寄りがたく、既存の見方を払拭することは難しく、苦戦を強いられた。百貨店・デパートという位置づけ（概念）は、企画や店舗運営を時代に沿ったスタイルにシフトしても、ステレオタイプからの脱却は、容易ではなかった。

♡ステレオタイプから脱却の試み

その問題打破のために、第4回シンポジウムでは、コンパクトシティ中町のシンボルと位置づけた「清水屋百貨店」のファッション性をテーマにした。ここで用いるファッション性とは、衣服のみのファッションに限定せず、衣食住によるトータルコーディネイトとしての文化的パターンとして考える。一般的に百貨店の条件は、おしゃれをし、目的をもち、そこに集まることを前提とする。百貨店というステージをファッション空間と考え、そこから発信されるメディア文化にスポットをあてた。大都市特有の百貨店とは一線を画したあらたな中町スタイルを創造する空間である。「清水屋」と中心市街地中町商店街との関係から表れるのは「ファッション・コミュニケーション」にみる人間関係（集団）である。

(9) 仲川秀樹、二〇一〇年、参照。

♡現代版「中町でおしゃれしよう！」

人びとが目的をもち集まる中心市街地こそ、非日常的な感覚をもち、おしゃれを楽しむエリアであるという調査結果にもとづき、第6回シンポジウムでは「中町でおしゃれしよう！」を提言する内容となった[10]。流行やファッション、世代間の問題、女性の消費行動、女性誌にみる時代性を追い、ここ「中町」と「清水屋」を具体的に検証した結果を学生たちの視点から報告する。

とくに強調したかったのは、地元ショップの充実した商品をコーディネイトすることで市内でも十分なおしゃれができるということ。仙台や東京などの大都市に出かけることなく、地元で日常のトレンドを求めることは可能である。それは二〇〇九年に実施した地元高校生おしゃれ意識調査の結果への回答でもあった[11]。かつての「中町でおしゃれ」から、現代版「中町でおしゃれしよう！」である。

3　「中町モール」に照準

♡「中町モール」と「百貨店」そして「商店街」

近年、行政主導で進められた地方創生は、民間も進出し、ビジネス的にシフトを遂げ、観光でのまちおこしの広がりをみる。地方創生は、イベント開催、まちおこし、地域活性化などに共通する合言葉にもなった。当然酒田も倣い、中心市街地のエンタテインメント発信空間として、ローカル百貨店と商店街、それに行政の協力なくして地方創生は語れない。

---

(10) 多彩なおしゃれパターンを考える。

(11) 最低限中心市街地でも商品は揃う。

地方創生とのかかわりを含めた環境整備は、安全・安心のセーフティゾーンであり飲食と観光施設を採り入れた商業エリアとしての「ショッピングモール」構想にある。山居倉庫エリアには観光施設があるものの、ここ中心市街地中町には十分な観光施設は存在しない。コンパクトシティ機能はあるにもかかわらず、観光施設と飲食施設をセットにした設備は不十分である。そこで、あらたな商業施設を中心市街地中町に提供することの可能性に触れた。「中町モール」が完成したなか、プラス中心市街地の「バスターミナル化」（中町エリア）の実現に沿った商業施設の整備こそ、中心市街地の再生にほかならない。

さらに、中町商店街の一部店舗をあらたに建築するビルに移す試みを提案し、シャッター街を超越した中心市街地の「中町ショッピングモール化」を図る。ローカル百貨店跡と商業ビルをセットにした中心市街地の「中町ショッピングモール化」こそ、もう一つの地方創生に該当する可能性は高い。コンパクトシティには中心市街地の「複合型商業施設」は不可欠である。

♡伝統からあたらしいポピュラーな文化を発信する

ショッピングモール化を軸とする中心市街地再生に欠かすことのできない人の誘発を考える。酒田には（限らないが）多くの伝統文化が存在している。伝統文化をモチーフにあらたな文化、それをポピュラーカルチャーとして展開することで、既存の世代に限らず若者世代を中心市街地に呼び込む機会となる。その事例は、伝統文化としての獅子頭にあらたな文化として、「もしぇのん」「あののん」などのキャラクター導入がそうである。シンポジウムでも先人から若い世代に、伝統に溶け込むような環境を形成する様子を探った。(12)

さらに行政機関の取り組みに合わせるかのように民間でも中町中和会商店街発キャラクター

---

(12) 伝統モデルに親しみを持たせることで文化を継承させる。

「チュワちゃん」を誕生させ、中心市街地の人の集まりに貢献させた。そして、シンポジウムのもう一つの目玉に、全国的な盛り上がりをみせて久しい「コスプレ・アニメ・若者たち」のイベントを「清水屋」から発信すべく具体的事例も紹介した。実際、コスプレを身にまとったゲストも登場し、酒田に潜在するメディア文化を掘り起こす機会となった。

「中町Ｈａｌｌｏｗｅｅｎ」の開催は、地方都市でも思い思いのスタイルを楽しむ場となった。とくに子どもたち、家族をメインに企画したハロウィンパレードは、中心市街地を歩きながら非日常的な空間を演出するには格好のイベントになった。大都市に匹敵する雰囲気のパレードに「中町モール」は欠かせない。(13)

♡「中町モール」に注目し続けたフィールドワーク

第９回シンポジウムでは「中町モール」の進化に注目した。二〇一八年四月に完成した「中町モール」は、安全・安心エリアであることから子どもたちや高齢者の方々にとって、ゆとりをもった時間を過ごすことができるセーフティ空間である。同時に、多彩なイベントを開催し、人を集める空間でもある。

「中町モール」周辺は、懸案だった中高生のフリースペースも設けられ、中町を訪れた中高生たちのコミュニケーション空間の機能も有している。「中町モール」再開発として、ドーム型天井が完成。子どもたちも楽しめるフロア改装も進められた。その結果、夏、猛暑の中で噴水の水遊びに集まる多くの親子連れの姿は、あらたな風物詩でもある。安心・安全な水遊びが中町でできる。「中町モール」は、地方都市の中心市街地を象徴する新しい空間をめざしている。

---

(13) 四大まつりをはじめイベントの発着地点。

4　中心市街地の本質と中心市街地のめざすもの

♡シンポジウムで提案した「1年に12日間人を集める」

酒田市中心市街地中町エリアには、メディア文化の街を象徴する環境が備わっていた。しかし酒田大火以降その環境は乏しいものになっていく。それでも「商店街発アイドルプロジェクト」「中町シネ・サロン上映会」(14)など、メディア文化の街としてのプライドある試みは続いた。近年、行政機関と商店街からキャラクターも誕生、全国のゆるキャラブームとは一線を画した取り組みも功を奏している。

酒田まつりの山車・人力車パレード、地元シンボル「獅子頭ファミリー」は、伝統文化にあらたな（キャラクター）要素を加え、若者や子どもたちに絶大な人気を誇っている。このあらたな文化こそ、ポピュラーな文化であり、メディア文化の街酒田と結びつくスタイルを指している。中心市街地中町に根ざしたメディア文化の街の意味をふたたび探りながら地方都市でも中心市街地に人を集めることができるということを伝えたい。その帰結が、昨年のシンポジウムでも提案した「1年に12日間人を集める」ことである(15)。酒田まつりを代表に、四大まつりにプラス中町モールでの各種のイベント開催による中心市街地への市民の集客を分散させ「1年に12日間人を集める」をより実現させることができる。

♡エンタテインメント空間と「メディア文化の街」ふたたび

「中町モール」の完成によりメディア文化の街酒田を実践する環境も整ってきた。そこで現在（いま）、実現可能な「中町モール」エンタテインメント企画を考え、中心市街地再生の方

---

(14) 特異なメディア文化の企画。

(15) 12日間12種類のイベント企画。

向をより具体的に示してみたい。

第8回中町シンポジウムの共通テーマは「伝統から新しい文化の発信」。高齢者や子どもたちも安心な中心市街地に、今度は若者も集い、あらたな階層を呼び込む文化的な発信を導く環境整備を考える必要性を議論した。酒田市には、数多くの伝統文化が存在し、それが国内のみならず世界に向けて活動を繰り広げている。それは観光立国としての日本ならではの風景とも重なり、特別めずらしいことではないかもしれない。しかし、日本遺産登録から国際的な交流、学術的な催し物など、幅広い内容は、単に観光のみに限定されない酒田市の特徴にもなっている。国内から酒田に立ち寄り(寄港し)、酒田の伝統文化を感じ取っていく人びとは多い。そうした伝統文化から学術的な文化に並列させるあたらしい文化、つまりポピュラーな文化の発信を考えることで、あらたな階層への接近もできる。その階層が集い、中心市街地のまちづくりに力を注ぐ。

例えば、かつて「マリーン5清水屋ミュージアムホール」で開催されたメディア文化としての若者向けイベント。二〇一七年には、アニメや映画などに関する世界を展示・発表することで集客を見込む。また、GW期間中に東京以外で初開催され、連日予約でいっぱいだった「池袋英国風メイド喫茶」(秋葉原などのメイドカフェとは異なる)は、酒田市内の紅茶専門店の茶葉や商品を使用し、東京にも広がりをみせた。東京や近隣からも人びとがかけつけた。また県内市町村からも中町を訪れ楽しんだ[16]。

年齢層によって見方を変えると、映画やアニメの世界のコスチュームなどをコーディネイトし、それを共有する地元の中高生の存在も見逃せない。市内各地で開催されたメディア文化的なイベントを、中心市街地で幅広く開催し、中町に人を呼び込む。それは「中町商店街ショッ

(16) 本書、第九章第二節参照。

ピングモール化」の実現で、伝統文化からあたらしい文化まで、シーズンごとにその色合いをみせる空間が期待される。

♡メディア文化を発信する中心市街地

中心市街地中町商店街は、中心市街地のメディア文化を発信する場所であり、酒田市のイベントの中心の場所でもある。その「清水屋」を中心としたまちづくり、つまりコンパクトシティ構想のゆくえが現在不透明である。二〇一八年、念願の全天候型「中町モール」が完成し、さまざまな行事が催されている。先発組である「清水屋」および中町中和会商店街を中心とした長いあいだの努力が、「中町モール」の完成によって、あらたな賑わいをもたらすことになった。先発組としての商店街の努力は大変なものがあった。その先発組の構築した空間を大事にしながら、新規な取り組みでメディア文化を発信する機能の充実に費やして欲しい。

♡メディア文化の街はどこへ向かうのか

酒田の街、中心市街地中町は、どこへ向かおうとしているのか。新し物好きの酒田市民の求めるものだけでは、流行の流行り廃りのような結果だけで時間が過ぎてしまう。既存の環境が時代にそぐわないだけで、流行現象のような対応になっては文化の再生産はできない。既存の環境に新規さを採り入れたバランス（真のシステム）こそ、街全体の未来にプラスになる。つまるところこれまで10回にわたるシンポジウムの報告と、20年になる実践的な実証研究（フィールドワーク）から得た問題と課題はここに収斂されよう。

二〇一九年第10回記念中町シンポジウム&ワークショップでは、あえて中心市街地のレトロ空間の再考につとめ、既存のメディアにはない酒田らしさ、若い学生たちの指摘もあり「酒田の原風景」を見直すことになった。これは酒田の中心市街地の未来へ向けてのパースペクティヴでもある。

Ⅱ　中心市街地の原風景をみつめなおす

1　原風景を探す旅

♡原風景を探しに

二〇一九年六月、フィールドワークではじめて酒田を訪れた学生からのレポートである。

移動中の車中での会話から何気なく酒田の原風景を考えることになった。そして八月に、プライベートな旅行でふたたび酒田を訪れた。そこで得たのは、酒田市街の原風景は、酒田に住んだこれまでの生活の中にこそ見出せるものだということだった。学生が八月に酒田を訪問した際、地元のたくさんの方からお話を伺った。そして、酒田での想い出や現状、酒田市がこれからどのように進んで欲しいかなどをヒアリングした記録である。ここでは酒田を象徴する印象的な事例についての一部を紹介する。(17)

(17) 学生がフィールドワーク中に立ち寄った場所で実施。

〈事例1〉地元資料館のスタッフ（男性）

「高校生の時は、中心市街地中町で遊んでいた。当時は、特別の遊び場はなく、たまに本屋やレコード店に立ち寄り、ラーメン屋に入り食べることが楽しかった。ファミレスもないあの頃は、ラーメンがごちそうだったということを耳にしたことがあった。「しかし、酒田大火以降は、そういう場所もなくなってしまった」と加えられた。酒田大火とは、一九七六年一〇月二九日に発生した火事である。この大火により、酒田市の中心市街地や繁華街のほとんどが消失した。(18)

現在の酒田市については、「交通の便が悪い、若い人が少ない」と強調している。実際に、移動は車が基本で、それ以外は市街地を循環する「るんるんバス」に頼るのみである。男性スタッフの要望としては、若い人が地元に定住して欲しいと願っていた。

〈事例2〉地元資料館のスタッフ（女性）

「小さい頃は田舎（郡部）に住んでいたため酒田市内（中町）へ出かけることが楽しみであり、憧れでもあった」。「酒田市内で映画を観て、デパートでラーメンを食べた後にソフトクリームを食べることが贅沢だった」と語る。(19)

原風景とはズバリこのような（スタッフの語り）体験を指しているのだと確認した。

そして、女性スタッフは「酒田はご飯が美味しい。野菜の種類の豊富さは、農家の努力の賜物である」とも語った。また、市内スーパーマーケットの老舗ト一屋（といちや）の食材は、私たちの身体に染みついた味だという。(20)学生が心に残ったのは、「酒田のご飯の美味しさは、いつも酒田のご飯を食べているから気づかない。酒田の味が当たり前になっている」というス

---

(18) 市民が共有していた「ラーメンがごちそうだった」。

(19) 百貨店の食堂でお子様ランチとソフトクリームは定番。

(20) 酒田の家庭の味。

タッフの言葉から自分の住む街の良さは、意外と気づかないものなのだと痛感した。

〈事例3〉地元大学生（女性）

ヒアリングに応じてくれた学生は、山形県の内陸から来て一人暮らしをしている。「今の生活に特に不便は感じていない。酒田市の人びとは、みんな優しくて、ラーメンが美味しい」と話した。学生の居住地は郊外のため、休日は、市内循環「るんるんバス」で市内へ遊びに出かけるということだった。

♡酒田の実風景(21)

酒田市のトピックから実風景を追うことができる。「ラーメン店が多いところ」（酒田ラーメン）、「岩かきが美味しい」（遊佐・吹浦周辺）、「カフェ（喫茶店）が多い」（おしゃれ、レトロ、新しい店舗共存）、「駐車場が多い」（むしろ無限にある）、「ご飯が美味しい」（食材と地産地消の伝統）などが印象としてあげられた。

同時に酒田市の現状については、「学生は、地元の大学生か看護学生しかいない」（若者の実態）、「小学校は、一〇校くらいある」（文化・運動・サークルに熱心）、「地元の人の半数以上が酒田を出ている」（進学を機に都市へ）、「若い人が少ない」（全国の地方都市と共通）などは地方都市特有の事情である。

あらためて地元市民は、酒田市の将来に対する正直な感想として、「若い人が定住して欲しい」（受け入れ、永遠の課題）、「内陸にあるショッピングモールぐらいの規模のお店が欲しい」（人口数の限界）などであった。酒田の実風景であると同時に、基本的にどの地方都市住民意識と

(21) 現実の酒田の姿。

も共通する内容であり、地方都市の現状を示している。

♡あらためて原風景とは

一般的に意味される原風景とは、「幼いころの体験などから生じた記憶の奥にあるようなイメージで、自然の姿の形からなる風景」。同じく原体験としては、「人間の歩んできた道、人生観のような生き方や考え方を導き出した幼い時の体験。とくに、個人に大きな影響を与える教訓に似たようなものである」。つまり、原風景とは各個人の忘れられない経験や体験の蓄積だと考えられる。(22)

ここから「酒田市街の原風景は酒田市でのこれまでの生活の中に見出せる」という考えが浮かび上がる。人びとの先有傾向（過去の蓄積）というものは、ここでは地元での生活が酒田市民一人ひとりの原風景をつくり出していることに他ならない。人びとの原風景は多彩でありながら、「過去の記憶や出来事を地元民どうし共有ができる（現在形）」ことに最大のメリットがある。「大都市に出た人にとっては、帰省時にそれを共有する（懐古）」ことしかできない。ここに原風景の存在を活かしながら、地方都市はいかにあるべきかの問いの答えを出す鍵が隠されているように思う。

---

(22) 個人のもつ先有傾向に本質をみる。

2　メディア文化の街のファジー（新旧の狭間と曖昧さの同居）

♡新旧の狭間

原風景の存在がありながらも新規なものをめざすという新旧の狭間について考えたい。ここに現在の地方都市がかかえる問題の本質もみえてくる。地方都市のあり方に対する「地元市民の充実」と「ツーリストの期待」であり、地域活性化、まちおこしから考える矛盾である。ある意味「ファジー（曖昧さを幅広く表現）」が漂う必然性である。地元民が求めるもの（新規）、ツーリストが求めるもの（原風景）、帰省客が求めるもの（懐古）。そして一般に若者世代が求めるもの（新規）、それらのせめぎ合いにみられる。[23]

新旧環境の狭間とは、新しいものを地元とくに若者が求め、既存のものを観光客が求め、帰省客の求めるのは故郷像である。そうした意識の交差にある環境こそファジーである。新旧の思いが複雑に絡み、両者を結びつけている新旧の狭間のなかで地方都市は揺れ動いている。ゆえに新旧の狭間をうまく取り入れながら中心市街地のあるべき姿を組み立てることが必要である。

♡同居する「新規・既存・ファジー」なモデル空間

一般的に考える新規なモデル空間としては、ショッピングセンター（ＳＣ）関連施設。新ＳＨＯＰ開設。全国チェーンの飲食店舗等の展開である。既存モデルとしての空間は、レトロ的でメディア・スポットにもなる喫茶店（カフェ）などの施設で、地元民もツーリストも好んでいる。酒田を例にするならツーリストにとっての通過する山居倉庫・欅並木など、そこに根づく歴史的な風景をたどるという欲求である。

（23）地元民は大都市の風景を、帰省客は地元の変わらない風景を望む。

ファジー空間モデルとしてあげるならば、海鮮市場、新鮮で珍しい、海の近くの海鮮を求める（観光客・地元客両者の選択）ことを可能とする施設。さらに酒田のラーメン店は市民の日常であり、ツーリストの満足を満たす空間でもある。日和山公園の桜はシーズンに合わせたイベント会場であり、地元民・ツーリスト両者にとってファジー空間となる[24]。

これらの空間には日常と非日常があり、観光客は酒田の名店や名所施設を求めている（非日常）。地元市民でも嗜好品は日常的に求められている。山形県内では、内陸と庄内で異なる環境面がそれぞれ選択対象の空間となっている。

3　地方都市でファジーを活かす

♡伝統を維持しあらたなスタイルを

地方都市のさまざまな問題を解決するには、ファジーを活かすことに着目すべきではないだろうか。地方都市像にある伝統の維持と変革は、誰もが抱く意識でありながら、ジレンマとして矛盾を抱えているのが現実である。それを整理する。

まず伝統維持についてはあらたな試みと変革の必要性である。地方都市は自然が多くて環境がよいだけではない。それだけでは新規な試みを求める若い世代の欲求を満たすことは難しい。交流人口の少ないなかで、伝統の維持には、次世代のためにも「原型のパターン変化」という取り組みが重要になってくる。伝統（原型）を維持しつつ、あらたなもの（パターン）を構築することである。そのスタイルは曖昧であるがゆえに多彩な世代に受け入れられる効果もある。

---

(24) ファジー空間の充実こそ両者の欲求を満たす。

つぎに具体例をあげてみたい。

♡ファジーからメディア文化を探る

人びとに充足させるメディア文化は、伝統を変化させる。通常、伝統的なものを維持し継続すると大人は言うが、若者たちはどう受け止めているのか。たとえば、伝統的な空間を現代的に言い換えればパワースポットやスピリチュアルスポットのように表現される[25]。

「日和山公園において、サンセットみてヨガをする（森林や木漏れ日、酒田の広い公園を活かす）」という行為も、「夕日が綺麗な既存の自然スポットで散歩する」を伝統とし、その空間であらたな取り組みをすることで見方も変わる。「散歩でもヨガなら現代的」、つまり原型（日和山公園の過ごし方）はそのままでパターン（散歩からヨガ）が変化する。大人と若者が共有できるファジー的な解釈にもなる。このような事例は、伝統文化をキャラクター化で再現させる取り組みなど多方面で用いられている。地方都市でも各世代が共有する企画として展開できる。

♡新旧の狭間、歴史的過程から酒田の街を考える

実証研究の成果として、その都度開催している中町シンポジウムは、毎回新しいことを提案していると思われがちだが、内容は新しいものばかりではない。地元のよさを時代性に合わせて実行するための提案である[26]。一九七〇年代に培ったスタイルは、二〇二〇年代でもバランスよく適用させるためにも新旧の狭間を活かすことは重要である。

大局的に酒田と中心市街地をみるために、歴史的過程・歴史的連続性から追ってきた。時代ごとに登場したさまざまな問題に対応するモデルやコンテンツをその都度提供し、それを人び

(25) 基本となる原型は変わらない。

(26) 前回の課題を処理、新規な課題が浮上、繰り返しの報告。

とが充足し完結させる。その繰り返しを目的とする。本書で何度も示唆したとおり、中町シンポジウムで取り上げてきた共通テーマこそファジーでもある。各時代各世代に緩やかに浸透している嗜好に応える実践の実現の先に、地方都市再生の姿をみることができる。

Ⅲ　メディア文化の街ふたたび

―中心市街地再生の切り札「八〇〇m中町ショッピングモール化」―

1　ふたたびメディア文化の実践

♡メディア文化の原風景

かつて「世界一デラックス映画館」と全国から注目された洋画専門館「グリーン・ハウス」は、一九四九年開業し一九七六年の酒田大火で消失するまで、中心市街地中町のシンボルであった。そして柳小路沿い当時の原風景そのものと相まった空間として記憶される。

近年、京文化の流れをくむ「酒田舞娘」、地元の「鵜渡川原人形」、日本三大吊るし雛の「傘福」などの伝統文化が注目され続けている。それに対し、二〇〇一年に「グリーン・ハウス」世代の関係者が中心になって誕生した酒田発アイドルユニット「SHIP」は、あたらしい文化の一つである。こうしたメディアから発したエンタテインメント性の高い文化をベースにした地域性から酒田を「メディア文化の街」と位置づけてきた。

「グリーン・ハウス」については、第二章で詳細を論じたが、洋画専門館として一九四九年五月一七日に開館、以降約二七年半にわたって酒田市内におけるメディア文化の中心的な存在を担う。国内に数本しか入らない映画作品、一九六〇年六月一一日にアラン・ドロン主演の『太陽がいっぱい』、現在のＴＯＨＯシネマズスカラ座と同日封切し話題となった。主要映画上映に際しては、東京―酒田同時ロードショー公開が頻繁におこなわれ、その存在感を示した。店内には、少人数の劇場や喫茶室、ショップなど完備され、シネコンの先がけである。しかし一九七六年一〇月二九日の酒田大火の火元となり、そのまま閉館することになった。

酒田大火で「グリーン・ハウス」を失ったのち、酒田の映画館を担ったのが「港座」である。「港座」は一八八七年に建てられ当時東北一の劇場といわれ、一九五四年に焼失したがすぐ再建された。増改築の際に参考としたのが洋画専門の映画館「グリーン・ハウス」であったともいわれた。再建された「港座」には三つのスクリーンがあり、映画『おくりびと』の滝田洋二郎監督は、これを「昭和のシネコン」と評した[27]。

二一世紀に入り、山形県を含む東北地方にシネマコンプレックスが相次いで進出してきたことから徐々に業績が低下し、二〇〇二年に閉鎖された。アカデミー外国語映画賞を受賞した二〇〇八年九月公開の『おくりびと』では、重要なロケーション撮影もあり、「港座」の注目度も増し、訪れる人が殺到した。この動きから市民有志が多くの資金を集め二〇〇九年六月一二日に再オープンを果たした。しかし、現在は不定期のイベントをする程度、施設の老朽化もあり、維持には困難を有している。それでもメディア文化の街の原風景を残している。

(27)『朝日新聞』(二〇〇九年五月二八日付朝刊)。

♡あらたな風景を「中町モール」で

メディア文化に敏感で長けている歴史こそ酒田の地域性である。酒田大火以降その勢いが沈滞しているなかでも数々のイベント企画は続けられた。しかし酒田のメディア文化的取り組みは、全国的にも先行し、つねに先陣を切りながら、最後のいいところは他の地域にもっていかれる。そうした状況ばかりが続いている。それも地域性（新しもの好き）だとして諦めるという帰属処理でいいのかという複雑な思いがよぎる。

そこであらたな風景を中心市街地で企画できないだろうか。「中町モール」も完成し、この空間で映画のイベント上映ができないだろうか。第九回中町シンポジウムでの提案であった。原風景のパターン変化としての取り組みである。それが「中町モール映画上映企画」である。いずれもすぐに実現可能な企画として提案した。

日常、人がいない中心市街地中町ながら、いざイベントが開催されると多くの人が集まるという非日常に注目したい。メディア文化の街としての封印をあらためて解きながら、酒田をふたたびメディア文化の街としてシンボライズする、「中町モール」での映画上映企画は、大きなインパルスになると期待したい。

2　中心市街地再生の切り札「八〇〇ｍ中町ショッピングモール化」

♡歴史的八〇〇ｍ商店街

「マリーン5清水屋百貨店」を中心につながる、中通り商店街と中町中和会商店街そして日和山公園まで長さは約八〇〇m。酒田の大きなイベント開催の中心地、歴史的なエリアである。「中町」という中心市街地の商店街、かつての大商業地域で休日の人出は半端ではなかった。

しかし、昨今、中心市街地であるはずのその場所に人が集まらない。著者のゼミでは先輩たちがフィールドワークを重ね、問題点を検証し、そのたび結果を発表し続けてきた。それは社会学の視点にある歴史的過程とする歴史的連続性、つまり社会変動から論じ、それに対応する方法論で処理していくことにあった。一九七〇年代の対応、二〇二〇年に入っての対応、その時代に適応する社会システム論を軸にした問題解決である。

酒田大火からくしくも40年、二〇一六年に適応した問題解決では、それがこの数年間のローカル百貨店と中心市街地再生にみる「コンパクトシティ」の視点となった(28)。いま中心市街地に人を呼び込むためには何が必要なのか。

♡八〇〇m商店街をコンパクトにまとめる

現在の八〇〇m中心市街地商店街（酒田まつりの露店を起点）は、シャッターで閉まっている店舗、開いている店舗が混在しており、商店街自体にまとまりが感じられない。社会学でいうスプロール化であり、特色とされてきた商店街の長さ・道の広さは、人の少なさを一層浮かび上がらせている(29)。人がまばらで活気がないような印象をみせている。しかし実際は、店舗内に客はいるのに、郊外型店舗に慣れている人にはそう感じさせない。観光客どころか近隣住民ですら負のイメージを抱いてしまう。

商店街は歴史的にもそこに居住した地元の人たちが必要とし、つくりあげられてきた。その商店街全体を消滅させてしまうことは心苦しい。しかしこのままでは、衰退の一途は避けられ

(28) エンタテインメント発信空間の必要性。

(29) 空き店舗の有効活用。かつては装飾画。

ない現実である。そこで考えてみたいのは、コンパクトシティ中町の研究経過をもとに、中心市街地商店街からいくつかの主要店舗を選び、「商業ビル」内に店舗を導入しながら、他は八〇〇mに散りばめる。空き店舗があっても酒田まつりの大通りから日和山までの八〇〇mをイメージした「中町ショッピングモール化」構想である。

♡商店街におけるショッピング環境としての「ショッピングモール」と「商業ビル」

商店街の商業施設で生まれるメリットは、どのようなものなのか。そこ（商業施設）にいけばある程度のものは手に入る。(30) 中町商店街にある飲食店、雑貨店、洋服などを機能的に「複合型商業ビル」にまとめることで、商店街とは違って、フロアにいる分には入り口に隔てるもの（ドアや階段）がないため、従業員を気にせず、入店しやすい。目的以外の店舗にも目を向けやすく興味を持つきっかけは増える。

また、個人の感覚として夏のような暑い日や、冬のような寒い日に長い商店街を端から端まで歩く人がいるとは思えない。一つのビルにコンパクトにまとめることで分散して商店街を回ることになる。高齢者だけでなく、ティーンやファミリーにも来店を促し、インターミッション的な機能もある。商店街の主要店舗の他に、友達や家族とお話しができるスペースなどの心地よい空間。天気がよければ、「中町モール」や周囲にイスの休憩スペースも利用でき、雨天の場合でも全天候型であるため同様のスペースを活用できる。

♡商店街の分散した機能と「商業ビル」の共存

中心市街地にあるカフェ＆ジェラート「モアレ」には、中町商店街を回っている時にほとん

---

(30) 中心市街地の「とりあえず〇〇」となるまとまった専門店舗施設。

ど目にすることはない中高生や子どもを連れた家族など幅広い層が訪れていた。マスターと客の相互コミュニケーションは、商品以外の親密な関係性を築いている。リピーターの多さと、地元で愛されている理由はこのコミュニケーションにある。

店舗側と客とのコミュニケーションの大切さは、地元に根づいた商店街の伝統の継承でもある。社会が変化してもその第一次的な人間関係は商店街に不可欠なことだ。新規なシンボルとなる「商業ビル」から商店街も分散した機能を発揮し相互の効果も期待できる。そのような機能をもつシンボリックな「商業ビル」がいま、中町には必要とされている。

♡中心市街地のシンボリックな「ショッピングモール」

過去のフィールドワークで気になったのは中心市街地に観光案内施設が存在しないことである。酒田駅前、山居倉庫、海鮮市場などの観光スポット以外に、中心市街地にインフォメーション環境のないことに驚く。庄内地方の海の幸や果物などを大々的にアピールし、酒田市中心市街地で「食」の魅力を再発見してもらう。観光客を呼び込むのはもちろん、地元の人たちにも宣伝は必要となる。[31] 観光客だけでなく、地元の人びとも酒田の名産品をおみやげや贈答で必要な時、それを買う場所が中町にあってもいい。地元の人が県外の人へ地元の名産品を贈る場合の利便性もそこに求められる。

一般的な観光施設は、最初に立ち寄ってもらい、また帰りにリピート可能な施設であることが理想だ。はじめて酒田市を訪れ、目的があるないにかかわらず中心市街地に足を運び、何があるのかを知ってもらうための観光案内施設は中町にはない。そのための観光案内施設の入ったショッピングモールや商業ビルが欲しい。それに中心市街地の飲食店を確保し、提携した観

---

(31) 中心市街地インフォメーション空間。

光用クーポンなどを用意し、あらたな観光客や中町に目的をもつ人びとを増やす。山居倉庫や海鮮市場沿いだけでなく中心市街地を周遊する仕組みにする。観光客が中心市街地にもどり、最後にまとめておみやげを購入できれば理想だ。観光のファイナルを中心市街地におく試みは、修学旅行生が最後にまとめておみやげを買うイメージと重なる。同時に、他の場所では味わえない創作料理や食材をアレンジ、いま流行りの「見た目が可愛いスイーツ」などを、中心市街地で提供する。観光客以外にもリーズナブルで地元の人が頻繁に立ち寄れる店舗を準備する。中町周辺は意外にランチの場所などは限られており、地元の人たちも苦労している。地元イコール観光客も利用できる「ショッピングモール」が望まれる。

♡「ショッピングモール」に直結する「バスターミナル化」

交通手段との関係も重要である。酒田まつりや、どんしゃんまつりなどの賑わいにみるように中心市街地に人が集まるのは明確な事実だ。交通手段に対応する駐車場の環境も確立しつつある。そこで交通手段をよりスムーズにするための拠点としての「バスターミナル化」に注目したい。中町再開発の動きは、当然のように交通手段とのタイアップも必要で、定時バス以外に、大型バスの発着所は、観光客を中心市街地に呼ぶための手段となる。そのターミナルに隣接する商業施設を用意し、中町商店街の一部店舗や機能をそこに集める。将来的な中心市街地「ショッピングモール化」に連結となる。(32)

中町には、市役所や行政機関が集まり、ビジネス的なエリアも広がっている。ビジネス環境に合わせ、商業施設の充実を図り、地元市民・観光客の相互にメリットある場所を提供する。中心市街地再生にかかわる不可欠な部分であると考える。中心市街地におけるバスターミナル

(32) 中心市街地発着の交通網の整備。

建設のメリットは、周辺に気軽に立ち寄れる観光施設や飲食店（手軽な店舗）の提供につながり、バスを待つ人の需要は満たされる。バス利用者以外に、観光客と地元の人たちの共有エリアとなる。

3 「中町ショッピングモール化」

♡ショッピングモール構想と人びとの集まり

中心市街地にショッピングビルを中心としたショッピングモール構想は、バスターミナル化とも絡み、家族連れや高齢者のみならず、若い人たちの選択エリアにもなる。地元の若者が集える空間としての役割も担う。若者たちは地元商店街よりも大型ショッピングセンター（SC）へ足を運ぶ。そこには若者が好むファストフード店や集まりやすいフードコート、複合型映画館、アパレル関連店舗などがある。

若者が求めているトレンドは中心市街地にはない。全国共通の現象として、トレンドのある場所はショッピングを楽しみ、映画を観ることも可能。友人どうしの食事も、一品頼みあとはドリンクバーだけで何時間も過ごす。SC内で一日を過ごすことは不思議ではない。現在、SCへ出かけている中高生や若い人たちを中心市街地に呼び込む空間づくりはとても難しい。しかし、酒田まつりなどに集まる若者たちの行動にはそこに集う理由が隠されている。その理由こそ中心市街地の非日常であった。(33)

(33) 非日常提供の前段階として「12日間人を集める」企画。居場所提供。

♡目的をもつ空間、とりあえず空間再考

出かける場所の選択肢として、その空間が若者にとっての居場所になるためには、二つの視点によってとらえる必要があろう。一つ目は、高齢者もそうであるように「とりあえず空間」としての居場所である。日常生活での会話や、余暇時間に「とりあえず〇〇しよう」という選択を意味する。二つ目は、友人と待ち合わせつぎの行動は「とりあえず〇〇に出かけよう」となる「目的をもつ空間」である。通常、地方都市でのとりあえず空間は、長く郊外SCが中心となってきた。

かつて中町は、百貨店を中心にそこに出かけて用事をすます「目的をもつ空間」でもあった。買い物、贈答品、各種のイベントなど、ある意味かしこまって出かける非日常的な場所でもあった。それがいま、「清水屋」のリニューアル当時、エンタテインメント空間の充実などに合わせ、若者もとりあえず中町へという状況へと向かう環境が整備されてきた。ゆえに、若者や高齢者、多彩な世代が、さまざまな目的をもち（とりあえず〇〇の人びとも取り込み）、中心市街地に足を運ぶためのショッピングモール化への道を進めていく必要がある。(34)

♡「八〇〇m中町ショッピングモール」

高齢者も多く集まる中町、そこに集まる若者たちに向けて、その環境に適応すべく、明るく周囲のノイズにならない、周りの目を気にしなくても大丈夫な環境（居場所）の提供に力を注ぐべきである。とくに、若者が集まる場所には食べ物が必需品なのでリーズナブルで、多彩なメニューを用意し、若者に向けた空間であるということを示す。大人と子ども、年配の方とお孫さん、多彩な組み合わせによってコミュニケーションが可能になる街。全国的にも例のない、

(34)「清水屋」跡地の活用。まずはシンボルになる施設。

八〇〇mにわたる中心市街地中町。安全・安心なセーフティゾーンである「八〇〇m中心市街地商店街のショッピングモール化」に夢を託したい。[35]

Ⅳ 「グリーン・ハウス」があった街

1 メディア文化の街の資源

♡酒田大火から約半世紀、メディア文化の街

一九七六年の酒田大火から約半世紀近くになる現在（いま）、中心市街地の現状から出るのは同じような人がいない、活気がないというステレオタイプの声ばかり。これは酒田だけの問題なのだろうか。詳細に「メディア文化の街、酒田」が残した事実を振り返ると真実がみえてくる。酒田は歴史的にもつねに、新規なスタイルを取り入れ発信してきた。時代の先を進んだコンテンツの数々は他の都市に模倣されるほど、酒田はメディア文化に長けていた。その風土はいまなお受け継がれている。

「メディア文化の街、酒田」それを象徴したのが、一九七六年まで中心市街地中町に存在した洋画専門館「グリーン・ハウス」である。二〇一七年一〇月「山形国際ドキュメンタリー映画祭」にて、『世界一と言われた映画館—酒田グリーン・ハウス証言集—』が公開された。[36]そ

---

(35) 中心市街地再生の切り札。圧巻のストリート。

(36) 「メディア文化の街を再現」記憶と記録の集大成。

れから六ヵ月、二〇一八年四月一四日に酒田市での特別先行上映、その後、鶴岡市、山形市で上映が開始され、多くの人びとが鑑賞し、予定外の上映延長が同年の夏までなされた。そして九月には奈良での特別上映、二〇一八年には、首都東京、映画の伝統の地、有楽町での公開となった。

♡メディア文化の街の資源

酒田大火復興のシンボル「獅子頭」は、獅子頭ファミリーまで広がった。さらに「もしぇのん」「あののん」という酒田市キャラクターも誕生させた。そこにあるのは伝統からあらたな文化への移行である。さらに一九七〇年代、地産地消の草分けでもあった酒田のフレンチレストランとシェフの存在。「映画」と「フレンチ」は、酒田の街に根ざした「メディア文化」の資源である。しかしそれを具現化することはいまだに実現しない。

事実、山形市は「ユネスコ映像文化都市」、鶴岡市は「ユネスコ食の文化都市」であり、いずれも長く酒田に根ざしたメディア文化的資源を実践的に具現化した成果である。酒田は瞬間打ち上げ花火的なセンセーショナルなスタイルには長けているが、そのメディア文化的資源を継続し、盛り上げようとする協力関係が、山形市や鶴岡市のようにはならない（地元で一般化されている言説は「酒田市民は熱く冷めやすい」トレンドに敏感であるが移り気も早い）。これは答えの出せない永遠の謎なのだろうか。(37)

---

(37) 相互に支え合うのか相互に競合するのか。

2 「グリーン・ハウス」があった街

♡「メディア文化都市〝酒田〟」の夢

山形市のユネスコ「映像文化都市」と鶴岡市のユネスコ「食の文化都市」には、かつて酒田が担ったメディア文化の両側面そのものをみる。両市にあるのは市民や行政機関がまとまりをもって、一つのスタイルを完成させようという思いの結集である。登場した個人や組織、キーパーソンを市民全体が支えあう、理想的な地域活性化の姿に映る。

酒田は、多様なメディア文化的資源を持ちながら、瞬間的関心にとどまり、それを継続することが躊躇されてきた。市民性や地域性と言われる「熱く冷めやすい」つまり流行やトレンドには敏感でおしゃれ度も高い。しかし一体感をもち継続的に構成するプロセスは弱い。伝統的なフレンチのシェフの存在。カクテル「雪国」を世に出し、ドキュメンタリー映画も制作されたバーテンダーの存在[38]。そのような個人資源を支えていく風潮も極めて弱かった。

他の地域では、市内に映画館と食堂を隣接させ、イタリアンのシェフを世界に送り出すという鶴岡市のような地域全体での協力体制をみる。近年、新規なシンボル（中町モールのような）を登場させた先発組の貢献を後発組がそれに取って代わる。古いものは活かされず、あたらしいものに姿を変えてしまう。そんな酒田の地域性に委ねて課題を処理する以外に方法はないのだろうか。伝統を維持し、そこにあたらしい伝統（文化）を積み上げるような地域再生を選択して欲しい。

酒田には「グリーン・ハウス」があった。瞬間的資源ではなく、「トラディショナル」な資源であった。その象徴が「世界一と言われたデラックス映画館」であり、複数の要因から酒田

(38) 個人資本を支えるのは個人の集まりとしての市民。

を「メディア文化の街」と位置づけてきた。

♡既存の環境の再構成と時代に沿った環境構築

二〇〇三年フィールドワークを開始、酒田の中心市街地を追ってきた。シンポジウム11回（オンライン1回）を数え、メディア文化の街と叫び続け20年。しかし現実は、酒田より周辺都市がそのスタイルを形成し、歴史的に名を連ねることになった。正直に言うと、著者にはジレンマである。酒田という街の風土なのか気質・市民性なのか、それだけで判断するには誤解も生じよう。酒田は時代の方向に敏感、トレンドに関心あり、素早い反応、そこまでは十分過ぎる。問題はその先、継続し、結果を残し、後世に伝えること。そのために必要なのは街の一体感である。

中心市街地中町、郊外型店舗に押され、衰退の流れが加速されながらも、中心商店街のメディア文化的イベントの継続は年々内容を進化させている。本書で何度も指摘した「1年間で12日間人を集める」ことは、中心市街地で十分に可能である。しかし、何かが足りない、それが何か、あらためてそれは「市民も一緒にというまとまり感」と「トラディショナルへのリスペクト」である。

エピローグ　社会の構図が変わる

1　賑わいを取り戻すという幻想

一方に人が集中すると、もう一方は衰退する。大都市に人が集まることで、地方都市は衰退する。人口動態・交流人口横ばいあるいは減少下で、過疎と過密の原理をふまえるなら、地方都市の衰退を抑えることは困難な現実である。

大都市あるいは周辺都市の中心市街地を除けば、地方都市中心市街地の衰退問題は、全国共通の課題である。中心市街地の衰退、郊外型店舗への集中が叫ばれて久しいが、地方都市の郊外型店舗の趨勢すら予断できない。

一般化したファスト・ファッションの定着は、百貨店既存ブランド売り上げ減少に拍車をかけた。衣料を主力とする百貨店は大打撃を受け、地方のみならず首都圏の百貨店も店舗閉鎖の一要因となった。消費者ブランド志向の変化でもある。日常にある身近な文化的なモデルの変動は、流行現象の周期と重なり、歴史的連続性の結果として生成している。

本書の実証的部分の中核となる中心市街地中町を対象としたシンポジウムは、11回（オンライン1回を含む）を重ねた[39]。フィールドワーク開始から、20年、地方都市がかかえるさまざまな問題と毎回直面してきた。正直、中心市街地は厳しい、結論はどのような取り組みをしてもかつての賑わいを取りもどすことはほぼ不可能に近い。

思うに「かつての賑わいを取りもどす」、ここに幻想があったのではないか。フィールドワー

(39)　現実的に「中町の問題、中町の課題」に偏りは否めない。

クを振り返ると、この点を意識し過ぎたと感じる。時間を追うごとに中心市街地の活性化、中心市街地の再生という取り組みに空しさも漂うようになった。

一方に人が集中し、一方は衰退する。いつ頃からか毎週末に多彩なイベントが重なり、一定数の参加者を奪い合うことが多くなった。地方都市でのエンタテインメントにかかわる企画は、居住人口減少のなかで相互に影響をおよぼしているのは明らかである。近年のイベントブームの背景には、過疎と過密の原理も潜んでいることをあらためて認識する必要がある。

2 アーカイヴと現実、幻想からの脱却

ここで再度強調したいのは、「中心市街地は大変厳しい、どのような取り組みをしてもかつての中心市街地（賑わい）はもどってこない」というもう一つの幻想からの脱却である。つまりかつての三六五日の賑わい、週末はいつもおまつり的で人が集う中町商店街そのものを、昭和の原風景、風物詩として、アーカイヴのなかに保存することである[40]。そして新規に、ビジネスとしての営業活動、そして利益の壁、過疎と過密を超えたバランス効果にみる人の集まりを模索する。賑わいは週に一回、月に数回にとどめ、それ以外をアイドルタイムとして処理する。著者の勝手過ぎる（利益を考えない）思考かもしれないが、その時間は日常や準備のためのクールダウンにつとめる。「休息」の必要性である。

人びとの動き、消費動向の変化、日常と非日常の区別が入り乱れ（分化した状態）、かつてのような世界はみえない。一極集中の結果（という理由云々）は、人口動態からみればいたし

---

(40) 記憶にとどめる。リセットして新しい中心市街地をイメージ。

方ない現実。一極集中に対し、それ以外はタイムラグ（休息）をつくる。その時間は競合を避け、アイドルタイムに徹する。そして週一あるいは月一に満を持し、一極集中の人びとを今度はこちらへ向かわせる。[41] そんなバランスある受け入れ環境を中心市街地で形成することである（商店主の事情、厳しさはあえて承知の上で）。

中心市街地の商店主も疲弊している。イベントごとにかかる費用も莫大である。商店街裏側の努力を知らず、ステレオタイプに「あれをやればよい」「イベントを仕掛ければ人が集まる」的な見地で見物するのは限界である。大きな矛盾も存在する中心市街地問題。実績づくりのために、これをやったという事実のみに浮かれることなく、継続して市民が楽しみ、中心市街地を訪れるバランスある取り組みが日常化するような環境が欲しい。

流行に敏感、新しいものが好き、古いものを壊し、新しいものを建てる、そんな酒田の市民性というものからの脱却。山形市の映像文化都市、鶴岡市の食の文化都市を誕生させた下地にあるのは、両市における市民・行政の「一体感」である。一時的ではない、単発ではない、単年度決算ではない、地域文化を継承しながらその地域を盛り上げていく進化するスタイルである。[42]

「メディア文化の街、酒田」のゆくえは、その課題を超えた先にある。酒田の市民性だからという帰属処理的な考えから脱却し、新規な欲求を時代に適応させ、修正する。市民性を継続させるために、イベント企画（コンテンツ）を絞り込み、（市民の飽き具合の）周期を探る。流行理論にみる「定着から慣習」[43] としてそれを酒田の人びとに根づかせるという一連のサイクル（飽きさせない）によって実践されたい。

---

(41) 引き寄せる企画を「年に12回」からはじめる。

(42) 三者間のバランスを維持し一体感を形成。

(43) 市民がわすれた頃に開催する。

3　社会の構図の変化と新しいシステム

自然や社会的事情、さまざまな状況が日常生活を覆う昨今、既存のスタンダードというノーマル（標準）から、異常でアブノーマル（危機）なものが日常化している。現在、社会全体の構図は普通も異常もなく、それらを含み「常態化」した、ニューノーマルの「マトリックス（構図）」へ変わろうとしている。[44]

中心市街地も、かつての「三六五日の賑わい」から、「12日間（48日間）の賑わい」へシフトしながら、人の集中をバランスよく分けた取り組みを考えていく時が訪れた。限られた人口のなかでゲストの奪い合いは非現実的である。むしろカテゴリー別に、中心市街地をリピートする人の動きに合わせた企画に徹する。[45] それでバランスある世界がみえてくる。バラバラのようなスタイルも、各自楽しむ様子が、相互に支え合うことができる。その全体が体系化されれば、あらたな中心市街地中町の構図ができあがる。一過性の試みでも連続し繰り返し、ふたたび（中心市街地）にもどってくる。酒田の地域性（市民感覚）を利用し、1年に12日間（48日間）の賑わいを恒常化させる。「中町システム」の完成となる。

---

(44) かつての賑わう空間は記憶のなかに。

(45) 「年に12回限定」したカテゴリー別の話題提供。

タワーリング
インフェルノ

あとがき　―「グリーン・ハウス」と「中心市街地」の過去と未来―

二〇〇三―二〇二三

かつて山形県酒田市中心市街地中町には、洋画専門館「グリーン・ハウス」があった。老舗百貨店「マリーン5清水屋」があった。中心市街地を対象に研究を続け20年の年月が経過した。すべては二〇〇三年商店街発アイドル「SHIP」のフィールドワークからはじまった。一度だけのフィールドワークが、その研究成果報告をするために中町シンポジウムを開催し、それが恒例となり、いつしか20年になった。中心市街地をめぐる状況は目まぐるしく変わり、それに応えるための作業が続いた。メディア文化によるメディア環境の必要性をメインテーマに掲げ、中心市街地の検証を重ねた。中心市街地をめぐる環境は厳しく、シンボルだった「清水屋百貨店」危機の時は、その存続と重要性をめぐっての対応を探り続けた。二〇二三年、その「グリーン・ハウス」も「清水屋百貨店」もいまは姿を消した。

中心市街地中町を対象にしたフィールドワークには延べ一〇〇人を超す学生たちの参加があった。20年間さまざまなドラマもあった。地元の方々と学生たちの相互作用はいつも楽しそうだった。一つのテーマに向かう市民と学生の姿は、アカデミックな交流として想い出深い。本書『「グリーン・ハウス」があった街―メディア文化の街はどこへ向かうのか―』は、この20年間のアカデミックな記憶と記録である。

本書の前身は、『もう一つの地域社会論―酒田大火30年、メディア文化の街ふたたび―』（二〇〇六）と『メディア文化の街とアイドル―「グリーン・ハウス」「SHIP」から中心市街地再生へ―』（二〇〇五）にある。『もう一つの地域社会論』の冒頭につぎのような著者の記憶が記されている。

一九七六年一〇月二九日、当時高校三年生だった著者は、世界史の模擬試験を受けるために母校の教室にいた。夕方六時三〇分頃、担当の先生から、「中町が火事になった。今日はこれで打ち切る。気をつけて帰るように」と伝えられ、試験は中止となった。急ぎ自転車で高校を出て、自宅へ向かう途中の新井田川に差しかかった時、中町方面の空が真っ白の煙に覆われていた。庄内地方特有の強風で煙に混じった火の粉も飛んでいた。

帰宅して、NHKの臨時ニュースをみる。酒田の中心商店街中町は予想以上の火事になっていた。臨時ニュースは鎮火する早朝まで一晩中、約一〇時間も放映を続け、異例のメディア報道となった。著者の実家は、中町の風下にあり大慌てで荷物の整理をした。深夜に飛び火が近くに迫ったとのニュースが入った時はあきらめたが、市内を流れる新井田川が防波堤の役目を果たして救われた。大火翌日、登校したが当然授業にはならない。朝のHR前、「中町火事のため、本日は休校にします」と、全校放送が流された。HR終了後、すぐに友人たちと中町へ向かった。そして驚いた。中町が一瞬にして消失していた。あまりの光景に言葉を失いながら、「もう二度とあの中町をみることはできない」とつぶやいた。

何より酒田大火の出火元は、「グリーン・ハウス」だった。

「メディア文化の街」とネーミングした「酒田」の中心市街地は、あまりにドラマチックである。シネコン的環境をもつ洋画専門館、地産地消の先がけで文豪や食通を唸らせ、天皇の料理人もつとめたシェフのフレンチレストラン。全国初となる商店街アイドルのデビュー。屋上に回転飛行機があった老舗百貨店。エンタテインメントの凝縮した空間であり、「メディア文化の街」にふさわしい環境が揃っていた。

この間、前二冊の著書をはじめ、『〝おしゃれ〟と〝カワイイ〟の社会学―酒田の街と都市の若者文化―』（二〇一〇）、『コンパクトシティと百貨店の社会学―酒田「マリーン5清水屋をキーとした中心市街地再生―」（二〇一二）、『ファッション・コミュニケーション・エンタテインメント―ローカル百貨店の挑戦―』（二〇一四）など、メディア文化の街の側面に照準を合わせ刊行を続けた。研究を継続しながらいつも頭から離れないのが中心市街地のシンボル「グリーン・ハウス」だった。酒田大火から30年となる二〇〇六年に『もう一つの地域社会論』を刊行したのも「グリーン・ハウス」への郷愁だった。同時にその気持ちに重なっていたのが「清水屋百貨店」であった。「清水屋」への想いも決してわすれることはできない。

二〇一七年『世界一と言われた映画館―グリーン・ハウス証言集―』（佐藤広一監督）が山形国際ドキュメンタリー映画祭で上映された。一九七六年以降誰もが封印していた「グリーン・ハウス」をいま一度再現し、甦らせてくれた。本作品の反響は想像以上に大きなインパルスとなった。酒田の中心市街地が「メディア文化の街」であることを再認識させるには十分であった。本作品が世に出た意味はかけがえのないもので映画という次元を超越する付加価値をもたらした。本作品の果たした貢献は「メディア文化の街、永遠」にある。

「『グリーン・ハウス』は、なぜ未だに人びとの心を引きつけるのか。それはもうこれ以上の映画館が作れないことを私たちは知っているからだ」（佐藤広一監督メッセージ）。

ドラマチックな中心市街地の20年を実証的に検証続けてきた記憶と記録である本書は、メディア文化の伝統を担い、絶えず斬新な文化を発信し続けてきた山形県酒田市中心市街地中町商店街をターゲットにしてきた。一九七六年の酒田大火によって消失したメディア文化という伝統的なスタイルが、二〇〇〇年に入り、大火当時、一〇代だった若者たちがふたたび、あらたなプロジェクトを立ち上げ、メディア文化の街を甦らすべく環境の再構築に取りかかった。そのプロジェクトを機に中心市街地研究がはじまった。実証研究は進んだり立ち止まったり戻ったり、そして進んだりの時間だった。本書後半の実証研究の記述では、その繰り返しと反復から類似した表現が多くなってしまった。

本書、序章では、メディア文化の街とした理論的前提となる、メディアとメディア文化に関しての概念を整理し、本書の意図する「メディア文化の街」を明確に示すことからはじめた。

第1章は、シンボリックな映画館「グリーン・ハウス」の特異性について紹介する。「グリーン・ハウス」が市民にさまざまな影響を与えながら一夜に消滅した事実を記した。

第2章では、「世界一デラックスな映画館」を再現するプロジェクトの開始を追った。再現をめざす「山形国際ドキュメンタリー映画祭」スタッフの想い入れと、これまでの映画祭の軌跡を紹介しながら、『世界一と言われた映画館―グリーン・ハウス証言集―』の効果と貢献について論じた。

第3章は、「メディア文化の街」と位置づけた酒田市中心市街地の様子を歴史的な背景からみていく。「グリーン・ハウス」が存在し、メディア環境の充足された空間を取り上げた。

第4章では、「グリーン・ハウス」世代によるメディア文化的なプロジェクト発信である。中心市街地から商店街アイドルをデビューさせるという驚くべき企画について触れる。

第5章は、メディア文化の街の中心市街地の衰退が顕著となった様子を取り上げ、エンタテインメント空間のあり方について論じた。

第6章からは、中心市街地の問題と課題に取り組んだ実証研究の成果をまとめた。第1回から第5回までのシンポジウムをダイジェストで紹介した。

第7章では、「中心市街地のおしゃれ」についてファッションとの関係から論じた。ファッション感覚を重視し、中心市街地に集客を求める環境を考える。

第8章は、メディア文化の街の伝統を、現代的にアレンジし、子どもや若者たちが親しみやすく関心を抱く、あたらしい文化の必要性を問うた。

第9章では、メディア文化の街の中心市街地に人を呼ぶために具体的な方法について提案する。中心市街地に必要な空間の有効性について論じた。

第10章は、中心市街地のゆくえとして、地元民と観光客の両側面から必要な環境を考える。実際に検証した結果から、中心市街地に不可欠なメディア文化的環境を示した。

結びでは、20年におよぶ中心市街地の実証研究から、変動の激しい中心市街地の現実を再考し、中心市街地再生のための切り札を提言した。「グリーン・ハウス」があった街の資源を見直し、「メディア文化の街〝酒田〟」誕生の夢と期待を込めて完結した。


既刊書同様、本書も多くの方々の力強いサポートがあった。（一部当時の肩書）

フィールドワーク20年の間に歴任された酒田市長、副市長、市役所行政関係担当部署の方々。酒田商工会議所の方々。中町商店街店主の方々、地元企業の方々。高校生調査と生徒とのヒアリングに協力いただいた地元高等学校教員と生徒のみなさま。

映画を愛し、「グリーン・ハウス」を愛し、中心市街地で映画上映実現を試み奔走された酒田市企画調整部まちづくり推進課の齋藤豊司課長、「グリーン・ハウス」友の会メンバーとして、当時のアーカイヴ的部分を語られた東急エージェンシー経営政策室の岩崎晴樹マネージャー、柳小路珈琲ケルン井山計一グランマスター。

中町シンポジウムに毎回欠かさずご出席くださりいつも後輩たちを温かく見守ってくださった日本大学酒田桜門会大場弥市会長、中山一事務局長、酒田南高等学校武内重昭教諭。シンポジウムポスター・チラシのデザインを長く手がけ、学生サポートにご尽力いただいた、コマツコーポレーションの柿島正プランナー、大瀧誠プロデューサー。

『世界一と言われた映画館―グリーン・ハウス証言集―』制作そして現実にいま一度甦らせた「山形国際ドキュメンタリー映画祭」髙橋卓也事務局長およびスタッフの方々。撮影にあたった稲田瑛乃製作助手、映画パンフレットイラストをご提供いただいたアルゴ・ピクチャーズの菅原睦子氏（本書カバーデザインに反映）。そして一九七六年の再現『世界一と言われた映画館―グリーン・ハウス証言集―』佐藤広一監督には、本書カバー帯と本文にメッセージを寄せていただいた。

フィールドワーク開始から研究環境・報告場所の提供、さまざまな側面で全面的なサポートを賜わったマリーン5清水屋百貨店代表取締役の成澤五一社長の存在は大きかった。

そして長い20年間の研究が継続できたのは、中町中和会商店街振興組合の脇屋直紀理事長とS-Produceの関浩一プロデューサーとの出逢いからである。どのような研究状況下におかれながらも中町の未来をみつめられた脇屋直紀、関浩一両氏にあらためて感謝申し上げたい。

最後に、本書出版は学文社、田中千津子社長のご尽力以外の何ものでもない。刊行まで2年以上も遅れ迷惑をかけながらも、田中社長、編集スタッフの方々にお待ちいただいた。著者のフィールドワーク20年の記憶と記録、本書の想いへのご理解と出版環境のご提供に感謝いたします。

多くの方々のご協力とご教示があり、本書が刊行できることになりました。ここに心から感謝の言葉を申し上げます。本当にありがとうございました。

仲川秀樹

二〇二三年四月

資料1　グリーン・ハウスニュース（予定表）

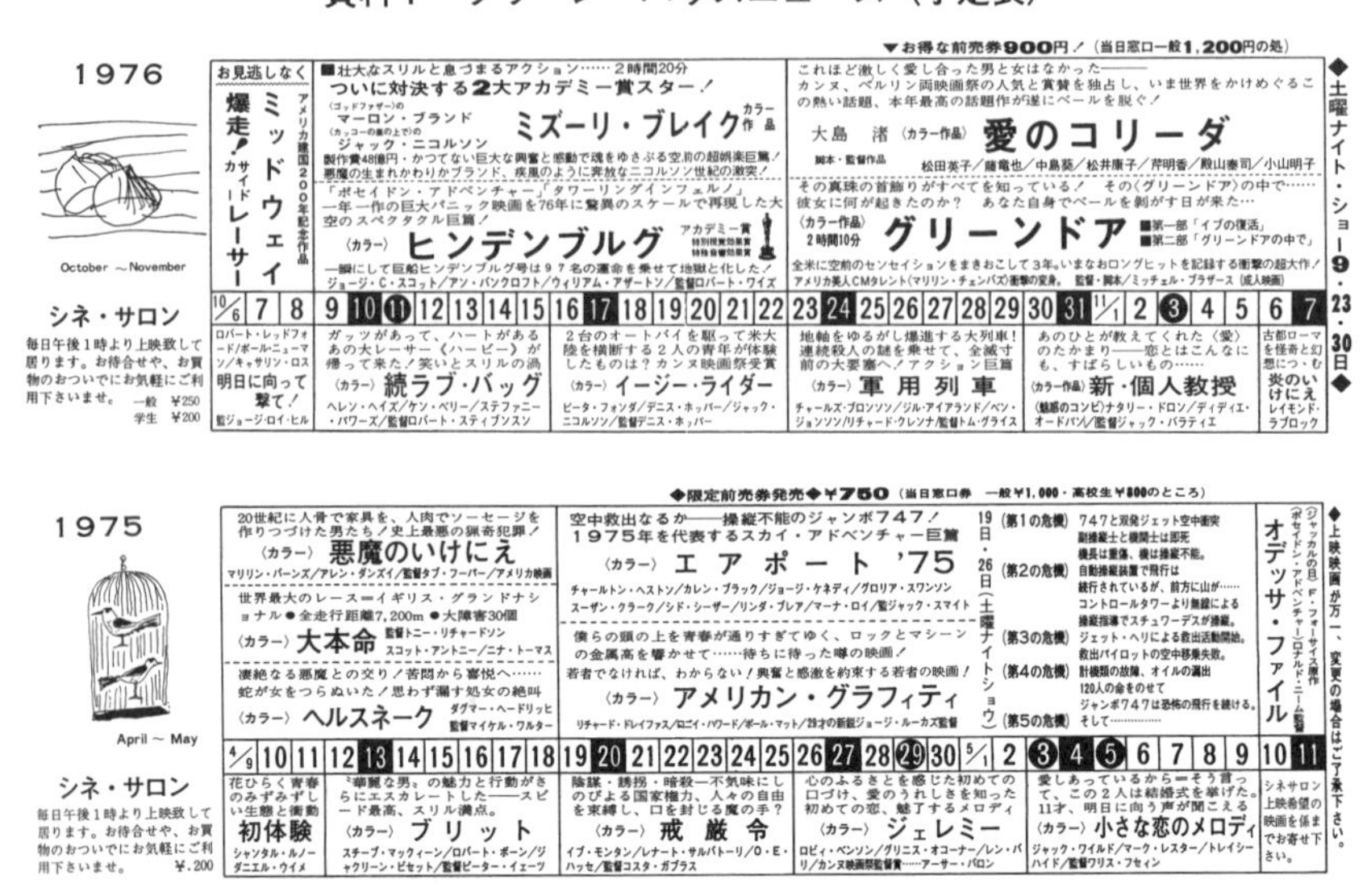

1976

October ～November

シネ・サロン

毎日午後1時より上映致して居ります。お待合せや、お買物のおついでにお気軽にご利用下さいませ。　一般　¥250　学生　¥200

▼お得な前売券900円！（当日窓口一般1,200円の処）

お見逃しなく
ミッドウェイ
爆走！サイドカー・レーサー
アメリカ建国200年記念作品

■壮大なスリルと息づまるアクション……２時間20分
ついに対決する2大アカデミー賞スター！
（ゴッドファザー）のマーロン・ブランド
（カッコーの巣の上で）のジャック・ニコルソン
ミズーリ・ブレイク　カラー作品
製作費48億円・かつてない巨大な興奮と感動で魂をゆさぶる空前の超娯楽巨篇！
悪魔の生まれかわりかブランド、疾風のように奔放なニコルソン世紀の激突！

「ポセイドン・アドベンチャー」「タワーリングインフェルノ」

一年一作の巨大パニック映画を76年に驚異のスケールで再現した大空のスペクタクル巨篇！

〈カラー〉ヒンデンブルグ　アカデミー賞　特別視覚効果賞　特殊音響効果賞
一瞬にして巨船ヒンデンブルグ号は９７名の運命を乗せて地獄と化した！

ジョージ・C・スコット／アン・バンクロフト／ウィリアム・アザートン／監督ロバート・ワイズ

これほど激しく愛し合った男と女はなかった——
カンヌ、ベルリン両映画祭の人気と賞賛を独占し、いま世界をかけめぐるこの熱い話題、本年最高の話題作が遂にベールを脱ぐ！
大島　渚　脚本・監督作品　〈カラー作品〉愛のコリーダ
松田英子／藤竜也／中島葵／松井康子／芹明香／殿山泰司／小山明子

その真珠の首飾りがすべてを知っている！　その〈グリーンドア〉の中で……

彼女に何が起きたのか？　あなた自身でベールを剥がす日が来た…

〈カラー作品〉２時間10分　グリーンドア　■第一部「イブの復活」　■第二部「グリーンドアの中で」

全米に空前のセンセイションをまきおこして３年。いまなおロングヒットを記録する衝撃の超大作！

アメリカ美人CMタレント〈マリリン・チェンバズ〉衝撃の変身。　監督・脚本／ミッチェル・ブラザース（成人映画）

◆土曜ナイト・ショー9・23・30日◆

10/6 7 8 9 10 11 12 13 14 15 16 17 18 19 20 21 22 23 24 25 26 27 28 29 30 31 11/1 2 3 4 5 6 7

ロバート・レッドフォード／ポール・ニューマン／キャサリン・ロス
明日に向って撃て！
監ジョージ・ロイ・ヒル

ガッツがあって、ハートがあるあの大レーサー《ハービー》が帰って来た！笑いとスリルの渦
〈カラー〉続ラブ・バッグ
ヘレン・ヘイズ／ケン・ベリー／ステファニー・パワーズ／監督ロバート・スティブンスン

２台のオートバイを駆って米大陸を横断する２人の青年が体験したものは？カンヌ映画祭受賞
〈カラー〉イージー・ライダー
ピータ・フォンダ／デニス・ホッパー／ジャック・ニコルソン／監督デニス・ホッパー

地軸をゆるがし爆進する大列車！連続殺人の謎を乗せて、全滅寸前の大要塞へ！アクション巨篇
〈カラー〉軍用列車
チャールズ・ブロンソン／ジル・アイアランド／ベン・ジョンソン／リチャード・クレンナ／監督トム・グライス

あのひとが教えてくれた〈愛〉のたかまり——恋とはこんなにも、すばらしいもの……
〈カラー作品〉新・個人教授
〈魅惑のコンビ〉ナタリー・ドロン／ディディエ・オードパン／監督ジャック・バラティエ

古都ローマを怪奇と幻想につつむ
炎のいけにえ
レイモンド・ラブロック

1975

April ～ May

シネ・サロン

毎日午後1時より上映致して居ります。お待合せや、お買物のおついでにお気軽にご利用下さいませ。　¥.200

◆限定前売券発売◆¥750（当日窓口券　一般¥1,000・高校生¥800のところ）

20世紀に人骨で家具を、人肉でソーセージを作りつづけた男たち！史上最悪の猟奇犯罪！
〈カラー〉悪魔のいけにえ
マリリン・バーンズ／アレン・ダンズイ／監督タブ・フーパー／アメリカ映画

世界最大のレース＝イギリス・グランドナショナル●全走行距離7,200m●大障害30個
〈カラー〉大本命　監督トニー・リチャードソン　スコット・アントニー／ニナ・トーマス

凄絶なる悪魔との交り！苦悶から喜悦へ……
蛇が女をつらぬいた！思わず漏す処女の絶叫
〈カラー〉ヘルスネーク　ダグマー・ヘードリッヒ　監督マイケル・ワルター

空中救出なるか——操縦不能のジャンボ747！
１９７５年を代表するスカイ・アドベンチャー巨篇
〈カラー〉エアポート'75
チャールトン・ヘストン／カレン・ブラック／ジョージ・ケネディ／グロリア・スワンソン
スーザン・クラーク／シド・シーザー／リンダ・ブレア／マーナ・ロイ／監ジャック・スマイト

僕らの頭の上を青春が通りすぎてゆく、ロックとマシーンの金属高を響かせて……待ちに待った噂の映画！
若者でなければ、わからない！興奮と感激を約束する若者の映画！
〈カラー〉アメリカン・グラフィティ
リチャード・ドレイファス／ロニイ・ハワード／ポール・マット／29才の新鋭ジョージ・ルーカズ監督

19日・26日（土曜ナイトショウ）

（第1の危機）747と双発ジェット空中衝突　副操縦士と機関士は即死　機長は重傷、機は操縦不能。

（第2の危機）自動操縦装置で飛行は続行されているが、前方に山が……　コントロールタワーより無線による操縦指導でスチュワーデスが操縦。

（第3の危機）ジェット・ヘリによる救出活動開始。救出パイロットの空中移乗失敗。

（第4の危機）計機類の故障、オイルの漏出　120人の命をのせてジャンボ747は恐怖の飛行を続ける。

（第5の危機）そして…………

オデッサ・ファイル
〈ジャッカルの日〉〈ポセイドン・アドベンチャー〉F・フォーサイス原作　ロナルド・ニーム監督

◆上映映画が万一、変更の場合はご了承下さい。

4/9 10 11 12 13 14 15 16 17 18 19 20 21 22 23 24 25 26 27 28 29 30 5/1 2 3 4 5 6 7 8 9 10 11

花ひらく青春のみずみずしい生態と衝動
初体験
シャンタル・ルノー／ダニエル・ウイメ

〝華麗な男〟の魅力と行動がさらにエスカレートした——スピード最高、スリル満点。
〈カラー〉ブリット
スチーブ・マックィーン／ロバート・ボーン／ジャクリーン・ビセット／監督ピーター・イェーツ

陰謀・誘拐・暗殺—不気味にしのびよる国家権力、人々の自由を束縛し、口を封じる魔の手？
〈カラー〉戒厳令
イブ・モンタン／レナート・サルバトーリ／O・E・ハッセ／監督コスタ・ガブラス

心のふるさとを感じた初めての口づけ、愛のうれしさを知った初めての恋、魅了するメロディ
〈カラー〉ジェレミー
ロビィ・ベンソン／グリニス・オコーナー／レン・バリ／カンヌ映画祭監督賞……アーサー・バロン

愛しあっているから＝そう言って、この２人は結婚式を挙げた。11才、明日に向う声が聞こえる
〈カラー〉小さな恋のメロディ
ジャック・ワイルド／マーク・レスター／トレイシーハイド／監督ワリス・フセイン

シネサロン上映希望の映画を係までお寄せ下さい。

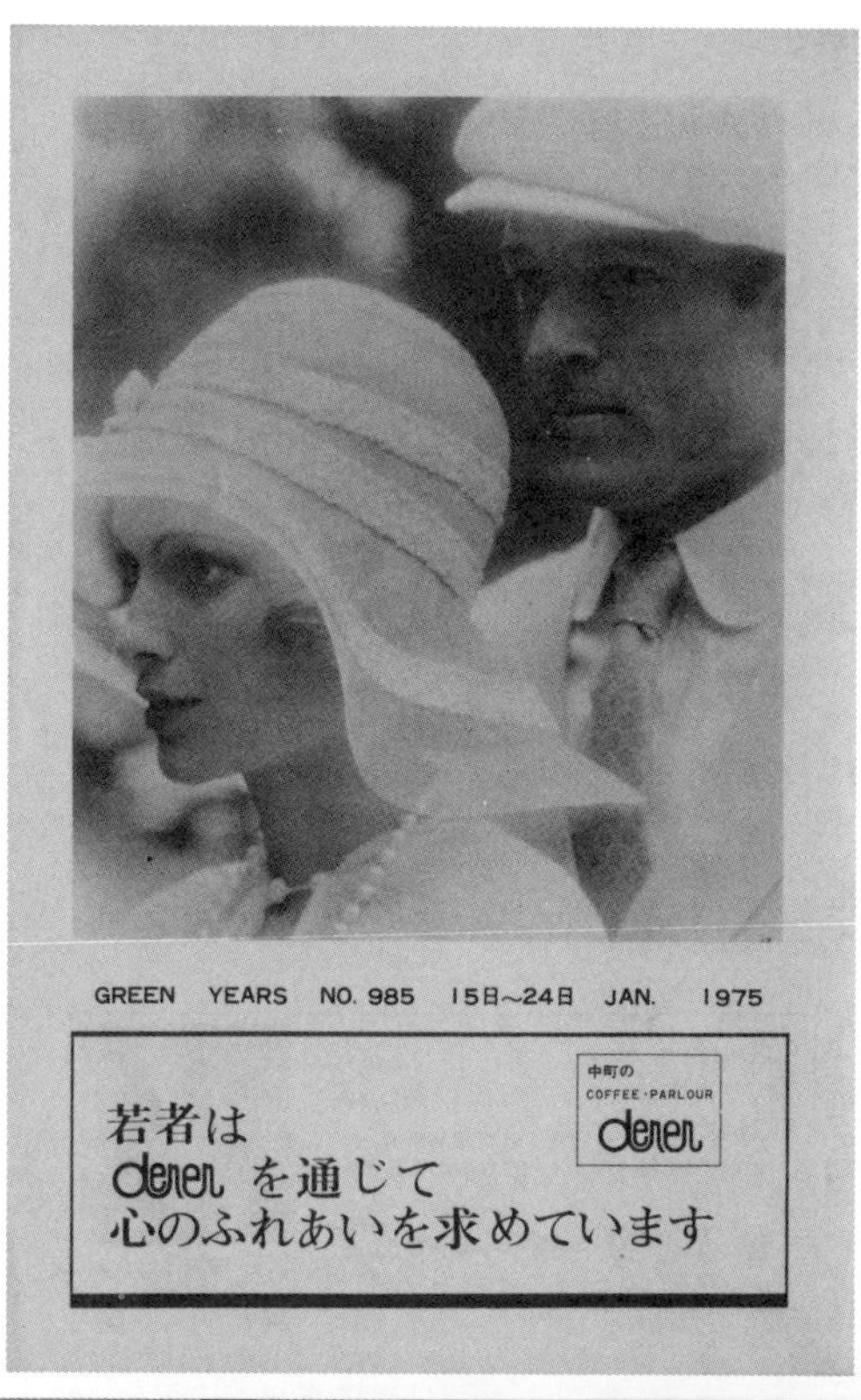
GREEN YEARS NO. 985 15日〜24日 JAN. 1975
中町の
COFFEE・PARLOUR
deren
若者は
deren を通じて
心のふれあいを求めています

2017/07/16

は　行

ま　行

や　行

ら　行

わ　行

索　引

あ　行

か　行

さ　行

た　行

な　行

著者紹介

仲川　秀樹（なかがわ　ひでき）

1958年　山形県酒田市出身
1983年　日本大学法学部新聞学科卒業
1988年　日本大学大学院文学研究科社会学専攻博士後期課程満期退学

現　在　日本大学文理学部教授，輔仁大学客員教授
博士（社会学）
大妻女子大学講師
（フェリス女学院大学講師，十文字学園女子大学講師歴任）

専　攻　マス・コミュニケーション論，メディア文化論，社会学理論

主　著　『情報社会をみる』（共著，2000年，学文社）
『サブカルチャー社会学』（2002年，学陽書房）
『マス・コミュニケーション論』（共著，2004年，学文社）
『メディア文化の街とアイドル』（2005年，学陽書房）
『もう一つの地域社会論』（2006年，学文社）
『おしゃれとカワイイの社会学』（2010年，学文社）
『メディアとジャーナリズムの理論』（共著，2011年，同友館）
『コンパクトシティと百貨店の社会学』（2012年，学文社）
『ファッション・コミュニケーション・エンタテインメント』（共著，2014年，学文社）
『H・ブルーマーの集合行動論―流行理論を軸として―』（2015年，学文社）
『マス・コミュニケーションの世界』（2019年，ミネルヴァ書房）
『社会学史入門―黎明期から現代的展開へ―』（編著，2020年，ミネルヴァ書房）

「グリーン・ハウス」があった街
―メディア文化の街はどこへ向かうのか―

2023年8月10日　第一版第一刷発行

著　者　仲川秀樹
発行所　株式会社　学文社
発行者　田中千津子

東京都目黒区下目黒3－6－1
〒153-0064　電話(03)3715-1501（代表）　振替　00130-9-98842
https://www.gakubunsha.com

落丁，乱丁本は，本社にてお取り替えします。
定価は，カバーに表示してあります。

印刷／新灯印刷
＜検印省略＞

ISBN978-4-7620-3252-3